KB123389

가문의 전통을 이어나가길 바란다. 인문학의 토대는 역사학이다.
역사정신을 계승해야 민족이 발전할 수 있다

−아버지 박영석의 유훈, 2017. 6. 15−

페치카 최재형

초판 1쇄 발행 2018년 2월 27일
초판 3쇄 발행 2023년 8월 24일

저 자 박 환

발행인 윤관백
발행처 선인

디자인 박애리
편 집 이경남 · 박애리 · 임현지 · 김민정 · 장유진
영 업 김현주

등 록 제5-77호(1998.11.4)
주 소 서울시 양천구 남부순환로48길 1, 1층
전 화 02)718-6252/6257
팩 스 02)718-6253
E-mail sunin72@chol.com

정 가 26,000원
ISBN 979-11-6068-155-0 93990

페치카
최재형

박 환

선인

최재형

머리말

페치카는 러시아어로 난로라는 뜻으로 최재형의 애칭(愛稱)이다. 그는 동포들에게 가장 따뜻한 사람, 노블리스 오블리주를 실천한 인물로 인식되었다. 안중근 의거의 숨은 공로자, 시베리아 항일운동의 대부였던 그는 노비출신의 자산가로 대한민국임시정부의 초대 재무총장으로 실천적 항일운동가였다. 잊혀진 기록 최재형이 불멸의 영혼으로 역사속에 새로이 부활하기를 기대한다

최재형은 1860년대 조선에 큰 흉년이 들어 한인들이 만주, 러시아 등지로 최초의 집단 해외 이주를 했던 시대에 러시아 연해주로 이주한 함경도 출신의 노비였다. 이주 후에 그는 러시아 상선을 타고 전 세계를 두루 돌아다닌 뒤에 1900년 의화단사건, 1904년 러일전쟁, 1910년 일제의 조선 강점, 1914년 제1차 세계대전 발발, 1917년 러시아혁명, 1919년 3·1운동 등 한반도와 러시아 연해주 지역을 둘러싸고 전개된 20세기 초반의 국내외적인 격랑의 세월 속에서 한 시대를 이끌어간 풍운아이자, 기업인, 독립운동가, 그리고 노블리스 오블리주의 잊혀진 원형이었다.

최재형은 1880년대 러시아에 귀화한 뒤 그 지역의 한인 자치기구의 책임자인 도헌(都憲)과 기업인으로 성장하여 재러 한인 사회를 이끈 대표적인 지도자였으며, 러시아 당국으로부터 가장 신망을 받은 친러 인사였다. 그는 1905년 을사늑약 이후 적극적으로 항일투쟁에 참여했고, 1920년 시베리아에 출병한 일본군에 의해 처형될 때까지 독립운동을 전개하면서 전설적인 영웅의 이름을 남겼다.

즉, 1900년대에는 러시아 지역의 가장 대표적인 의병 조직인 동의회의 총재로서 뿐만 아니라, 블라디보스토크에서 발행된 민족 언론인 『대동공보』와 『대양보』의 사장을 역임했으며, 1910년대 초반에는 권업회 총재, 1919년 3·1운동 이후에는 대한국민의회 명예회장으로 활약하는 등 1900년대부터 1920년까지 러시아 지역에서 조직된 주요 단체의 책임자로 일했다. 최재형이야말로 우리나라 초기 독립운동의 대부라고 할 수 있다. 3·1운동 이후에는 상하이에서 성립된 대한민국 임시정부의 초대 재무총장에 임명되기도 할 만큼, 최재형은 우리나라 독립운동사에서 중추적인 인물이었다. 그럼에도 불구하고 지금까지 최재형에 대한 전문연구서는 간행된 적이 없다.

  다만 10년 전에 필자가 교양서로 간행한 책자 『시베리아 항일운동의 대부 최재형』(독립기념관 한국독립운동사연구소 기획, 역사공간, 2008)이 있을 뿐이다. 그러나 처음 이 책을 저술할 때에 비해 러시아 지역의 항일 독립운동에 대한 연구가 한층 진척되었을 뿐만 아니라, 최재형의 후손들이 남긴 기록과 러시아 측의 다른 자료들도 상당수 발굴되었으므로 객관적이고 충실하게 보완할 필요가 있다고 판단하였다. 또한 그동안 안중근 의거에서 최재형이 기여한 역할에 대한 기록들도 단편적으로 새롭게 발견되어, 안중근 의거의 숨은 공로자로 최재형을 재조명하여 부각시킬 필요성도 커졌다. 특히 동포들의 교육 및 항일운동에서 노블리스 오블리주를 앞장서 실천한 기업가로서 최재형의 모습도 신선하게 다가왔다. 항일 기업가 최재형에 대한 연구는 그동안 등한시되었던 기업가들의 민족운동과 그 다양한 형태를 밝히는 데도 일조할 것으로 기대된다. 국내에 백산 안희제가 있었다면, 시베리아에는 최재형이, 그리고 중국 관내에는 김시문 등 상인 독립군이 있었던 것이다. 그러나 이들의 민족운동에 대해 학계에서는 상대적으로 간과되거나 잊혀져 있었던 것 또한 사실이다.

이 책을 만들면서 그간 공개되지 않았던 다양한 사진과 지도 등을 첨부하여 독자들과 긴밀히 소통하고자 하였다. 특히 최재형의 자녀들이 남긴 회고록 가운데 해당 시대에 관련되는 부분을 넣어 생동감 있는 내용이 될 수 있도록 하고자 하였다. 최재형 자녀들의 회고록은 카자흐국립대학 이병조 교수가 번역한 것임을 밝히며, 사용을 허락해준 이병조 교수께 이 자리를 빌어 진심으로 감사드린다. 아울러 이 책의 작성에 물심양면으로 도움을 주신 최재형기념고려인지원사업회(이사장 김수필)와 공동대표인 채양묵선생님 그리고 항상 격려를 해주신 김창송회장님, 문영숙작가님 그리고 러시아 현지에서 도움을 주신 박유은, 이기욱 선생님께도 고마운 마음을 전한다. 특히 이 책의 편집 및 교열 등 책의 완성도를 높이는데 도움을 주신 선인출판사 김명기주간과 수원대학교 대학원 김빛나 양에게도 인사를 전하고 싶다.

책자를 집필하면서 오늘날 제2의 최재형은 누구일까 하는 생각을 해보게 되었다.

가까이는 선친 장도빈의 뒤를 이어 러시아 지역 한국학의 발전과 발해의 역사 연구 그리고 러시아 지역의 한인 독립운동사 연구를 후원해 준 고려학술문화재단 설립자인 장치혁 회장이 바로 그러한 사람이 아닌가 한다.

이 책을 통하여 지금까지 잊힌 수많은 독립운동가들이 새롭게 부활되기를 기원하며, 제2, 제3의 최재형이 우리 주변에 많이 나타나기를 바라며, 독자의 일독을 권하고 싶다.

2018. 2.
문화당에서 淸軒 박환

차례

잊혀진 기록, 최재형 연구

최재형은 일제강점기에 러시아 지역에서 일제에 대항하여 독립운동을 전개한 대표적인 인물이다. 그럼에도 불구하고 지금까지 그의 생애에 대하여 알려진 것이 거의 없었던 것은 최재형에 대한 자료가 그만큼 제한되어 있었기 때문이었다. 그런데 한 러 수교 이후 러시아와 학문적 교류가 빈번해지면서 최재형의 자녀들과의 만남이 이루어질 수 있었고, 그들을 통하여 다수의 자료를 입수할 수 있게 되었다.

우선 주목할 것은 최재형의 아들 최 발렌틴과 딸 최 올가 등이 각각 작성한 부친에 대한 회고록, 그리고 그의 딸들인 최 올가, 최 류드밀라, 최 엘리자베타 등과 나눈 면담 내용이다. 이 자료들은 지금까지 알려지지 않았던 1905년 이전 최재형의 가정환경과 성장과정, 도헌(都憲)이 되기 전까지의 상황 등을 이해하는 데 많은 도움을 주고 있다. 다음으로는 공간(公刊)된 러시아 발행 한글신문인『해조신문』,『대동공보』,『권업신문』,『청구신보』,『한인신보』등과『자유보』등이 주목할 만하고, 일본 외무성 사료관에 소장되어 있는 러시아 한인 독립운동에 관한 자료들도 새로운 것들이다. 최근에는 러시아 지역 독립운동가 이인섭 등이 남긴 최재형에 대한 회고 등도 독립기념관을 통해 공개되고 있다.

필자는 이러한 자료를 바탕으로 최재형에 대하여 본격적으로 검토하고자 한다. 지금까지 최재형에 대한 연구는 필자의 연구와 저서 외에, 이정은이 러시아에 생존해 있는 최재형 자녀들의 부친에 대한 회고기를 중심으로 연구한 「최재형의 생애와 독립운동」(『한국독립운동사연구』 10, 1996), 반병률의 최근 연구 내용인 「4월 참변 당시 희생된 한인 애국지사들- 최재형, 김이직, 엄주필, 황경섭」(『역사문화연구』 26, 2007), 「안중근과 최재형」(『역사문화연구』 33, 2009) 그리고 이병조가 진행한 최재형 자녀들에 대한 연구가 있을 뿐이다.

러시아 이주와
한인 지도자의 길

1. 시련을 딛고 러시아에 정착

1) 굶주림을 피해 두만강을 건너 러시아로

최재형은 1860년 8월 15일 함경북도 경원군에서[8] 노비 최흥백의 아들로[9] 출생하였다.[10] 부친 최흥백은 그 당시 경원 지주의 머슴으로 일하고 있었다.[11] 최재형의 어머니에 대하여, 최재형의 5녀인 최 올가 페트로브나는 1990년 1월 10일 작성한 「나의 삶」에서 다음과 같이 언급하고 있다.

> 소년의 어머니는 가족들과 떨어져 조선에 남아 있었다. 그녀는 할아버지의 두 번째 아내였다. 그녀는 노래를 잘 부르고 춤을 잘 추었고, 이를 통해 고위 인사들을 즐겁게 해주며 자신의 밥벌이를 했다. 아마도 그런 분야에 재능이 있었는지, 별다른 교육을 받은 것도 없이도 마치 전문적인 예능인처럼 활동했다.

1869년 7월 함경도 지역에 홍수가 나서 많은 동포들이 굶어죽는 참경이 벌어지자 최재형가의 생계는 더욱 어려워졌다. 당시 일반 백성 중에 생존을 위해 만주와 러시아 지역으로 몰래 이주하는 사람이 많았다.[12] 이러한 어수선한 분위기에서 최재형가도 생존을 위해 방책을 찾아야만 했다. 그럴 즈음 노인들로부터 두만강을 건너가면 비옥한 땅이 많다는 이야기를 듣게 되었다.[13] 이에 최재형가는 최재형이 9세 때인[14] 1869년 9월 9일 할아버지, 부모님, 형과 함께 연해주 포시에트(목허우) 지역 지신허로 도망하였다.[15] 최재형가가 러시아로 쉽게 이주할 수 있었던 것은 그들이 살고 있던 경원 지역이 두만강을 끼고 있는 만주 또는 러시아 연해주로 나가는 출구인 훈춘과 마주보고 있었기 때문이었다.

최재형가가 이주한 지신허는[16] 1864년 봄에 무산(茂山) 사람 최운보(崔運寶)와

두만강

경흥 사람 양응범(梁應範)이 몰래 두만강을 건너 새롭게 개간한 곳이었다. 당시 이 곳 연해안에는 중국인 10여 호가 농업에 종사하고 있었다. 그 외에 훈춘 흑정자(黑頂子)에 러시아 군인이 약간 주둔하고 있었을 뿐이었다. 그 후 경흥, 온성 등지에서 몰래 지신허로 이주하는 사람들이 점차 증가하였다. 그리하여 이듬해인 1865년에 한인 부락이 형성되었고, 이곳에 이주한 동포들은 만주 토착 마적인 홍수적(紅鬍賊)을 방어하기 위하여 사포대(私砲隊)를 설치하기도 하였다.[17]

최재형가가 경제적인 문제를 해결하기 위하여 기대를 갖고 이주하였던 지신허 역시 상황이 어렵기는 매한가지였다. 뒤바보가 작성한 『아령실기』에는 당시의 상황에 대하여, "의접(依接)할 가막(家幕)도 없고, 게다가 호구할 양식도 없어 형용할 수 없는 기한(飢寒)을 절규"하는[18] 상황이라고 하고 있을 정도였다. 이에 연해주 군무지사 푸루겔름은 군무지사의 권한으로 블라디보스토크 창고에서 4,000푸드(pud, 러시아에서 쓰는 무게의 단위. 1푸드는 약 16.38kg에 해당)의 저질 보리와 2,000푸드의 밀가루를 방출하여 빈곤한 한인들에게 나누어주기도 하였다.[19] 그러나 이런 정도로는 러시아로 이주한 한인들의 식량난을 해결할 수 없었다. 1870년 봄이 되어도 사정은 호전되지 않았다. 연추, 포시에트, 지신허 등지에는 굶어죽은 시체가 길가에 널려 있었다.[20] 상황이 이처럼 비참했지만 그들은 다시 고국으로 돌아갈 수도 없는 처지였다. 월경죄로 처벌받기 때문이었다.

지신허에 정착한 농민들 가운데는 생존을 위하여 다른 지역으로 이주하는 사람들도 생겨났다.[21] 예컨대, 지신허 빈민 가운데 96명은 청나라 배 3척에 나누어 타고 블라디보스토크에서 북쪽으로 100km 정도 떨어진 추풍으로 가고자 하였다. 그러나 블라디보스토크에 이르러 배가 암초에 부딪쳐 22명이 익사 당하는 참사를 겪었다. 그 가운데 생존자는 러시아인의 구조를 받아 흐림물에 상륙하여 하루에 10리를 걸어 8일 만에 겨우 우수리스크(소왕령)에 도착하였다. 이곳에서 그들은 과거에 러

지신허 마을터

러시아 최초의 한인마을 지신허 기념비

1937년 강제이주전 한인정착촌 지도

시아 군인들이 주둔하던 토굴에 임시 거처하며 개척을 시작하였다.[22] 다행히 그해에는 황무지를 개간하고 옥수수와 감자를 심어 겨우 연명할 수 있었다.[23] 이처럼 어려운 시절에 최재형가 역시 지신허에서 굶주림에 허덕였다. 그 후 몇 해 동안 최재형은 러시아인에 고용되어 일하였다.[24]

2) 러시아 학교 첫 한인 학생으로

1864년 봄 이후 지신허에 한인들의 이주가 증가하며 점차 한인 부락들이 생겨났다. 이에 따라 동포들은 자연히 자제들의 공부를 위하여 부심하였고, 한인들에 의하여 자제들을 위한 교육시설이 설립되었는데 그 교육 내용은 조선에서의 교육을 답습하는 정도였다. 즉 공자 맹자 등 전통 한학을 가르치는 수준에 머물렀다.[25]

러시아정교교회(블라디보스토크)

그러한 가운데 러시아 당국에서는 이주 한인들을 러시아화 하기 위하여 1870년부터 러시아 극동지방에 학교를 설립하기 시작하였다.[26] 러시아 지역에 한인을 위한 교육기관이 처음 설립된 것은 1872년 최재형이 살고 있던 지신허와 연추에[27] 러시아 정교 교회가 설립되면서부터이다. 동년에 바실리 피얀코프 목사가 지신허 교구에 한인학교를 창설한 것이 처음이 아닌가 한다.[28] 이 학교의 수업은 러시아어로 행해졌고, 모국어로 교육하는 것은 금지시켰다. 교육 내용도 러시아에 관한 것이었다.[29]

그러나 한인들은 이에 적극 협조하지 않았다. 1883년의 기록이기는 하나 당시의 상황을 짐작하는 데는 별 무리가 없다고 생각된다. 즉 러시아 학교가 연추에 설립되어 취학연령에 이른 한인 자제를 모집하였다. 이때 어떤 부모는 이를 기피하다가 부득이한 경우에 이웃집 자제에게 품삯을 주고 대신 학교에 다니게 한 적도 있을 정도였다. 그리고 설령 자기 자제를 취학케 한다고 하더라도 그 이유는 일상생활의 편리를 도모하기 위해서였다.[30]

즉 당시 재러 한인사회의 일반적인 분위기는 러시아 학교에 자제를 보내지 않는

러시아정교학교

것이었다. 이와는 달리 최재형의 부모는 자식을 러시아 학교에 보냈다.[31] 그것은 최재형의 집안이 별로 내세울 것이 없었던 노비 집안이라는 점이 작용했을 것으로 보인다. 또한 남의 나라에서 먹고살고 장래를 기약하기 위해서는 러시아어를 알아두는 것이 필요했다. 그리하여 최재형은 이주한 지 2년 후 [32] 한국인으로서 러시아 학교에 입학한 첫 학생이 되었다.[33]

당시 최재형의 집안은 곤궁하여 학비를 대줄 형편이 되지 못했다. 때문에 그는 고용주인 러시아인의 도움으로 학교에 다녔다.[34] 그럼에도 불구하고 최재형의 학교 생활은 경제적으로 매우 어려웠던 것 같다. 뒤바보가 작성한 『아령실기』 「교육」란에는 빈한하게 고생하며 공부한 대표적인 인물로서 최재형을 아래와 같이 묘사하고 있다.

> 빈곤하기 때문에 취학하기 불능한 사실의 일례를 든다면 최재형 씨의 유시(幼時) 고학한 것이 실증이 되었다. 그가 러시아 학교에서 수업할 때에 그 빈한함이 뼈에 사무쳤는지, 굿을 하는 집에 가서 떡 조각을 빌어먹어 허기를 채운 일도 있었고, 삼동(三冬)이면 양말과 신이 없어서, 짚단을 가지고, 눈 위를 걸어 다니다가 그 짚단을 펴고, 질족(跌足)의 동기(凍氣)를 어(禦)하였다고 한다.

이러한 서술은 최재형이 어려운 가운데 고학하였음을 보여주고 있다. 학교에 입학한 최재형은 그 후 4년 동안 러시아의 문학과 언어를 공부하여 러시아 풍속의 대개와 물정을 파악하게 되었다.[35]

3) 선원 생활로 얻은 안목과 넓혀진 세계관

러시아 학교에서 공부하던 최재형은 그의 나이 12세가 되던 때[36] 일생의 전환점이 되는 가출을 시도하게 된다.[37] 경제적인 어려움 외에도 형수와의 갈등이 깊었기 때문이었던 것 같다. 후일 최재형의 자녀들이 공동으로 작성한 부친에 대한 회상기 「19세기 말 및 20세기 초 한인들의 반일투쟁 시기 최재형이 벌인 계몽 및 민족해방

포시에트항

상트페테르부르크 여름궁전

운동」에서는 이를 다음과 같이 묘사하고 있다.

> 세월이 흐르자 형이 결혼을 했다. 사실은 기뻤지만 그에게는 노는 것이 불행이었다. 형수는 시동
> 생을 미워하였던 것이다. 시일이 흐를수록 최재형은 형수에 대한 반감이 커갔다. 형수의 잔소리
> 등이 듣기 싫어서 그는 부모 집에서 튀어 나왔다.

가출한 최재형은 포시에트에서 상선의 어린 노동자로 일하게 되었다.[38] 선장과 부
인은 최재형을 귀여워하여 자기 집에 살게 하고 세례를 받게 한 후 표트르 세묘노
비치라는 러시아 이름도 지어 주었다. 최재형은 선장 부부와의 만남을 통해 러시아
어를 공부하고 교양을 넓힐 수 있었다. 뿐만 아니라 항해를 통하여 견문을 넓혔는
데 특히 러시아의 수도 상트페테르부르크 방문 등은 극동 변방의 시골 소년인 최재
형에게 큰 감동을 주었다.[39] 최재형의 자녀들은 가출 이후 최재형의 삶을 다음과 같
이 기록하고 있다.

> 선장의 아내는 소년을 불쌍히 여겨 친아들처럼 받아들였다. 원양 상선 선장과 그의 부인의 이름
> 을 밝히지 못하는 것이 참으로 안타깝다. 그들은 향후 블라디보스토크를 떠났다.
> 선장이 소년을 아내에게 데려오자 그의 부인은 잘 씻겨주었고 선원복을 입혀주었다. 최재형은
> 러시아어를 몰라 애를 태웠다. 바다 세월이 꽤 흘러 그 동안 최재형은 러시아말을 꽤 하게 되었
> 고, 책도 제법 읽게 되었다. 서양문명도 파악하게 되었다. 선장의 아내는 인테리로서 소년에게
> 러시아어뿐만 아니라 유럽의 문화와 인간에 필요한 학과목을 가르쳐 주었다. 최재형도 열심히
> 공부하였다. 훗날 그들 사이는 부모와 친아들 같은 사이가 되었다.
> 세월이 흘러 최재형은 러시아 말을 유창하게 하게 되었고, 또 중국어까지 배우게 되었다. 결국
> 이로써 최재형은 헐벗고 굶주린 소년에서 유식한 인테리가 되었던 것이다. 선원 생활에서 그는
> 상당한 생활 경험을 얻었고, 외국 체류 시 그 나라 사람들의 생활도 알게 되었고, 상트페테르부
> 르크 체류 시에도 많은 것을 배우게 되었다.
> 최재형이 6년간 상선대에서 일하면서 블라디보스토크와 상트페테르부르크를 다니는 동안의

그 거리를 합하면 세계를 거의 두 번이나 돈 셈이다. 상트페테르부르크를 두 번째 갈 때에는 그의 나이 17세였다. 그는 선원들과 여러 항구를 들릴 때마다 세계의 많은 사람들의 생활을 익힐 수 있었다.[40]

5~6년 동안의 선원 생활을 통하여 최재형은 러시아의 언어와 러시아인들의 생활 방식을 익혔을 뿐만 아니라 세계에 대한 견문도 넓혀 근대적인 세계관을 가진 청년으로 성장하였다. 한편 그가 새로운 세계관을 갖는 과정을 밝히는 작업은 최재형을 이해하는데 매우 흥미 있고 중요한 부분이나 자료의 제한으로 밝힐 수 없어 안타깝다. 1877년 항해에서 돌아오자 그는 17세 때부터[41] 블라디보스토크에 정착하였다. 선장의 배가 낡아서 더 이상 항해를 할 수 없었기 때문이었다.[42]

4) 블라디보스토크에서 쌓은 사업 경험

당시 최재형이 정착한 블라디보스토크는 어떤 곳이었을까. 1893년의 기록이기는 하지만 당시 이 지역을 방문한 야즈 쇼에이(矢津昌永)의 『조선 시베리아기행』(최혜주 옮김, 선인, 2016)은 블라디보스토크를 이해하는 데 도움이 될 것 같다.

> 블라디보스토크는 아세아 러시아 연해주의 최남단에 위치하는 한 도시로 무라비요프 아무르스키 반도(점거한 장군의 이름)의 남단에 있다. 위치는 북위 43도 7분, 동경 131도 54분이다. 동쪽은 우수리 만이고 서는 아무르만(흑룡만)이다.
> 본래 이 항구가 러시아령으로 귀속된 내력을 알아보면, 1850년 5월 러시아 해군소좌 네벨스코이가 처음 이 땅에 상륙하여 독수리 깃발을 세우고 러시아령이라고 칭하여 이 땅을 블라디보스토크라고 이름 지었다. 이 이름은 러시아어의 '관리(管理)'와 '동부'라는 글자로 이루어진 단어다. 그러나 이때까지는 다만 러시아령이라고 칭한 것뿐이고, 국제법(公法)상 러시아령이라고 인정한 지역은 아니었다. 1860년에 처음으로 육군 40명을 보내서 상륙시켜 여기를 점거하고 그 해 8월을 기해서 청국과 조약을 체결하였다. 이 조약의 내용은 다음과 같다.

블라디보스토크 항

우수리강(烏蘇里江)및 송화강(松花江)으로 나라의 경계로 삼는다. 동은 러시아에 속하고, 서는
청국에 속한다. 또 그 이남은 항카호(興凱湖, khanka)를 넘어서, 바로 베링해(白令河, Bering))에
이르고 베링해에서 산맥을 따라 호포도(瑚布圖) 하구에 이른다. 다시 호포도하(瑚布圖河)로부
터 훈춘하(琿春河)와 일본해 사이에 있는 산봉우리를 따라 도문강에 이른다. 그 동을 러시아령
으로 하고 서를 청령으로 정한다.

라고 있듯이, 블라디보스토크가 1860년 북경조약에 의하여 러시아영토가 되었음
을 보여주고 있다. 이어서 『조선, 시베리아 기행』에서는 다음과 같이 언급하고 있다.

이상의 조약에 의하여 블라디보스토크는 처음 공식적으로 러시아령이 되었다. 여기에 병영과
사원 한 채를 건축하고 그 해 말에는 6백 명의 인구를 갖는 마을이 되었다. 1862년에 이 항구를
군항으로 정하고 아울러 자유항으로 만들었다. 1864년에는 이곳에 표트르대제 만(灣) 내부의

여러 항에 총독을 두고, 이 해 시회(市會)를 설치하고 시장을 선출하였다. 1865년 시베리아 소함대를 가지고 운송업을 시작하였고 본국에서 제1회 식민(植民)을 보냈다. 1872년 해군진을 니콜라에프스크 부(府)에서 이 항구로 옮겨 설치한 이래 인구가 매우 증가하였고, 이어 1876년 시제(市制) 시행 후에는 더욱 성대하게 되었다. 1885년에는 군인(兵員)을 합쳐서 인구 1만 5백 명에 달하였다. 오늘날에 이르러서는 대략 4만 2천 내외의 인구가 있다. 그 내역은 다음과 같다(다만 인구는 정산하기 어렵다고 한다).

러시아인	1만 6천 5백인
지나인(중국인-필자주)	2만 2천인
조선인	2천 6백인
일본인	7백 5십인
독일인	7십 2인
영국인	11인
각국인	10인
합계	4만 1천 943인 [43]

즉, 블라디보스토크는 1862년 군항이 된 이후 발전하기 시작하였으며, 1890년경 조선인이 2천6백명 정도 거주하고 있음을 알 수 있다. 이는 러시아인을 제외하고 중국인과 더불어 가장 많은 수치로 조선인들이 일찍부터 블라디보스토크에 다수 거주하고 있었음을 보여주는 것이라고 할 수 있다.

한편 선장은 최재형을 무역회사를 경영하는 자신의 친구에게 소개해 주었다. 당시 블라디보스토크의 상업현황을 야즈 쇼에이(矢津昌永)의 『조선 시베리아기행』을 통해서 짐작해 보기로 하자.

일본인 재류자 750인 중 상점을 가진 자는 12호로 제1등은 스기우라(杉浦) 상점이다. 그 외에 가토(加藤), 기무라(木村), 에무라(江村), 마쓰오(松尾), 고바야시(小林) 등의 각 상점이 있다. 기타 6

개는 저 매춘업(醜業店)이다.

스기우라 이하 각 상점은 어느 것이나 일본 잡화를 파는 점포이다. 사무관의 소개에 따라 스기우라 상점을 가 보았지만 10만 엔 내외의 매상이 이루어지는 규모로, 긴자거리(銀座通)에서라면 아마도 매우 드물게 눈에 띠는 정도일 것이다. 주인에게 면회해서 여러 가지 상업상의 일을 질문하고 돌아서서 기무라 상점을 방문하였다.

이 항구의 무역은 대개 재류인의 수요를 공급하는 수입품일 뿐이다. 수출은 매우 적고 수입액은 점차로 증가해서, 1889년에는 580만 루블이었던 것이 1892년에는 875만 루블에 이르고 금년은 이미 1천만 루블을 초과했다고 한다.

무역에서 가장 큰 세력은 독일의 알베르스 상회로 수입 전액의 3분의 1을 차지한다. 나는 여러 가지 물건을 사기 위해 이 점포에 가보았더니 잡화점 및 주점으로 이루어져 있었다. 다락 위에는 실로 막대한 양의 화물을 보관하고 있었다.

이 항구의 수출품은 산인삼, 어류, 곤포, 우골, 갱사 등이고 주류, 연초, 부싯깃(引火奴), 사탕의 네 가지는 이 항구의 보호품으로 수입세가 매우 높아서 자못 고가이다. 그러므로 입항 시에 승객이 사용하고 남은 술, 연초 등이 있으면 버리는 것을 잊어서는 안 된다.

위의 기록을 통해, 블라디보스토크에는 독일, 일본 상점들이 벌써 들어와 상업에 종사하고 있음을 짐작해 볼 수 있다. 아울러 무역의 경우 주로 수입에 치중하고 있음도 살펴볼 수 있다.

최재형은 블라디보스토크에서 조그마한 상점을 열어 4년 동안[44] 장사에 대한 많은 일들을 배웠다.[45] 블라디보스토크에서의 생활은 앞으로 최재형이 블라디보스토크와 연추 등지를 중심으로 생활해나가는 인적 기반, 특히 러시아인들과의 유대 관계를 돈독히 하는 데 중요한 토대가 된 것이 아닌가 한다. 특히 최재형은 상선에서 6년 동안 일하였기 때문에 블라디보스토크에 있는 러시아 상인들과 밀접한 관계를 맺었을 것으로 추측된다.

2. 러시아 변방의 한인 지도자로 성장

1) 연추에 정착하며 한인들의 삶에 밀착

(1) 연추

블라디보스토크에서 1877년부터 1880년까지 4년 동안 상업에 종사하면서 어느 정도의 재산을 모은 최재형은 그동안 오래 떨어져 있던 부모님과 형을 생각하게 되었다. 최재형은 1881년[46] 포시에트 구역에 가서 아버지와 형의 거처를 수소문한 결과 그들을 연추(煙秋, 얀치혜)에서 찾아냈다. 그는 안정된 미래가 보장된 블라디보스토크를 떠나 가족이 있는 연추로 돌아가기로 마음먹었다.

최재형의 가족이 살고 있던 얀치혜 촌은 노보키예프스크에서 3-4뵤르스타(1뵤르스탄는 1,067km) 떨어진 곳에 위치한 한인들이 다수 거주하고 있는 곳이다.[47] 먼저 이 지역에 대한 러시아측 기록들을 보기로 하자.

1895년에 출간된 러시아황실지리학회 조사보고서에 따르면, 연추마을은 상연추(베르흐네예 얀치혜)·하연추(니즈네예 얀치혜) 두 개의 마을로 크게 나누어져 있었다. 연추강(레츠카 얀치혜) 하류 분지에 먼저 형성된 하연추에는 1895년 당시 169농가가 거주하고 있었다. 하연추 마을은 노보키예프스크로부터 0.5베르스타 지점에서부터 연추강 분지에 15채 혹은 40채씩으로 된 작은 마을들이 분지 꼭대기까지 5베르스타(약 5km) 간격으로 분포되어 있었다. 분지의 폭은 3/4에서 1과 1/2베르스타이고 길이는 12베르스타(12km)이다. 토양은 돌이 많아서 1895년 당시 1데샤친에서 평균 50푸드에서 70푸드의 수수와 콩, 250푸드의 감자를 수확하였다.

상연추마을은 1895년 당시에 연추강 상류의 분지에 위치하여 2베르스타 정도에 걸쳐 분포되어 있었는데, 98가구가 거주하고 있었다. 분지의 토양은 돌이 많았고 산

안치혜 현재모습

비탈이나 경사지에는 점토질 토양으로 농작물 수확은 아래 분지의 반 정도에 불과했다. 마을의 집들은 전체가 한곳에 몰려 있었는데, 7채만이 마을 중심에서 3베르스타 떨어진 중국과의 국경지역에 거의 위치해 있었다. 군초소에는 하사관이 포함된 제9 동시베리아 보병대 소속의 12명의 군인이 주둔하고 있었다. 이 국경지역의 한인 주민이 이들 군인에게 주택, 난방, 조명을 제공하고 식량을 운송해 주고 있었다.

이보다 늦은 1902년 당시 이민국 관리 다닐첸코(I. V. Danil'chenko)가 수집한 우수리스크 크라이(지방) 마을에 관한 통계에 따르면, 연추마을 인구는 상연추(베르흐네예 얀치헤)마을에 60농가 63세대 442명(남자 223명, 여자219명)이, 하연추(니즈네예 얀치헤)마을에는 132농가 135세대 1,057명(남자527명, 여자 530명)이 거주하고 있어 전체 연추마을에는 총 192농가, 198세대, 1,499명(남자 750명, 여자 749명)이 거주하고 있었다. 그리하여 하연추 마을은 이미 남부 우수리지방의 연추면과 아지미면을 통틀어 최대 한인마을로 성장해 있었고, 상연추를 합치면 더욱 큰 마을이었음을 확인할 수 있다. 이 기록에 따르면 최초의 한인마을 지신허는 124 농가, 128세대로 주민수가 1,048명(남자 524, 여자 524명)이었다.[48]

연흑룡주총독 운테르베르게르(P. F. Unterberger)의 저서에 첨부된 1906~1907년 당시의 한인마을 분포도에 따르면, 상연추(베르흐네예 얀치헤)와 하연추(니즈네예 얀치헤)는 남북으로 크게 떨어져 있었다. 상연추마을과 하연추마을의 양단간 거리가 최대 27리(11km)였다. 당시 연추마을의 인구는 296가구 1,882명으로, 상연추에 96가구 584명, 하연추에 200가구 1,298명이 거주하고 있어, 연추마을은 이미 최대 규모의 한인마을로 성장해 있었다. 이 지도에는 연해주지역 한인마을의 주민구성을 입적인[原戶人 또는 元戶人]과 비입적인[餘戶人]으로 구분해 놓고 있는데, 하연추마을(니즈네예 얀치헤)에는 입적한인 171가호 1,158명, 비입적한인 29가호 140명으로 총 200가 호 1,298명, 상연추마을(베르흐네예 얀치헤)에는 입적한인 86가호 543명, 비입적한인 10가호 41명으로 총 96가호 584명이 거주하고 있어 연추마을 주

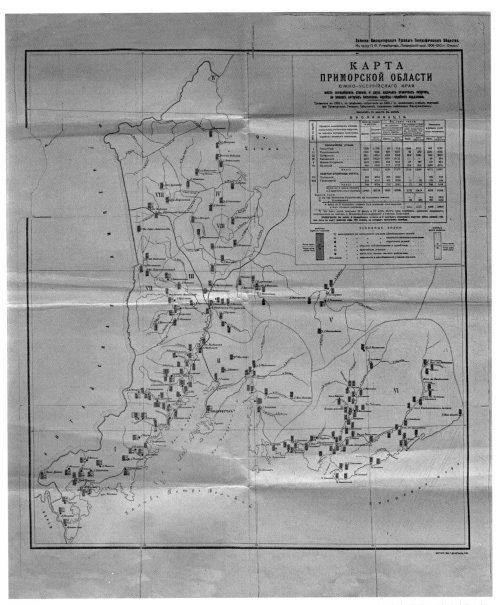

구한말 연해주 한인마을 지도

민은 총 296가구 1,882명이었다. 1890년대 이후 러시아 정부가 한인들의 입적을 허용하게 되면서 연추마을은 다른 초기 한인마을처럼 입적한인이 절대다수를 구성하고 있던 원호인 마을이 되어 있음을 알 수 있다. 이리하여 한인들이 꼽았던 남부 연해주지역의 대표적인 원호 마을이었다.[49]

다음으로는 제한된 것이긴 하나 우리 측 기록을 살펴보도록 하자. 1885년경 연해주지역을 두 번째 방문하고 난 후에 조선인관리 김광훈(金光薰)과 신선욱(申先郁)이 작성한 『아국여지도(俄國輿地圖)』에는 연추마을에 대하여 다음과 같이 전하고 있다.

> 마을 가까운 군영요새에서의 토목공사로 재물을 모으는 방법이 많기때문에 마을 사람들은 재물이 넉넉하고 윤택하여 물화를 풍부하게 갖추고 있다. 관혼상장(冠婚喪葬)은 의연히 본국[조선]의 예를 따르고 있어 비록 러시아 사람들이 러시아 관습을 따르지 않음을 책망하기는 하나 본국의 법도를 잊지 않고 본래 사람이 마땅히 해야 한다며 아름답게 하고자 하는 것을 칭찬한다. 각 마을[사(社)]에는 노야(老爺)가 있어 마을의 일을 모두 총괄하고 있다. 만약 곤란하고 어려운 일이 있을 경우에는 관청에 품(稟)한다. 마을 내의 설비로는 서당을 세워 생도들을 가르치고 또 西學을 세워 우리 사람으로 하여금 글과 말에 익숙하고 통하게 함으로써 학문을 가르치고 전하고 있다.

노보키예프스크 러시아 군영의 토목공사 덕택으로 연추마을 주민들이 풍족한 생활을 하고 있으며, 관습은 여전히 조선의 전통적인 관혼상제를 지키고 있어서 러시아화 되지 않고 있음을 알 수 있다. 촌장격인 노야가 마을 일을 처리하고 있고, 그 외 감당할 수 없는 중대사는 러시아 관청에 보고하여 처리하고 있었음을 살펴볼 수 있다.

다음으로는 영국학자의 기록을 보기로 하자. 1890년에 이 지역을 방문한 영국의 비숍(Isabella Bird Bishop) 여사는 이곳에서 상당한 규모의 비옥한 토양을 경작하며 한국 내에서라면 상상하기 어려운 비교적 큰 규모의 저택에서 살고 있는 한인들

『아국여지도』

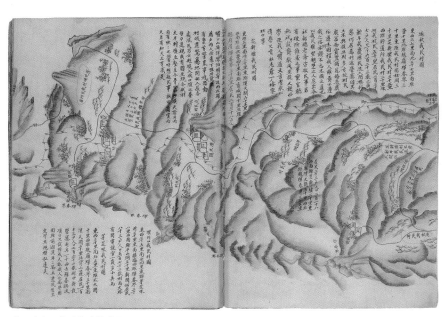

아국여지도내 연추마을지도

의 모습을 다음과 같이 묘사하고 있다.

> 평평한 지역은 깊고 비옥한 검은 흙으로 이루어져 있어서 모든 곡식과 식물들이 매우 잘 자란
> 다. 모든 곡물들이 여기 모여져 있었으며, 땅은 깨끗하게 경작되어 있었다. 이 지역에 위치하고
> 있는 한국의 촌락들은 한국에서라면 매우 강력한 지배계층의 저택일 그러한 집이 많았다. 한국
> 인 촌락은 그 지역 주위에 산재하고 있었다. 그 주위에 큰 부류에 속하는 촌락들은 보통 9십 2만
> 평의 비옥한 농지를 가지고 있으며, 그런 땅에 보통 140여 세대가 거주한다.[50]

비숍 여사도 지적하고 있는 바와 같이 얀치혜(연추)는 토질이 좋은 곳이었다. 최
재형은 연추로 돌아온 뒤 블라디보스토크에서 번 돈을 가지고 그곳에 개인 농장을
만들어 농사일에 전념하였다.[51] 아마도 처음에는 아버지와 가족들의 농사일을 함께
했던 것으로 보인다.

(2) 한인들의 삶에 밀착

최재형의 3남 최 발렌틴의 후일 기록에 따르면 이 시기, 즉 최재형이 연추의 집으
로 돌아왔을 때, "초라한 농사일을 목도한 최재형은 마당에서 아버지(할아버지 최
홍백)가 농사용 말과 젖소, 그리고 그 밖의 작은 조류 가축을 거두는 일을 도와주었
다. 그는 또한 농가를 정리하고, 농가 부지 내에 절반은 러시아식으로 새로운 건물
을 짓기 시작했다"고 말하고 있다.

그런데 연추로 이주한 이후 최재형의 삶이나 한인들과의 관계에 있어 매우 중요
한 계기가 되었던 일은, 농사일보다는 러시아인들과 한인들 사이의 통역을 하는 일
이었다. 왜냐하면 그가 이 지역에서 처음으로 러시아 학교에 입학한 사람이자, 다년
간의 해외 선상 생활을 통하여 러시아 문화에도 익숙한 인재였기 때문이었을 것이
다. 즉, 당시 연주 지역에는 최재형처럼 러시아에 대하여 잘 알고 있는 인물이 없었
던 것으로 생각된다.

한 기록에 따르면, 최재형은 조선과 중국, 중국과 러시아 지역과의 국경 지대인 얀치혜에서 18세였던 1878년부터 러시아 병영의 통역으로 일하기도 하였다[52]고 되어 있는데, 최재형이 연추에 온 시기가 1881년인 점을 감안하면 연도의 착오가 다소 있을 수 있으나 이즈음에 러시아 군과 한인들 사이의 통역으로 일을 했다는 점은 분명하다. 그 후 최재형은 러시아 해군, 경무관의 통역 등 러시아 군부와 치안 당국의 통역으로 일하면서 러시아인들의 신임을 얻게 되었다고 생각된다.

박은식도 그의 저서『한국독립운동지혈사』에서, "러시아의 문물에 익숙하여 러시아 관원의 신임을 얻었으므로 우리 겨레의 노동자를 많이 비호하였다. 두 번이나 러시아의 수도 페테르부르크에 가서 러시아 황제를 뵙고 훈장을 받았으며"라고 밝히고 있다.

이런 과정을 통해 20세에 여러 사람의 신망을 얻은 최재형은 러시아의 지역 하급 행정기관인 연추 남도소의 러시아어 서기로 피선되었고, 3년 동안 문서 정리와 사무 처리를 하면서 많은 경험을 얻었다.[53]

한편, 1884년[54] 그의 나이 23세 때[55] 연해주 당국은 군사적인 목적으로 조선 국경까지 군사도로를 개설하고자 하였다. 그 도로는 블라디보스토크─라스돌리노예(하마탕)--자나드바롭까-바라바시(멍고개)-슬라비얀카--노보키예프스크---크라스노예 촌을 경유 연결하는 군용도로였다.

이 군용도로를 건설하는 데 러시아어에 능통한 최재형 역시 통역원으로 동원되었다.[56] 그들은 1884년 최재형에게 영군(領軍) 300명을 거느리고 연추에서 바라바시까지 도로를 건설하도록 하였던 것이다.[57] 그 당시 도로 건설은 노동자들에게 매우 힘든 작업이었다. 도구라고는 삽, 곡괭이, 담가 등밖에 없었다. 노동 여건은 말할 여지도 없었다. 특히 통역 즉 통사(通辭)들은 조선인 노동자의 입장을 대변하기보다는 오히려 자신의 부를 축적하는 데 급급하였다. 이러한 통사들의 행위에 대하여 『아령실기』에서는 다음과 같이 묘사하고 있다.[58]

라즈돌리노예마을

바라바쉬

(통사는) 러시아어를 아는 사람의 칭호인데, 그 종류의 구별이 적지 않다. (중략) 화차나 윤선(輪船)이나 그나마 어떠한 노동장이든지 그들의 폐단을 이루 말할 수 없다. 어느 방면으로 보던지 자기 동포에게 이익을 준 것이 10분이라면, 해독을 끼친 것은 100분이 된다. 그네들이 배운 것은 러시아어뿐, 본 것은 러시아 풍속뿐, 아는 것은 사사로운 이익뿐, 그런 까닭에 조국 문명을 경시하고, 또 동포를 초개(草介)로 여기는 일이 많았다. 러시아어를 모르는 토공들은 청부인들의 불공정한 행사를 알면서도 항의를 하지 못하는 상황이었다.

이처럼 일반적으로 대부분의 통역원들이 노동자를 속이는 등 부당한 행위를 하는 것과는 달리 최재형은 청부인들과 노동자들 간에 충돌이 발생하면 항상 노동자들의 편에 섰다. 노동자들 가운데 일을 마치고 향촌에 귀향한 농민들은 모두 최재형의 인간성과 지도력에 대해 칭찬을 늘어놓았다.[59] 결국 최재형은 도로 건설에 관여하는 등 통역으로 10년 동안 일하면서 많은 조선인들과 가까워졌으며, 그들의 신임도 얻게 되었다.[60]

2) 기록 속에 보이는 최재형의 연추시절

최재형은 통역을 할 당시 조선의 관리들과 만난 적이 있는 것 같다. 조선의 관리 김광훈과 신선욱은 1882년경에 노보키예프스키, 즉 연추영(延秋營)만을 답사하고 돌아갔는데, 귀국 후인 1882년 말 또는 1883년에 작성한 것으로 추정되는 『강좌여지기(江左興地記)』에서 연추영에 대한 인상을

강좌여지기   최자형(강좌여지기)

다음과 같이 기록하고 있다.

연추영으로 곧장 향하였다. 양인(洋人)에게 경치를 감상하고 싶다는 뜻을 표하고 몰래 주위를
둘러보니, 높은 산이 하나 앉아 있는데, 북쪽으로부터 남쪽을 향하고 있어 널리 퍼져 있는 형국
을 이루고 있다. [연추영]은 서(西)에서 동(東)으로 향하는 큰 길이 있는데, 길의 남쪽과 북쪽에
두 개의 군영을 창설해 놓았다. 주위는 동서가 5~6리이고 남북이 7~8리인데 주위에 관공서가
누각을 이루고 있다.

그리고 『강좌여지기』에서는 노보키예프스키에 주둔하고 있는 러시아 군영의 군
인수는 1,000여 명에 달했다고 한다. 김광훈과 신선욱은 이들 러시아 장병들의 연
습광경을 관람하였는데, 장교와 병졸들이 일사불란한 명령체계에 따라 "한 치의 차
이도 없이 만인이 한마음인 것처럼" 규율 있게 훈련하고 있다고 적었다. 이들은 한
달여 동안 수이푼(秋風) 일대 등을 둘러본 후 귀국하는 길에 연추에 다시 들렀는데
(음력 10월 23일), 이때 러시아 군영에서 통사(通辭), 즉 통역관으로 일하고 있던 20
여 세 약관의 최재형을 만났다. 최재형은 당시 18세로 1878년 이후 러시아 군영의
통역으로 근무하고 있었다. 다만 최재형의 이름이 최자형(崔子衡)으로 잘못 기록되
어 있다.[61]

1894년 가을 연추지역을 방문하였던 영국의 저
명한 여행가였던 비숍은 연해주 남부지역에 살고
있는 한인농민들의 생활을 매우 인상적인 필치로
기록하여 놓았다. 비숍은 블라디보스토크에서 증
기선을 타고 7시간 걸려서 60마일 거리의 군항인
포시에트항에 도착하였다. 포시에트항에는 달구지
를 끌고 온 한인들이 증기선을 기다리고 있었다.

비숍여사

블라디보스토크의 한인노동자들

포시에트만은 멋진 막사와 상점들이 있는 커다란 군 주둔지로, 민간인이 사는 것 같지 않았지만 멀지 않은 곳에 한인마을들이 자리 잡고 있어, 블라디보스토크에 공급되는 소고기의 대부분이 이곳으로부터 나왔다. 우리는 강건하고 윤택해 보이는 한인들이 60마리의 매우 살찐 소를 몰고 증기선으로 내려가는 것을 목격하였다. 우편마차를 타고 우편배낭들 사이와 위에 끼여서 우리는 얼어붙은 바다 유입로를 따라가다가 얼어붙은 강을 건너, 한인 농토들이 없어 전혀 생기가 없는 계곡의 풀 많은 시골 언덕길을 넘어 2시간을 질주하여 일몰 후에 노보키예프스크에 도착하였는데, 상사건물이 커다란 벽돌석재로서, 이 지역의 명물인 쿤츠 앤 알버스 상사(Messrs. Kuntz and Albers) 대표의 환대를 받았다. 노보키예프스크는 주로 한인과 중국인들이 대부분인 1,000명의 민간인들이 돈을 벌고자 몰려와 있는 커다란 군 주둔지였다. 한인들은 정말로 이들 인구의 대부분을 차지하였는데, 달구지로 온갖 종류의 짐과 기름연료를 실어 날랐다.

비숍의 기록에서 볼 수 있는 흥미로운 사실은 포시에트항을 통해 블라디보스토크로 생우(生牛)를 공급하고 있는 "강건하고 윤택해 보이는 한인"들의 존재이다.

연추지역의 소들

　함경도와 중국 만주지방에서 생우를 구입하여 도축한 후에 블라디보스토크를 비롯한 연해주 각지의 러시아 군인과 민간인들에게 소고기를 공급하여 재산을 모으고 있던 한인 쁘드그랴드칙(청부업자)들이 다수 있었다. 그 중 연추지역의 생우 공급을 담당하고 있던 대표적인 인물이 바로 최재형이었던 것이다. 다음의 비숍의 기록을 통하여 최재형과 같은 인물의 단면을 추정해 볼 수 있다.

　내가 보고 들은바 인근의 전체 농업인구는 한인들인데, 이들은 매우 풍요로운 상태에 있다. 이 곳과 조선의 국경지역으로 가면 이들 대부분의 주민들은 아주 잘 살아가고 있는데, 이들 가운데 몇 사람은 러시아 군대에 육류와 곡물 공급계약을 맺어 부(富)를 모으고 있다. 이 점에서 이들은 이웃 중국인들을 압도하고 있고, 실제로 이들은 중국 만주로 들어가 여윈 소를 사서 육류용으로 살찌게 만든다. 조선 국내의 한인들만을 보아온 사람들에게 이는 거의 믿기 어렵다. 그러나 이것이 유일한 사례는 아니다. (왜냐하면) 나는 이를 뒷받침할 아주 좋은 근거를 갖고 있기 때문이다.

즉, 하바로프스크 근처에 거주하는 한인주민들이 도시에 채소를 공급하는 원예시장에서 중국인들과 매우 성공적으로 경쟁하여 왔고 이제는 완전히 이를 장악하고 있다는 사실이다.

비숍 일행은 남쪽(두만강 하구의 국경지대)으로의 여행을 준비하기 위해 기다리는 3일 동안 노보키예프스크 경찰서장의 안내로 최재형이 살고 있던 하연추 한인마을들을 둘러보게 되었다.

(노보키예프스크) 경찰서장 소유의 4륜마차 타란타스(tarantas) 덕분에 한인통역을 수소문하기로 한 얀치혜로 가는 길이 수월하였다. 평평한 평지의 농촌은 아름다운 산들로 경계지어진 골짜기로 들어가면서 좁아지고 있었는데, 깊고 기름진 검은 땅 위에 곡류와 根菜채소들은 거의 다 자란 상태였다. 거의 모든 곡식들은 이미 수확이 끝나 있었고 땅은 깔끔하게 갈아 엎어져 있었다. 조선의 농촌마을보다 훨씬 좋은 상급의 집들이 들어찬 작은 한인마을이 곳곳에 흩어져 있었다. 큰 마을 축에 드는 한 마을은 140가호가 750에이커의 기름진 땅 위에 자리잡고 있었다. 우리들은 여러 집을 방문했는데, 대단한 환영을 받았다. 관리[경찰서장]를 환영하기 위해 부인네들까지도 매우 즐거운 모습으로 나왔다. …… 마당은 깨끗하고 잘 청소되어 있었고, 가축들은 깔끔한 외양간에 가둬 놓고 있었다. 집들은 순전한 조선식으로 5~6개의 방이 있고, 꼼꼼하게 이엉으로 지붕을 얹었으며, 내부가 매우 깨끗하고, 중국 관리들이 집에서만 꿈꿀 수 있는 정도의 편안한 가구들이 잘 구비되어 있었다. …… 조금 더 가니 얀치혜라는 큰 마을이 있는데, 러시아인 한인 학생들이 함께 공부하고 있는 깔끔한 학교가 있고, 내부장식이 두드러지게 화려하고, 사제의 사택이 붙어 있는 러시아정교 교회가 있다. 매우 부유한 마을이다. 깨끗한 파출소에서 한인경찰이 내가 필요한 사항을 적더니, 똑똑하게 생긴 한인경찰을 통역을 찾으러 내보냈다. 이 마을과 부근지역에서 모두 400명의 한인들이 러시아정교에 입교하고 세례를 받았다. 교양이 있다기보다는 볼품이 있고, 그의 젊은 가족수가 사택에 비해 너무 많은 사제에게 한인들이 어떠한 종류의 신도가 될 것인가를 물어 보았다. 그는 그들이 배울 것이 많고, 다음 세대에게 보다 많은 희망이 있다고 암시적인 답변을 하였다.[62]

한편 1904년 3월 서울에서 러시아 국경까지의 여행 중에 하연추를 방문한 서울주재 러시아 선교단 책임자 흐르산프 주교는 자신이 연추 마을을 방문해 그곳에서 12년 동안 읍행정을 맡으면서 포시에트 구역의 모든 크고 작은 마을들에 교회와 교회 부속 학교를 지은 최재형과 만났다. 그는 "한인들은 혼신의 힘을 다해 자식들에게 러시아식 학교교육과 가정교육을 시키고자 하고 있으며, 이 때문에 자신들의 마을에 기꺼이 학교를 만들고 있다"고 서한에서 적고 있다. 그는 다음과 같이 기록하고 있다.

연추로 들어가는 길목에서 나는 즐비하게 늘어선 잘 지어진 벽돌집들과 푸른 나무에 둘러싸인 작은 교회를 보고 놀아움을 감출 수 없었다. 그 벽돌집들은 다름 아닌 학교들이며, 그 소속과 명칭이 다양하였다. 그중에는 교회농촌공동체 2년제학교, 교회부속 여자학교, 수공업학교, 교사 거주 사옥과 사제관이 있었다.
모든 건물들이 튼튼하고 편리하고 넓었다. 이 모든 것이 안치헤읍 도헌 최의 노력으로 이루어진 것이었다(중략) 도헌 최는 풍채가 아주 훌륭하고 충분히 개화된 한인이었다. 그는 상당히 똑똑하고 열의가 있으며, 외교수완이 있는 사람이었다.

위의 기록에서 보는 바와 같이 최재형을 "최는 풍채가 아주 훌륭하고 충분히 개화된 한인이었다. 그는 상당히 똑똑하고 열의가 있으며, 외교수완이 있는 사람이었다"라고 높이 평가하고 있는 것이다. .

또한 러시아정교의 흐리산프 주교는 최재형의 집에 초대되어 방학 중 스승댁을 방문하기 위해 와 있던 교사가 된 한인 제자들과 인사를 나누게 되었다. 그는 그때를 회상하며 다음과 같이 기록하고 있다.

자신에게 감사한 마음을 가진 제자들에 둘러싸인 최재형이 흥이 나 있는 모습을 곁에서 보고 있는 것은 참으로 즐거운 일이었다. 이것은 그가 한인동포들을 보살핀데 대한 최상의 보답이었다고 할 것이다. (중략) 그는 블라고베센스크 신학교 6학년에 진급하는 아들이 학업 때문에 이 청년들 사이에서 볼 수 없음을 애석해 했다.[63]

즉, 최재형은 연추지역의 지도자로 성장하여 제자들의 존경을 한 몸에 받고 있었던 것이다.

3) 러시아의 대 한인 정책과 귀화

조선과 러시아 사이에는, 1876년 개항을 거쳐 1884년에 조로수호통상조약이 체결되었다. 이를 계기로 최초로 한인 이주에 대한 법적 문제가 거론되어 그때까지는 방임 상태에 있었던 이주 한인들이 생명과 재산의 안정 및 보호를 받을 권리를 갖게 되었다. 그러나 노령 지역 한인들의 법적 지위가 확정된 것은 1888년 조로육로통상장정의 체결에 이르러서였다.[64]

이에 따라 노령의 한인들은 3그룹으로 구분되어 1884년 6월 25일 조로 수교가 이루어지기 전에 노령으로 이주한 한인들은 러시아 국적을 취득할 수 있게 되었다. 아울러 가족당 15데샤치나의 토지를 할당받고, 러시아 농민과 같이 금전 및 현물 납세를 할 수 있게 되었다. 그리고 1884년 국교 수립 이후에 이주하여 노령에 계속 거주하기를 희망하는 한인들에게는 2년간 기간을 주고 매년 러시아 비자를 발급 받도록 하였으며, 납세는 첫 번째 그룹과 마찬가지로 하는 것으로 규정하였다. 마지막 세 번째 그룹은 변강에 일시 거주하는 자로서 정주할 자격을 갖지는 못하지만 매년 세금을 납부해야 하고 비자도 발급 받도록 하였다.[65]

그 후 1893년 두호프스키 총독은 변강의 식민화에 한인들을 동원하는 것이 유용하다고 판단하고, 한인들을 러시아화 시키려고 하였다. 이때 비로소 1884년 이전에 노령으로 이주해온 사람들이 러시아 국적을 취득하고 토지를 받게 되었는데[66] 실질적으로는 1895년 9월부터 한인들의 러시아 입적이 허락되었다. 그해 1,500호 정도가 입적하였다.[67]

최재형은 일찍이 러시아로 들어왔으므로 귀화가 허락되었다. 그리하여 최재형은 군인과 공무원에 등용될 수 있는 특전과 토지를 무상분배 받을 수 있는 권한을 부여받았다.[68] 그리고 최재형 등 입적 농민들은 대개 그들의 촌락을 따로 가지고 있었는데 이를 원호촌(元戶村)이라고 하였다.

한편 러시아 국적에 편입되지 못한 한국인 이주민들은 농토를 분여받지 못하였다. 그러므로 그들은 할 수 없이 원호나 러시아인들의 토지를 빌려 소작해야 했는데 소작 조건은 대단히 불리하였다. 흔히 한인들이 러시아인의 황무지를 소작지로 개간할 때, 처음 2년간은 소작료를 물지 않았지만 3-4년부터는 소작료를 납부하게 되었는데, 지방에 따라 다르지만 소작료는 대개 4할 이상이었다.[69] 귀화하지 않은 한인들이 살기는 매우 어려웠던 것이다.

그러므로 한인들이 러시아 국적에 편입하기 위하여 러시아 관헌에게 각종 방법을 이용하여 교섭하는 사례가 적지 않았다. 이때 한국인촌 자치단체의 중요 임무는 외국인 신분을 가진 한국인 이민들을 러시아 국적에 편입시키는 교섭을 추진하는 것이었다.[70] 한편 소작 한인의 비율은 1905년에는 30%, 1910년경에는 70%, 1917년경에는 90%에 달하였다고 한다.[71]

4) 한인 자치기관 연추 남도소의 도헌으로 선임

러시아 정부는 19세기에 새롭게 점유한 시베리아 지역을 동시베리아 정구(政區)와 서시베리아 정구로 나누어 총독을 두고, 관할 구역을 주와 도로 나누어 여기에 군무지사 또는 지사를 두어 총독에 예속시키는 제도를 시행하였다.

1883년에 이르러 서부 총독정구를 폐지하여 이를 독립된 주와 도로 변경하여 러시아에 직속시키고, 동부 총독정구는 두개의 구로 분할하였다. 즉 동부 시베리아 총독정구와 흑룡 총독정구로 이분하였는데, 연해주와 아무르주를 합쳐서, 프리아무르 주라고 통칭하였다.[73] 그리고 아무르 총독정구는 총독이 하바로프스크에 있었으며, 프리모르스키이 주, 아무르 주, 자바이칼 주, 사할린 주 등으로 이루어져 있었다고 한다. 프리아무르 주는 러시아제국에서 파견된 총독의 지배를 받았다. 총독은 군대 통수권을 포함한 일체의 정무 권한을 위임받았던 행정관이자, 군사령관으로서 절대권한을 행사하였다. 따라서 총독의 견해와 정책에 이주 한인들이 커다란 영향을 받았다.[74]

한편 극동지방의 행정편제는 1894년에는 자바이칼 지방이 동시베리아 총독의 관할에 귀속됨으로써 분리되었다. 극동 변강의 행정책임자는 총독이었으며, 각 지방의 책임자는 군무지사로 불리었고, 그 밑에 군, 면에 해당하는 행정 단위로서 우에즈드, 볼로스트 등이 있었다.[75]

1884년 러시아 당국에서는 농촌부락이 많이 생겨남에 따라 행정구역을 개편하여 새로운 읍을 만들었는데 연추(얀치헤)를 소재지로 한 읍도 형성되었다.[76] 20세기 초에는 한인농민들이 정착한 마을들의 행정구역이 명확히 정리되었다. 1903년에 연해주에서 그 수는 32개에 달하였다. 그 중 31개 마을은 행정적으로 남우수리스크 관구에 속해 있었고, 러시아 농민과 동등하게 니콜스코예 마을에 상주하는 관구책임자의 관할하에 있었다. 하지만 이 마을들은 여러 지구에 속해 있었다. 22개 마을은 포시에트 지구에 속하여 독립적인 연추읍을 형성하였다. 읍청 소재지는 하연추 마을에, 읍 경찰서장은 노보키예프스코예 구역에 위치해 있었다.

러시아 당국에서는 1895년 연추 지역에 한인 촌락이 다수 형성되자 얀치헤 촌을 중심으로 새로운 행정단위인 군을 설치하는 한편,[77] 거기에 도소(都所)를 설치하고 연추 남도소(烟秋南都所)라 명명하였다. 이곳은 러시아 관헌의 인허 하에 이루어진 한인 자치기관이라는 데 그 특징이 있다.

도소에서는 한국식과는 달리 서양식 사무실인 도소실(都所室)을 건축하여 러시아의 인허를 받은 기관으로서의 권위를 높이고자 하였다. 아울러 도소에서는 책임자로 도헌이나 사장을 두어 각 촌락에 있는 한인을 관할하고, 모든 부세(賦稅)를 수

러시아학교

납하는 일을 담당하도록 하였다. 그리고 러시아 지방당국에서는 최재형을 그 책임자로 임명하였다.[78] 최재형은 32세이던[79] 1895년 하반기에 통역직을 사직하고 처음으로 연추 남도소의 도헌에 피임되었고,[80] 그 후 13년 동안 도헌으로서의 활동을 하게 되었다.[81]

1895년에 출간된 러시아황실지리학회 조사보고서에 연추면 도회소 건물과 최재형에 대하여 다음과 같이 묘사하고 있다.

> 연추면 도회소는 아름다운 석조건물에 자리 잡고 있는데, 두 부분으로 나누어져 있다. 하나는 본래 도회소 사무실로, 다른 큰 방은 면의 회의를 위한 것이다. 모든 사무는 러시아어로 처리된다. 마을에 전달되는 명령은 조선어로 번역된다. 도헌 표트르 최는 1893년부터 일하고 있는데, 10년 동안 경찰서장의 통역이었다. 그는 스타니슬라브 수장(綬章) 은메달, 금장(襟章), 기타 목걸이를 갖고 있는데, 도로건설에 쏟은 노력과 열성을 인정하여 수여한 것이다. 면서기는 블라디보스토크 시민인 알렉산드르 바실리예프인데, 1894년부터 일하고 있다.

여기에서 말하는 훈장은 최재형이 도로 건설의 공로로 1888년 러시아 정부로부터 받은 첫 번째 훈장이다.[82]

최재형이 연추 남도소의 도헌에 임명된 것은 중요한 의미를 갖는다. 첫째, 연추 남도소는 러시아가 인허한 최초의 한인 자치기구이다. 이 기구의 대표인 도헌에 최재형이 최초로 임명되었다는 사실은 그가 재러 한인사회에서서 큰 신망을 얻고 있던 인물임을 반증해주는 것이다. 둘째, 무엇보다도 중요한 것은 최재형이 러시아 지방당국으로부터 가장 신임을 받고 있었던 한국인이라는 점이다. 최재형은 한국인 최초의 러시아인 학교 입학생으로서 러시아에 능통한 인물이었고 러시아 병영에서 오랫동안 통역으로 일하면서 러시아인으로부터 큰 신망을 얻게 되었다. 때문에 그는 여러 통역관들 가운데 연추 남도소의 초대 도헌으로 임명되어 1910년경까지 그 책임자로 활동했던 것이다.

3. 동포를 위한 삶에서 자신의 길을 찾다

1) 최재형에 대한 조선 정부의 기대

최재형이 러시아에서 도헌으로 활동하고 있을 무렵인 1896년 2월, 조선에서는 국왕이 러시아 공사관으로 피신하는 소위 아관파천이 일어났다. 명성황후 시해 사건 후 불안에 떨고 있던 고종과 친일내각을 타도하려는 친러파 이범진 등이 서울 주재 러시아 공사 베베르와 공모하여 고종을 러시아 공사관으로 피신하도록 한 사건이었다.

이범진 공사

이때 친일내각의 김홍집과 어윤중은 역적으로 지목되어 민중들에게 살해되었고 유길준 등은 일본으로 망명하였다. 그리고 새로이 이범진, 이완용 등 정동파가 친러 내각을 성립시켰다. 이후 약 1년간 고종은 러시아 공사관에서 러시아 군대의 보호를 받는 처지가 되었고, 자연히 정부는 러시아의 간섭을 받게 되었다.

이처럼 조선이 러시아의 영향권 아래 들어가게 됨에 따라, 조선 정부에는 러시아어 통역관들이 필요하게 되었고, 따라서 연해주 지역에 살고 있는 조선인들에 주목하게 되었다.[83] 이에 러시아의 연추와 추풍 일대에 거주하고 있던 한인 청년 52명을 불러 모두 통역관에 임명하고 월급을 후히 주었다.

그 중 대표적인 인물로는 김홍륙(金鴻陸)을 들 수 있는데, 추풍 사람인 그는 러시아 공사관 통역으로 고종의 은총을 받아 학부대신으로 귀족원경이 되었고, 그 외 김도일(金道一), 유진률(兪鎭律)[84], 홍병일(洪炳逸), 채현식(蔡顯植), 김승국(金承國), 김인수(金仁洙), 김낙훈(金洛薰), 황두진 등은 모두 중앙의 벼슬을 제수받고 그

조상까지 증직되었다. 그 이후 연추와 추풍 일대에는 참봉, 주사, 의관, 참서관, 통정 등 한국의 벼슬 직함을 가진 인물들이 다수 등장하게 되었다.[85]

이처럼 러시아어에 능통했던 인물들이 국내로 초빙될 때, 러시아 지역의 기업인이며, 러시아어에 능통했던 최재형에게도 조선 정부로부터 제안이 왔던 것 같다. 후일의 기록이지만,『동아일보』1920년 5월 9일자의 다음과 같은 기록으로 그 내용을 추정할 수 있다.

> 리태왕 전하께서 을미년에 로국 영사관으로 파천하신 후 널리 로만 국경에 정통한 인재를 가르실세 최씨가 뽑히어서 하루빨리 귀국하여 국사를 도우시라는 조서가 수참차나 나리셨으나 무순 생각이 있었던지 굳게 움직이지 아니하였으며...

급박한 상황에서 최재형이라는 새로운 인물을 찾아낸 조선 정부의 다급함이 엿보이는 대목이다. 그러나 연추 지역의 도헌에 막 임명되었던 최재형은 소위 조선 왕조의 어명에 대한 응답 없이, 국내에 들어오지 않고 계속 연추에서 도헌으로서 일하였다.[86] 신분 상승의 욕구가 누구보다도 컸을 그였지만, 거기에 호응하는 것이 지금 자신이 가야할 길은 아니라는 내적 고민이 그에게 컸을 것이라 추정된다.

그러던 중 1896년 5월 13일 최재형은 페테르부르크에서 개최되는 니콜라이 2세의 대관식에 참석하여[87] 황제가 직접 하사하는 예복을 받았는데[88] 이는 러시아에 살고 있는 한인으로서 최고의 영예를 누린 것이었다. 아울러 러시아 정부로부터 훈장도 받았다.[89] 이후 최재형에 대한 러시아 정부의 신임은 더욱 두터워졌고, 한인사회에서도 그의 권한과 신망은 더욱 높아졌다.

2) 한인 마을마다 학교를 설립하고 인재 양성에 총력

도헌에 임명된 최재형은 도헌의 직무 외에 한인들의 교육활동에도 크게 기여하였다. 우선 이를 이해하기 위해서 연추 지역의 한인교육 상황을 살펴보기로 하자.

연추 지역에 한인이 이주하기 시작한 것은 1860년대부터이다. 그러나 처음에는 경제적인 여건상 제대로 교육이 이루어지지 못했다. 그러다가 러시아 지방당국에서 학교를 건립하여 재러 동포들에 대한 러시아화 정책을 펴면서 본격적으로 이 지역 한인들에 대한 교육이 시작되었다. 이러한 정책의 일환으로 지방당국은 1883년에 연추 지역에 아문학교(러시아어 학교)를 설립하고 한인 자녀를 교육하기 시작하였다.[90]

그러나 러시아화 교육은 효과적으로 이루어지지 못하였던 것 같다. 1883년 러시아 학교가 처음으로 연추에 설립되어 입학연령이 된 한인 자제를 모집할 때, 한인들은 이를 긍정적으로 받아들이지 않았다.[91]

그리고 이러한 경향은 지속되어 1884년에도 한인들은 자식을 아문학교에 보내기를 꺼려하여 남의 자제를 대신 보내거나, 혹은 마저 읽던 한문을 읽히게 한 뒤 아문학교에 보내곤 하였다. 그 결과 당시 연추 용명과 추풍에 설립된 아문학교에는 학생 20여 명이 공부하고 있을 뿐이었다. 그 후 1884년에 최운학, 채동성이 러시아 중학교에 입학하였고,[92] 비로소 1895년에 이르러 연추의 최만학과 김택섭, 신익녹 등 3인이 아문 중학교에 입학하였다.[93]

한편 러시아 황태자 니콜라이의 블라디보스토크 방문을 기념하여 1891년 11월 14일 러시아학교를 신축 개교하였는데, 연해주 농촌학교 가운데 최초로 황태자 니콜라이의 이름을 따서 학교 명칭을 '얀치힌스코예 니콜라예프스코예' 소학교라고 하였다. 니콜라예프스코예 소학교 건물은 마을기금 4,750루블로 지었는데, 학교기구 구입비용으로 300루블이 들었다. 1895년 당시 학생은 25명으로 19명이 연추마을(상연추와 하연추) 거주 학생들이고, 나머지 6명이 크라스노 셀로(4명)와 지신허 마을(2명)에서 온 학생들이었다. 연추 니콜라예프스코예 소학교 건물은 폭이 5m 70cm, 길이가 7m 10cm이며 5개의 창문이 달려 있는 높고 밝은 건물이었다.

연추 니콜라예프스코예 소학교의 초대 교사는 최초의 한인교사이기도 한 알렉산드라 세묘노바 보프로바였다. 1870년 7세 때 언니와 함께 연해주로 월강이주(越江移住)할 때에 고아가 된 후, 연해주 군정순무지사 크로운에게 입양되어 교육을 받게 되었고, 마침내 상트페테르부르크의 바실리예프 오스트로프 여학교를 졸업하게 되었다. 졸업 후 독일인 가정과 러시아인 가정에 가정교사로 있으면서 동포들이 살고 있는 한인사회에서 교사로 활동할 희망을 가졌다. 마침내 페테르부르크에 살던 페트로파블로프스키(N. I. Petropavlovsy)가 그녀의 뜻을 존중하여 연해주 군정순무지사 운테르베르게르(P. F. Unterberger)에게 그녀를 연해주지역의 학교 교사로 임명해줄 것을 요청했다. 남우수리스크 관구 책임자인 수하노프(A.V. Sukhanov)로부터 "농촌에 교사가 절대적으로 필요하다"는 답변을 받은 운테르베르게르는 그녀를 연추 니콜라예프스코예 소학교 교사로 임명하였다. 1891년 연추 니콜라예프스코예 소학교 교사로 부임한 알렉산드라 세묘노바는 연추 도헌인 최재형과 결혼하였으나, 알 수 없는 이유로 1893년 6월 독극물을 마시고 자살하여 비극적으로 생을 마쳤다.[94]

최재형이 연추 지역의 도헌이 되었을 때 재러 한인사회에서는 적극적인 러시아 교육이 실시되지 않는 상황이었다. 이에 러시아 학교 최초의 입학생으로서, 러시아 문물에 정통했던 최재형은 한인 동포들에게 교육의 필요성을 역설하였다. 나아가 재러 동포들의 교육에 적극적으로 나서 러시아 지역에서 처음으로 재러 동포들을 대상으로 하는 러시아화 교육을 본격화하였다.

그러므로 『독립신문』 1920년 5월 15일자 「최재형의 약력」에서도, "아령에 재한 한인의 교육은 처음 씨의 편달을 받아 일어난 것이요, 씨가 거주하는 연추는 아령의 한인 거주지 중 제일 먼저 러시아 교육을 받았다"라고 하여 최재형이 재러 한인교육을 처음으로 강조하고 일으킨 장본인이라고 밝히고 있다.

최재형은 한인마을에 세워진 대표적인 러시아식한인학교인 연추 니콜라예프스

러시아 연해주 하산학교

코예 소학교에 가난한 학생들을 위해 2,000루블의 장학금을 내는 등 열성으로 학교 운영을 후원하였다. 설립 이후 연추 니콜라예프스코예 소학교의 많은 졸업생이 중학교, 사범학교, 동양학원 등 상급학교에 진학하였는데, 최재형의 장학금을 받고 사범학교에서 공부한 졸업생들이 모교의 교사로 와서 활동하기도 했다. 이는 최재형의 장학금을 받은 데 대한 의무이기도 했지만, 동포 자제들을 위한 교육을 헌신적 의무로 자각한 결과이기도 했다. 또한 졸업생 가운데는 사관학교를 졸업하고 러시아군 장교나 하사관으로 러시아를 위해 공헌을 남긴 자도 적지 않았다. 이들 가운데 김 콘스탄틴 페트로비치(1917년 당시 블라디보스토크 제10소학교 교장)는 13년간 모교 교사로 전력을 기울인 공을 인정받아 신성(神聖) '안나' 제3등훈장을 수여받기도 했다.

연추 니콜라예프스코예 소학교는 1899년 하바로프스크에서 개최된 박람회 교육부문에서 동메달의 장려상을 수상하기도 했다. 김 콘스탄틴 등과 같은 모교 출신 교사의 헌신으로 연추 니콜라예프스코예 소학교는 연해주 내 최우수 러시아인 소학교와 쌍벽을 이루게 되었다.[95]

최재형은 또한 교회와 학교 건물 외에도 교사와 사제를 위한 건물을 지었다. 연추 마을 입구에 세워진 이들 건물은 매우 견고하고 넓게 지은 벽돌건물이었다.

최재형은 1895년 도헌에 임명된 직후 자신이 관할하는 지역인 향산사에 일차적으로 교회와 학교를 건축한 후 학교 교육에 진력하였다.[96] 그 후 그는 한인들이 거주하는 지역마다 교구학교를 설립하였다. 특히 그는 한인들의 본거지라고 할 수 있는 블라디보스토크 지역의 한인학교 건립에도 기여하였다. 이러한 최재형의 교육에 대한 노력은 당시 국내에서 간행된 신문 기사들에서도 찾아볼 수 있다.

『대한매일신보』 1907년 5월 17일 잡보, 「해삼위에 在훈 韓人의 설립훈 啓東學校 취지서」에는 다음과 같이 기록되어 있다.

大凡 土地가 有ᄒ 然後에 人民이 有ᄒ고 人民이 有ᄒ 然後에 其國이 有ᄒ나니 若 人民만 有ᄒ고 土地가 無ᄒ면 國이 國됨을 不得ᄒ고 其人民은 殄滅慘刻의 鏡에 罹ᄒ지라. 證之近日컨디 我韓의 危迫ᄒ이 是ᄂ니 何者오. 醉於舊習ᄒ야 不思變通ᄒ여 教育을 파籬邊에 投棄ᄒ야 人民의 智能이 昏曚未開ᄒ 緣故니 古今를 勿論ᄒ고 土地와 民人은 國家의 영遠不離ᄒ 關係가 有ᄒ즉 今에 國家의 危迫ᄒ을 扶ᄒ진디 一時라도 教育을 舍ᄒ미 不可ᄒ도다.

三數年 以來로 我韓志士ㅣ 國勢의 发業ᄒ을 悲觀ᄒ야 資金을 優捐ᄒ야 校塾을 爭設ᄒ며 富强의 術을 講究ᄒ니 庶幾乎棄野人文의 域에 就ᄒ지며 北美洲 布哇及桑港에 居留ᄒᄂ 我大韓同胞ᄂ 祖國을 離ᄒ며 親眷을 棄ᄒ고 양海數萬里 外에 在ᄒ야도 忠愛心과 慷慨志ᄂ 團團不泯ᄒ야 學校를 創立ᄒ며 新聞紙를 刊行ᄒ며 敎育會를 組織ᄒ야 諸般事爲가 丹心血誠에 出ᄒ으로 外國人이 目之ᄒ되 將來에 一等國人이 되리라 ᄒ얏스며 日本에 留學ᄒᄂ 學徒ᄂ 學校를 設ᄒ며 會報를 刊行ᄒ며 二十一名學徒ᄂ 學資의 罄乏ᄒ을 因ᄒ야 斷指血盟ᄒ야 誓以成業ᄒ얏스니 苟非一心愛國이면 寗有是也리오.

嗚呼라 本港에 居留ᄒᄂ 我韓同胞ᄂ 俱是大韓國人이라도 其數額을 北美及日本에 居留ᄒᄂ 我韓同胞에게 比ᄒ면 幾倍에 過ᄒ거ᄂ 奈之何로 在港多年에 寥寥無聞ᄒ야 長夜乾坤의 春夢을 未醒ᄒ듯 國破君辱ᄒ되 一憤을 未發ᄒ고 海外賤僕을 甘作而止ᄂᄂ지 言念及此에 髮竪膽掉하야 不勝太息也호라.

尤有慨惜者ᄒ니 矮居簷裡咿唔聲出ᄒ면 但道馬上逢寒食ᄒ야 秋而繼冬ᄒ며 冬而繼春ᄒ니 如是而勸勉子弟ᄒ며 責勵師表가 不亦可憫乎아. 驅此聰明英俊之子弟하야 牢籠于迷盲聲癖之科라가 望其成就ᄒ니 曷勝駭歎가 于斯時也에 慨然感發於日美居留 同胞之血誠愛國ᄒ며 惕然憫惜於靑年子弟之浪費分陰하야 編緝 初等教育之科程ᄒ야 創立 一學校ᄒ니 名曰啓東學校라. 豆滿江 以東의 散在ᄒ 我韓同胞의 靑年子弟를 啓導하야 文明을 啓發코져ᄒ이니 今日 此校의 創立ᄒ을 基ᄒ야 明日에 二校를 設ᄒ며 又明日에 三校를 設ᄒ야 至于四校五校ᄒ되 其自普通中學으로 上至專門大學等學校히 此校로 幷히 立ᄒ면 美日居留同胞가엇지 彼에만 獨美ᄒ리오.

然則 越王之成就를 指期可待ᄒ야 於不知不覺之中에 化弱制强ᄒ며 轉劣勝優ᄒ야 危迫의 國勢를 可扶ᄒ지며 會稽의 恥도 可待而雪也오. 進以與列强으로 幷駕驅馳于五洲八萬里之域ᄒ야 發揮大韓國之光榮ᄒ며 飄揚大韓之國旗矣리니 然則 教育之力이 其不重歟며 其不大歟아

發起人 崔才亨 李東國 金學萬 韓益成 車錫輔 崔鳳俊

校長 崔才亨 校監 韓益成 副監 李東國 事務員 車錫輔 書記 卓文憲

이와 같이 최재형은 러시아 블라디보스토크에 설립된 최초의 민족학교인 계동학교의[97] 발기인 겸 교장으로 보도되고 있다. 아울러 『대한매일신보』 1907년 5월 18일 광고, 「露領海港大韓啓東學校義捐金如左」에는 다음과 같이 100환(圜)을 희사한 사실이 기록되어 있다.

露領海港大韓啓東學校義捐金如左

車錫甫 崔鳳俊 韓益成 崔萬學 각一百五拾圜 崔才亨 金學萬 趙永旬 全德智 風俗中 金基周 李應祿 許良勝 각一百圜 高尙俊 安九益 金星쥰 金南奎 金仲周 金子天 崔子天 李尙雲 金學萬夫人 許仁學 許仁淳 李應浩 黃鳳龍 각五拾圜 徐相龜 崔俊五 張基善 韓成俊 李亨욱 崔文敬 각三拾圜 李東國 李丙權 朱仕先 朴仁燁 尹德由 각二拾五圜 柳河秀 卓文헌 金國泰 朴承吉 각二拾圜 千斗萬 拾五圜 金昌俊 崔聖甫 金承쥰 金允化 金弘죠 金致汝 李致權 姜乃明 각拾圜 金萬國 尹丙劑 金連善 劉漢初 姜周弼 楊成春 朴仁植 崔弘日 高錫柱 각五圜 未完

한편 최재형은 연추에 고등소학교(6년제)를 설립하여 학생들의 교육에 진력하였을 뿐만 아니라 고등소학교를 졸업한 학생들 중 우수한 학생들을 골라 블라디보스토크, 우수리스크, 블라고베센스크, 이르크추크, 톰스크 및 기타 지역에 유학하도록 하는 데 일익을 담당하였다.[98] 특히 그는 매년 3천 루블의 봉급을 전부 은행에 맡기고 그 이자로 매년 1명씩 유학생을 파견하였다. 그 결과 다수의 학생들이 러시아의 주요 지역에 유학하였는데[99], 그 대표적인 인물로는 한명세, 김 미하일 미하일로비치, 최 레프 페트로비치, 김 로만 이바노비치, 김 야고프 안드레예비치 등을 들 수 있다.[100]

이러한 사실은 권업신문 1912년 9월 8일자 <루경의 한인 학생>에서도, "월전에 남도소 각처에 페테르부르크로 유학하려 들어가는 학생들이 삼십팔 명인데 최재형, 한익성 제씨가 물품을 많이 연조하였다더라"라고 기록되어 있는 데서도 짐작해 볼 수 있다.

그 후 최재형은 재러 동포들 사이에 그 이름이 더욱 널리 알려졌으며 러시아인들 가운데도 명망이 높아져 한국인과 러시아인 사이에 그의 이름을 모르는 사람이 없을 정도였다.[101] 그리하여 최재형은 러시아 황제가 주는 훈장을 여러 개 받았을 뿐만 아니라 1896년 5월에 니콜라이 2세의 대관식에 참석하기도 하였던 것이다.[102]

그러나 최재형이 헌신적으로 전개한 재러 동포들에 대한 교육사업은 그와 동포 사회의 지원만으로는 턱없이 부족하였다. 그러므로 최재형을 중심으로 한인들은 교육사업을 원활히 전개하기 위한 돈을 마련하기 위하여 러시아 극동 주둔 러시아 육군 및 해군에 식량, 군복, 건재 등을 공급할 목적으로 회사를 설립하고자 하였다.

당시 러시아 정부는 극동의 방위력 증강을 목표로 이 지역에 많은 군대를 파견하여 막사를 짓는 등 군대의 유지를 위한 많은 사업을 시작하고 있을 무렵이었다.[103] 이에 이 지역의 도헌으로서 러시아 당국의 깊은 신뢰를 받고 있을 뿐만 아니라 러시아 사정에 능통했던 최재형은 회사를 설립하고 러시아 군대의 군납업자로 등장하기 시작하였던 것이다.

사업이 생각보다 잘 되자 최재형은 한인들 마을에 새로운 학교들을 설립하기 시작하였다. 또 우수한 젊은이들을 시베리아, 카프카스, 크림 등 러시아의 여러 지역에 유학을 보냈다. 이에 따라 유학생 수도 해마다 증가하였다. 나아가 1900년대 초에 연추에 6년제 중학교를 설립하기에 이르렀다. 그리고 이 학교의 첫 졸업생들을 러시아 중부 지역의 교육기관에 보내어 계속 공부하도록 하였다.[104]

3) 동포들의 경제력 향상을 위한 노력

최재형은 관상목과 유실수를 많이 심어 한인마을을 녹화시키는 데도 깊은 관심을 갖고 있었다. 이를 위해 그는 1884년 집을 서양식으로 개조하고 한국인으로서는 처음으로 화원을 만들었다.[105] 그리고 1890년에 주민들과 함께 노보키예프스크(현 크라스끼노)에 처음으로 공원을 만들었으며, 그 후 우수리스크에 공원을, 1916년 슬라비얀카 촌에 문화휴식공원을 만들기도 하였다.[106]

최재형은 포시에트 촌이 크림반도와 같은 위도선에 위치하고 있다는 점에 착안하여 크림반도에서 장과(漿果) 식물을 실어 와서 촌락들에 심도록 권장하였다. 그 당시 슬라비얀카 항구에는 러시아 군함들이 집결하여 늦여름이면 해군 장교들이 딸기 등 장과 열매를 많이 사가기 때문이었다.[107]

최재형은 농장의 수익을 증진하기 위하여 농민들에게 가축과 가금을 많이 사육하도록 하였다. 그리하여 소, 돼지, 닭 등 가축 사육운동이 활성화되었고, 이에 따라 농민들의 생활수준이 일층 높아졌다. 또한 그는 가축 개량사업에도 관심을 기울였다. 구체적으로 소의 종축 개량에 주목하여 무게가 많이 나가고 우유를 많이 생산하는 소를 길러내고자 하였다. 최재형이 이 사업에 주력한 것은 연주 등 러시아 극동지역에 다수 주둔하고 있는 러시아 군대가 고기와 우유를 많이 필요로 했기 때문이다.[108]

한편 그는 농민들에게 농사와 가축 치기 외에 계절어업을 하도록 하였다. 당시 연어알은 러시아인들이 빵과 함께 먹는 주요 식품이었으므로 농민들에게 큰 수입원이 되었다. 이에 농민들은 연어의 산란 계절이 오면 연해주 강으로 거슬러 올라오는 연어잡이에 한창이었다. 그들은 한인촌마다 10~15개 그룹을 편성하여 가까운 항구로 가서 강 하구에 그물을 쳐서 연어를 잡았다. 보통 가을 어로 기간은 10~14일간 계속되었다.[109]

4) 독립투쟁을 위한 본격적인 항일 자금 축적

최재형은 재러 동포들에게 유익한 일들을 하기 위해서는 무엇보다도 물질적인 지원이 있어야 함을 깨달았다. 이에 그는 1890년대 하반기 통역 일을 그만두고 건설 청부업과 상업 활동을 전개하기 시작하였다.[110] 최재형이 도헌으로 활동하고 있던 연추 지역은 조선, 중국, 일본과 관련된 러시아의 주요 군사 거점으로서 다수의 러시아 군대가 주둔하고 있었다. 따라서 이들을 수용할 막사 등 건축물과 이들이 거주하는 데 필요한 연료, 상품 그리고 이들을 먹일 육류의 공급이 절대적으로 필요하였다. 당시 비숍 여사는 연추와 접해 있는 포시에트 지역에 대하여 이렇게 묘사했다.

> 포시에트 만은 크고 멋진 막사와 창고가 있는 하나의 큰 군사 역사(驛舍)였다. 여기에는 시민은 없는 것 같았다. 그러나 그 크지 않는 거리에도 한국인 정착민들이 있었다. 이 한국인들이 블라디보스토크에 공급되는 육류의 대부분을 책임지고 있었다. 우리는 강인하고 건강해 보이는 수많은 한국인들을 만났는데, 그들은 60마리의 멋진 살찐 가축들을 증기선이 있는 항구로 몰고 가고 있었다.[111]

포시에트 지역에 거주하고 있는 한인들은 이처럼 블라디보스토크 육류의 대부분을 책임지고 있었다. 이어서 그녀는 연추에 대해서도 이 지역이 군사도시이며, 한국인이 이 지역에 필요한 상품 연료 등의 운반을 모두 담당하고 있음을 다음과 같이 밝히고 있다.

> 노보끼예프는 거대한 군사도시이다. 또 이곳은 1천 명의 민간인들이 뼈다귀 하나라도 주어 먹을 수 있지 않나 하는 기대에서 몰려드는 곳이기도 하다. 그들은 주로 중국인과 한국인이다. 한국인들은 이 지역의 인구 구성에 있어서 커다란 비중을 차지하며, 상품과 연료의 모든 수송을 그들의 소가 이끄는 달구지로 수행한다.[112]

비숍 여사의 묘사를 좀 더 인용해 보면 다음과 같다.

> 포시에트만과 노보키예프 사이에는 1만 명의 보병대와 포병대가 있고, 노보키예프에는 포병대

중 8개 중대와 두개의 바퀴가 있는 24대의 군용마차가 있었다. 현재 노보키예프에는 1만 명 이상의 병사들을 위한 막사가 급속하게 지어지고 있었다.

나는 그곳에서 남쪽으로의 여행을 위한 준비를 하며 3일 동안 체류했다. 그 시간 동안 프랑스어를 하는 경찰서장이 나를 몇몇 한국인의 마을로 데려다 주었다. 그 마을의 모든 농업 인구는 한국인이며, 이들은 매우 번영하고 있었다. 거기서 한국의 국경 쪽으로 내려가면서 나는 대다수의 한국인 개척자가 일을 잘하고 있으며, 그들 중의 몇몇은 러시아 군대에 육류를 계약 판매함으로써 부를 키워가고 있음을 볼 수 있었다. 이러한 점에서 한국인은 중국인을 능가하고 있었다. 한국인들은 능동적으로 중국령 만주로 가서 여윈 동물들을 싼값에 매입해서 살이 찌도록 키워 비싼 값에 되판다.[113]

비숍 여사는 한국인들이 러시아 군대에 육류를 판매하며 부를 축적해 가고 있음을 보여주고 있다. 이 연추 지역에서 1890년대에 육류판매업 등으로 큰 부자가 된 인물이 바로 최재형이었다. 아울러 그가 자산가로 성장하기 까지는 한 바실리 루끼츠, 한 엘리세이 루키츠 형제와 김 표트르 니콜라예비치, 최 니콜라이 루키츠 등의 도움이 컸다.[114]

한편 최재형이 축적한 부는 극동에서 벌어진 두 가지 사건을 계기로 더욱 증대될 수 있었다. 그것은 1900년의 의화단 사건과 1904년 이후 러일전쟁이었다. 이러한 전란의 발발은 물품 운반, 육류 보급, 막사 건축 등에 종사하는 한인들에게 큰 부를 가져다주었다.

먼저 1900년 청국에서 의화단사건이 발발한 직후 러시아가 청국을 침범하자 한인들 중에는 군수품 운수사업에 종사하면서 재산을 모으는 경우가 있었다.[115] 그 대표적인 예로 지신허의 한익성은 군대에 물품을 납품하면서 재산을 모았고, 최봉준 역시 블라디보스토크에서 군대에 물품을 공급하며 영업을 시작하여 부를 증대시키기 시작했다. 이어 1904년 러일전쟁이 발발하자 한인들은 의화단 사건 때처럼 역시 군수품을 운송하였고,[116] 이때 역시 최봉준, 한익성 등은 군대에 물품을 납품하

면서 큰 재산을 모았다.[117]

최재형은 최봉준과 마찬가지로 의화단사건과 러일전쟁 등을 계기로 큰 부를 축적하였던 것으로 보인다. 러시아 황제의 대관식에 참여한 이후 최재형은 연추 군대의 어용상인으로서 우육(牛肉) 등을 납품하여 거만(巨萬)의 자산을 가지게 되었던 것이다.[118]

한편 최재형은 마을 사람들의 편의와 포시에트 지역의 상업 발전을 위해서도 많은 힘을 쏟았다. 그가 이 지역에 유치한 회사로는 추린, 쿤스트와 알베르스, 판코프, 마르코프 등의 회사가 있다.[119]

◆ 최 올가 페트로브나의 자서전 『나의 삶』

-최 올가 페트로브나(5녀, 1905년생, Цой Ольга Петровна/О.П.Цой), 모스크바, 1990년 1월 10일-

최재형이 의병활동에 참여하기 이전까지의 삶의 모습을 그의 5녀 최 올가의 회상을 통해 살펴보려 한다. 이러한 회상은 최재형의 본 모습에 대해 생동감 있게 접근할 수 있는 소중한 자료다.

최올가의 자서전에는 다음과 같은 새로운 내용들이 있어 흥미를 더해준다. 최재형의 아버지와 어머니에 대한 소개, 러시아정교와 한인들의 러시아로의 이주, 최재형이 항해 중 경험한 유럽과 세계여러나라를 , 러시아 황제 니콜라이 2세 즉위식에 참여 시 모스크바에서 있었던 작은 에피소드, 조선의 양반 이범윤과의 만남, 최재형의 가정생활 등이 그것이다. 이들 내용들은 지금까지 알려지지 않은 내용으로 소중한 기록들이다.

최재형의 5녀 최 올가 페트로브나

천한 신분이지만 강하고 멋진 할아버지

나의 할아버지 최흥백(Цой Хын Бек)은 기다란 지팡이를 잡고 처음 러시아에 건너왔다. 그의 뒤를 따라 굶주린 조선 사람들의 행렬이 이어졌다. 정확하지는 않지만 1868년 당시 조선에는 큰 기근이 들었던 것 같다. 할아버지는 양반집의 예속 농민이었다. '천노미'(천놈)는 러시아 식으로 말하면 농노와 같은 신분이다. 양반들은 평범한 사람들을 아주 천시하여 대했다. 하지만 할아버지는 천한 신분임에도 강인하고 멋진 사람이었다. 사람들은 할아버지를 신뢰했다.

젊은 시절에 할아버지는 당시 조선의 구석구석을 다녀볼 기회가 있었다. 어떤 동네를 지나칠 때에는 음식을 대접할 테니 자기 집에서 쉬어가라는 제안을 받을 때도 있었다고 한다. 그러한 집 가운데 하나에 머무를 때였다. 호기심이 발동한 여인들이 할아버지가 머물던 방문의 창호지에 구멍을 뚫고 방안을 들여다본 일이 있었다. 당시 조선의 농가에서는 격자 모양의 문에 창호지를 사용했다. 여인들은 뚫은 구멍을 통해서 멋지게 생긴 젊은이(할아버지)를 훔쳐보았다.

할아버지가 작은 밥상을 앞에 두고 인피(靭皮)로 만든 돗자리에 앉아 밥을 먹고 있을 때였다. 자신을 훔쳐보는 여인들의 존재와 행위를 눈치 챈 할아버지는 당황하지 않고, 밥숟가락을 퍼 올린 다음 문 쪽을 향해 이렇게 말했다고 한다. "눈알들, 밥 먹고 싶어?" 그 순간 여인들은 크게 당혹해 하지 않을 수 없었다. 내가 어렸을 때 손위 형제들은 할아버지와 관련된 이런 이야기들을 해주곤 했다.

러시아에 정착한 가족

러시아는 아주 넓은 땅을 갖고 있는 나라다. 이주(移住) 한인들은 일을 할 수 있도록 땅을 받거나 형편에 따라 지주에게 고용되기도 했다. 더러는 토지를 임대해서 농사를 짓기도 했다. 러시아 정부는 한인들의 농사짓는 모습을 보면서 이들 한인들이 노동 능력이 있는 민족이라 확신하게 되었고, 한인들에게 러시아 국적을 주기로 결정했다.

어느 날 성직자를 대동한 러시아 당국의 관리들이 한인들을 강가로 데려갔다. 러시아 당국은 그곳에서 한인들에게 세례를 주도록 하여 정교회 신자로 만든 후 러시아 국적을 부여했다. 러시아 국적을 받은 한인들은 토지를 받았다. 그 이후 극동 지역 연해주에는 한인 정착촌들이 형성되기 시작했다.

할아버지는 당시 큰 오빠 내외와 9세 정도였던 둘째 아들 최재형과 함께 러시아에 건너왔다. 그들은 빈곤하게 살았다. 큰 오빠의 아내인 올케는 소년 최재형을 제대로 먹이지 않았고, 자주 구박을 했다. 이런 일이 집안에서 벌어지고 있었지만 할아버지는 많은 일을 하느라 바빠 여기에 신경을 쓸 겨를이 없었다.

당시 소년의 어머니는 가족들과 떨어져 조선에 남아있었다. 그녀는 할아버지의 두 번째 아내였다. 그녀는 노래를 잘 부르고 춤을 잘 추었고, 이를 통해 고위 인사들을 즐겁게 해주며 자신의 밥벌이를 했다. 아마도 그런 분야에 재능이 있었는지, 별다른 교육을 받은 것도 없이도 마치 전문적인 예능인처럼 활동했다. 러시아 땅에 농가와 농사지을 땅이 확보되자 할아버지는 할머니를 데려오기 위해 조선에 다녀오셨다.

무역상선을 타고 세상을 경험하다

연해주에서의 생활이 이년 여의 시간이 흘렀지만, 형수와 갈등을 빚고 있던 집에서 소년의 삶은 나아지지 않았다. 마침내 그는 집을 나오기로 결심하고 발길 닿는 대로 길을 떠났다. 처음에는 소년을 포함하여 3명의 친구들이 길을 떠났으나 둘째 날에 2명의 동무들은 다시 집으로 돌아가고 말았다. 소년은 홀로 남아 계속 길을 떠났고, 도중에 맨땅에서 쉬었다.

어느 날이었다. 길에서 잠들어 있는 소년을 무역상선의 선원들이 깨웠다. 선원들은 소년을 배로 데려갔다. 처음에 배에 있는 사람들은 무성하게 머리카락이 흐트러진 검은 머리와 검게 그을린 소년의 모습에 놀랐고 크게 웃었다(소년의 머리카락은 꼬여 얽혀있었다). 선원들은 그를 거울 쪽으로 데려갔다. 소년 또한 처음으로 거울

속의 자신의 모습을 보고는 웃기 시작했다.

무역상선의 선장 부부는 소년을 견습선원으로 삼아 사랑으로 돌보아 주었다. 그들은 소년에게 세례를 주었고, '표트르 세묘노비치(재형-Пётр Семёнович)'라는 이름을 붙여주었다. 소년은 무역상선에서 6년을 보냈는데, 그동안에 그는 유럽과 세계의 여러 나라들을 돌아보는 경험을 하였다.

어느 날 무역상선이 활동을 중단하게 되었을 때, 선장은 최재형을 블라디보스토크(г.Владивосток, 해삼위)에 있는 자신의 기업가 친구에게 추천해주었다. 러시아인들 사이에서 생활하며 최재형은 러시아어를 배우고, 읽고 쓰기를 깨우쳤다. 태생적으로 그렇게 머리가 나쁘지는 않았던 그는 많은 책을 읽었다. 비록 단 하루도 학교(школа) 생활을 해보지는 못했지만 점차 유식한 젊은이로 성장해 나갔다. 그는 러시아어를 구사할 줄 아는 최초의 한인이 되었다.

독학으로 배움의 길을 닦다

1880년부터 블라디보스토크-슬라비얀카(Славянка)-크라스노예 셀로(Красное Село)(조선 국경과 가까운) 구간을 잇는 전략적인 고속도로 건설이 시작되었다. 러시아 지역 당국은 러시아어를 구사할 줄 아는 최 표트르 세묘노비치를 통역으로 임명했다. 고속도로 건설장의 주요 노동력은 고용된 한인 농민들이었다. 그들은 단한 마디의 러시아어도 할 줄 모르는 사람들이었다. 한인 노동자들은 동정심이 깊었던 이 통역을 좋아했다. 그들은 최재형을 '챠 페츠카'(Чхя Печька)라고 불렀는데, 이는 '최 페치카'(Цой Петька, 러시아어 이름 표트르의 애칭)를 의미했다.

아버지 최재형은 이미 70년 전에 고인이 되었지만, 아직도 여전히 그를 기억하고, 그에 대해 들어 본 적이 있는 사람들이 있다. 지금도 나는 한인단체에 출입을 하고 있는데, 사람들은 내가 최 페치카의 딸이라는 것을 알게 되는 즉시 환희에 가득 차서 나를 맞아주곤 한다. 물론 나로서는 기쁜 일이 아닐 수 없다.

도로 건설이 끝나 통역으로 일했던 아버지의의 업무 또한 종료가 된 후 러시아 당국은 그를 볼로스치(волость/읍,묩)의 책임자(старшина)로 임명했다. 그가 해야 할 일은 많았다. 정착촌은 신생 마을이었고, 주민들은 배우지 못한 사람들이었다. 주민들을 먹이고 가르쳐야 했다. 그 자신이 낮은 신분의 젊은이로서 배우지 못했고, 학교 또한 전혀 다니지 못했지만, 아버지는 독학을 하며 배움은 반드시 필요하다는 것을 생생하게 깨닫고 있었다. 그는 많은 책을 읽었고 유식하고 총명한 사람들과 교제를 나누었다. 그는 러시아 이주 초기 한인들 중에서 최초의 러시아어 구사자였으며, 최초의 지식을 갖춘 총명한 사람이었다.

1894년 10월에 아버지 최재형은 러시아 황제 니콜라이 II세(Н.А.Романов, 1894-1917)의 즉위식에 다녀왔다. 당시 연해주에서 러시아 수도까지의 여정은 멀고 힘든 길이었다. 오랜 시간을 열차를 타거나 짐마차(달구지)를 이용해야 했다. 그렇게 모스크바에 도착한 뒤의 일이었다. 그는 여관에서 나와 상점으로 가기 위해 마차를 탔다. 아버지는 마부에게 가고자 하는 방향을 알려주었다. 그런데 그 마부는 아버지를 도시의 여기저기로 데리고 다닌 후 여관이 있는 건물로 다시 데려다놓았다. 아버지가 변방인 동쪽에서 온 것을 알고는 비열하게 속였던 것이다. 물론 이것은 작은 에피소드에 불과하다.

한인 정착촌 지도자로서 계몽활동

러일전쟁 기간에 아버지는 러시아 편에 적극적으로 가담하셨다. 전쟁은 주로 한반도에서 진행이 되었기 때문에 아버지는 동족들을 사랑하는 마음에 이들의 처지를 안타까워했다. 1905년 말 아버지는 블라디보스토크에 계셨고, 어머니는 아이들과 함께 얀치헤(с.Янчихе, 연추)에 계셨다. 그 즈음 일본군들이 한인 정착촌들이 위치하고 있는 러시아 영토로 들어오기 시작했다. 아버지는 가족을 보호하기 위해 좀 더 안전한 곳으로 가족을 부르셨다. 그렇게 우리 가족은 포시에트(Посьет)에서 돛이 달린 평저선을 타고 이동했다.

갓난아이였던 나(1905년 생)는 어머니의 품에 안겨있었다. 더구나 어머니에게는 감당해야 될 아이들과 물건들도 적지 않았다. 어머니의 손은 나를 안고 있어서 매우 힘들어 하셨다. 어머니는 아이들과 물건을 옮겨놓기 위해서 두 번이나 뱃머리를 왕래하셨다. 아이들이 가여웠던 어머니의 가슴은 미어졌다. 훗날 내가 어머니의 말을 잘 듣지 않고 버릇없이 굴 때마다 어머니는 이때의 일을 회상해 주시곤 하셨다. 나는 몇 세 때부터 나의 운명의 장난이 시작되었는지 사람들에게 알리기 이 글을 쓰고 있다.

일본인들이 조선 땅에 들어 온 이후 조선의 왕을 제거하자, 왕의 삼촌(형/동생)인 이 대감은 일본 점령군들과의 화해를 원치 않아 러시아로 들어갔다. 그는 블라디보스토크에 있는 아버지의 집에서 머물렀다. 그는 아버지의 활동에 대해 일찍부터 알고 있었기 때문에 둘은 친분을 맺으며 지냈다. 그는 조선에서 민속품을 비롯한 여러 물품들, 다시 말해 귀중품들을 가지고 들어왔다. 하지만 후일 아쉽게도 어머니가 연로해지신 탓에 그 물건들을 제대로 보관하지 못하셨다. 나는 어렸을 때 어머니가 간직하고 있던, 조선식으로 된 예쁜 귀중품 함에서 그 물건들을 전부 본 적이 있다.

전쟁이 끝나자 아버지는 얀치헤 마을에서 멀지 않은 곳에 있는 노보키예프스크(Новокиевск, 현재 크라스키노)로 이사 했다. 이 포시에트 지구(Посьетский район)의 마을들은 포시에트 마을처럼 블라디보스토크 너머 그 남쪽에 위치하고 있었다. 아버지의 유식함과 노동 능력을 높이 평가한 러시아 당국은 아버지를 (얀치헤) 볼로스치의 책임자로 임명했다. 한인 정착촌 지구의 '주인'으로서 그는 학교들을 세우고 교회들을 건립했다.

한인들의 존경을 받던 우리 가족

노보키예프스크에서 우리 가족은 큰 집에서 살았다. 당시에 당연히 그랬듯이 집 안에는 많은 방들이 있었다. 아이들 방에서 우리는 바닥에 자리를 깔고 놀이를 하거나 씨름을 했으며, 피곤하면 잠을 자기 위해 눕곤 했다. 우리 방과 나란히 아버지의 침실이 있었다. 기억하기로는, 큰 식당과 바닥에 커다란 녹색 양탄자가 깔린 큰 응접실이 있었으며, 식당의 문으로부터 반대편의 문까지는 녹색 양탄자 길이 나 있었다.

귀한 손님들이 오시는 경우 아버지는 휴식 후에 손님들 앞에서 축음기 음악에 맞추어서 춤을 추도록 소냐(4녀, Цой София Петровна/С.П.Цой)와 나를 부르시곤 했다. 그렇게 우리는 녹색 양탄자 길을 따라서 평범한 춤인 크라코뱌크(краковяк, 템포가 빠른 폴란드의 춤 또한 음악), 파데스판(падеспань, 왈츠나 평형운동으로 형성된 3박자의 무용 또는 음악), 폴카-코케트카(полька-кокетка) 등의 음악에 맞추어 춤추며 왔다 갔다 했다. 당시 딸들이 음악에 맞추어 춤을 출 수 있을 정도로 멋진 나팔이 달린 축음기를 갖고 있는 집은 매우 드물었다. 아버지는 선구자이자 타고난 재능 있는 분이었다.

크리스마스 주간에 여러 마을에서 식구 친지들, 그리고 지인들이 아이들과 함께 우리 집을 방문한 적이 있었다. 모두 응접실 바닥에 앉아있었는데, 그 수가 무척 많았다. 아버지는 이 날 우리 집에 찾아온 모든 사람에게 선물을 주고 대접했으며, 큰 감사의 마음으로 그들을 집으로 배웅해 주기도 했다. 멀리 과거에 있었던 그러한 여러 가지 추억들이 회상이 된다.

젊은이들 양성에 주력하다

아버지는 볼로스치 책임자로 있으면서 적극적으로 사업을 수행하고, 학교와 교회들을 건립한 공로로 상과 훈장을 수여받았다. 나는 오래 전에 집에서 귀중품들이 보관되어 있는 어머니의 귀중품 함에서 그 훈장들을 본 적이 있다. 지름 4-5cm 크기의 목에 거는 금메달 수장(綬章) 훈장도 있었다. 금메달 훈장은 은메달 훈장보다 더 컸던 것으로 기억한다. 가슴에 붙이는 평판에 달려있는 동일한 크기의 4개의 은메달도 있었다. 이 훈장들이 모두 사라졌는지 모르겠다. 이제야 나는 이것이 역사적 가치가 있는 물건들이었음을 알게 되었다. 생각해보면 그간 이 나라에서 벌어진 다양한 정치적 변화들이 사람들을 놀라게 했다. 그때마다 사람들은 (자신에게 위험이 될 만한) 모든 것을 숨기거나 없애버리기도 했다.

우리 집에는 대략 가로, 세로 22　26cm 크기의 큰 앨범이 있었다. 앨범의 겉표지

윗면에는 하사용 글귀가 적힌 커다란 은판이 붙어있었다. 나는 글귀의 내용이 무엇이었는지 기억하지 못한다. 앨범 안에는 무역상선 선원의 단체사진이 있었는데, 사진의 앞줄에는 견습선원 시절의 아버지가 앉아있었다. 사진은 이미 그 당시에 노랗게 빛이 바랜 상태였다. 그 밖에 오래된 다른 사진들도 있었다. 이 앨범은 어딘가에 남겨둔 것으로 알고 있다.

한인들이 거주하는 모든 마을에는 학교가 열렸고, 모든 아이들이 학교를 다녔다. 아버지는 재능 있는 학생들이 졸업하면 이들을 타 도시에 있는 교사 양성학교(учительская семинария)나 농업학교에 유학을 보냈다. 그의 양육을 받은 학생들은 러시아에서 최초의 교사나 농업기사들로 성장했다. 아버지는 학생들을 자신의 비용으로 유학을 보냈다. 지금 사람들이 말하고 있는 것처럼, "두 어깨에 머리를 갖고 있는(똑똑하고 판단력이 좋은)" 그는 그러한 체제 하에서 돈을 벌 줄 아는 사람이었다.[120]

(나의 삶)

모든 사람의 삶은 평범한 사람의 그것 일지라도 그 모습이 다양하다. 물론 만일 모든 사람이 자신의 생애에 대해서 기록한다면, 도대체 어느 누가 그것을 관심을 갖고 읽겠는가? 이 세상에서 유명 배우나 저명한 음악가, 그리고 갈리나 울라노바(Галина Уланова)와 같은 발레리나가 아닌, 지극히 평범한 사람의 생애에 대해서 읽는 것이 과연 흥미롭겠는가? 그러나 나는 초기 러시아에 건너온 한인들 중의 한 집안 출신이다. 또 시골 마을 출신으로 모스크바에 있는 대학에 진학을 했던 초기 학생들 중의 한 명이고, 러시아에서 최초의 한인여성 기사이기도 하다. 나는 이 세상에서 오랜 동안 살아오고 있다. 나는 많은 것을 보았고, 많은 것을 경험해 왔다. 이제 나에게 관심이 있을 평범한 사람들 중 누군가와라도 나의 생애 이야기를 나누어보고 싶다.

『자유보』1920년 9월 12일 추도회의 느낌

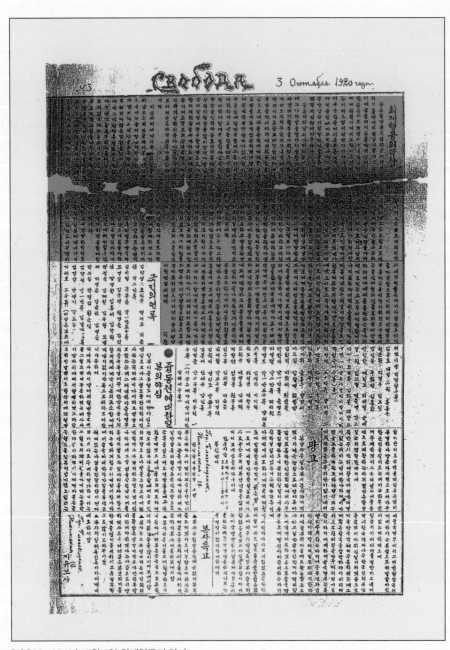

『자유보』 1920년 10월 3일 최재형공의 약사

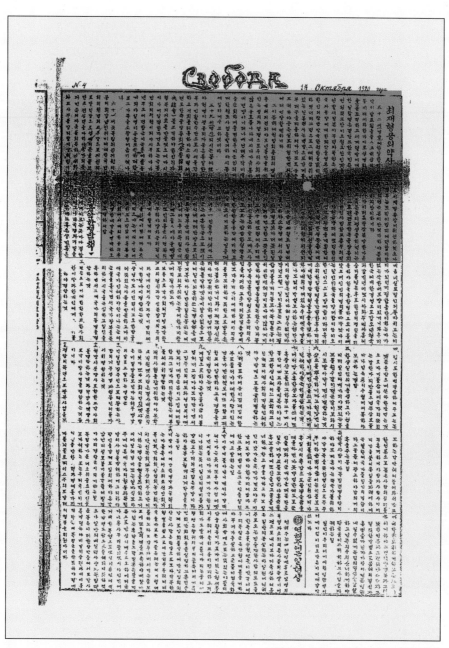

『자유보』 1920년 10월 14일 최재형공약사

연해주 국권회복운동을
주도한 항일기업가

1. 조국 독립운동에 참여하기까지

1) 최재형을 바라보는 확장된 관점

1905년 을사늑약 이후 국내에서 의병운동이 활발히 전개됨에 따라 해외인 러시아 연해주 지역에서도 한인사회의 중심인물로 가장 신망이 두터웠던 최재형과 전 간도관리사 이범윤(李範允)을 중심으로 1906년 초 의병이 조직되어 대일투쟁을 전 개하였다. 특히 1908년에는 국내 진공작전을 활발히 전개하여 국권회복운동에 크게 기여하였다. 학계에서도 일찍부터 이에 주목하여 연해주 의병에 대한 대체적인 윤곽이 밝혀지게 되었다.[121]

그러나 기존 연구에서는 재러 한인사회의 특성, 재러 동포들의 사회경제적 처지, 러시아의 대한인정책, 연해주 의병의 핵심인물인 의병장과 주요 구성원들에 대한 분석이 제대로 이루어지지 못하였다고 생각된다. 특히 러시아 지역에서 활동한 의병장에 대하여는 유인석을 중심으로 관심을 기울이고 있는 형편이다.[122]

이에 필자는 지금까지 별로 주목하지 않은 연해주 의병의 대표적인 인물이자 항일기업가로 재정 후원자인 최재형의 의병활동에 대하여 검토하고자 한다. 최재형은 1908년에 연해주에서 조직된 항일운동단체인 동의회(同義會)의 총재로서 국내 진공작전을 주도한 인물이었다.

이처럼 중요한 인물인 최재형이 국내에서 지금까지 본격적으로 검토되지 못한 이유는 자료 문제 때문이 아니었나 생각한다. 종전까지 진행된 연구의 경우, 국내의 국사편찬위원회에서 간행한 『한국독립운동사 자료편』 등에 있는 일본 측 자료, 『김정규 일기』[123] 『김중국 항일투쟁기』 등 중국에 남아 있는 한인들의 회고록 등을 주로 활용하고 있다. 본고에서는 여기에 더하여 최근 필자가 러시아의 여러 문서보관소에서 입수한 자료와 국사편찬위원회에 의하여 번역 간행된 『한국독립운동사 자료 34, 러시아편』을 적극 활용하고자 한다. 또한 일본외무성 사료관에 보관되어 있는 재러 한인들의 활동에 대한 일본 측 보고 문건 등도 이용하고자 한다. [124]

이 장에서는 새로 입수한 이와 같은 자료들을 토대로 최재형의 의병 조직 배경, 최재형과 의병 조직 동의회와의 관계, 최재형의 의병활동, 그리고 이범윤·최봉준(崔鳳俊) 등 재러 한인사회 지도자들과 최재형의 관계 등에 대하여 밝혀보고자 한다. 이러한 연구 결과를 통하여 연해주 의병, 나아가 구한말 국내외에서 전개된 의병활동을 보다 분명하게 밝히는 계기가 되었으면 한다.

2) 러일전쟁과 민족의식의 각성

1904년 2월 일본의 뤼순(旅順)에 대한 기습공격으로 러일전쟁이 발발하자 간도 지역에서 관리사로 활동하고 있던 이범윤은[125] 러시아 아니시모프 장군의 부대에 편입되어 특별 조선인 중대를 훈련시켰다.[126] 그리고 함경도 일대의 산포수(山砲手)가 중심이 된 민간인 군대인 충의대를 이끌고 함경도 지방으로 들어가 러시아군과 함께 항일전을 전개하였다.[127]

한편 러시아 거주 한인들은 함경도 지역에서 러시아 군인들을 위한 군수품 운반에 참여하였다.[128] 당시 러시아 군대는 조선 북부 지역에서 많은 전투를 벌였으며 이때 군수품은 주로 인근 지역에서 조달하였다. 연추(노보키예프스크)와 함북 경성 그리고 성진에 있는 상점들이 러시아 군대가 이용한 주요 조달처였다.[129]

재러 동포들은 러시아 군대가 함경도에 출병하자 통역으로 활동하며 러시아 군대가 일본 군대를 효과적으로 퇴치할 수 있도록 도와주기도 하였다. 그 대표적인 인물들로 김인수(金仁洙), 김도일(金道一), 김상헌, 유진율, 윤일병(尹日炳), 구허성, 황병길(黃炳吉), 엄인섭(嚴仁燮) 등을 들 수 있다.[130]

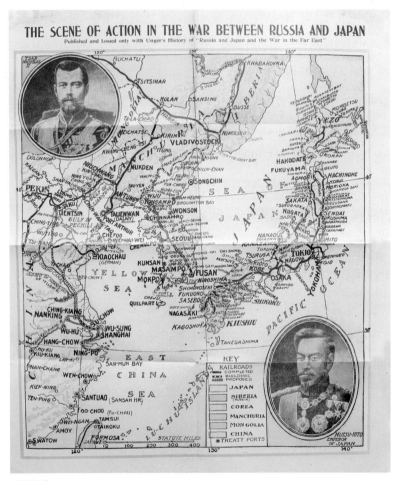

러일전쟁

　여기서 우리의 주목을 끄는 것은 러일전쟁 시 통역으로 참여했던 인물들 가운데 다수가 후에 의병활동 등 항일운동을 전개하였다는 점이다. 유진률, 윤일병, 황병길, 엄인섭 등은 그 대표적인 인물들이며[131] 특히 그 중 엄인섭과 유진률 등은 최재형과 긴밀하게 협조하며 활동하였다.[132] 즉 이를 통해 볼 때 러일전쟁에 관여했던 인물들은 일본에 대한 강한 거부감을 갖고 있었다고 생각된다. 그리고 그들은 바로 함경도 지방에서 러시아군 통역으로 일하는 동안, 간도관리사로 활동하다가 러시아로 망명한 이범윤과 접촉하게 된 것이 아닌가 추정된다.

러일전쟁이 발발하자 최재형 역시 전쟁에 참여하였다. 그의 딸 최 올가는 부친이 러일전쟁에 적극 참전하였다고 밝히고 있다.[133] 이 전쟁에서 그의 구체적인 역할에 대해서는 알려진 바 없다. 다만 연추 지역의 도헌이라는 지위와 당시 나이가 45세(1860년생)였다는 점 등을 고려해 볼 때 그가 직접 전투원으로 참여했을 것으로 보기는 어렵다. 다른 재러 한인들과 마찬가지로 통역 내지는 물품 공급 등의 역할을 하지 않았나 생각된다. 즉 최재형은 이익을 추구하는 상인으로서 참전하였다고 보는 것이 자연스러울 것이다. 이때 최재형은 러시아 군부 내에 인적 기반을 마련하고 있었을 것으로 보인다.

또한 최재형은 러일전쟁에 참전했던 이범윤과 어떤 형태의 만남이나 교류를 가졌을 것으로 짐작된다. 최재형의 국적은 비록 러시아였지만, 러일전쟁을 계기로 전장터로 변해버린 한반도와 한민족이 처한 주변 상황을 인식하면서, 본래의 뿌리를 자각하는 민족의식의 각성을 갖지 않았나 추측된다.

3) 박영효, 이범윤과의 만남과 국권회복 운동

최재형은 러일전쟁 후인 1905년 말 블라디보스토크로 돌아왔다.[134] 러일전쟁에서 일본의 승리는 그에게 큰 충격을 주었다. 더욱이 을사늑약 체결로 한국이 일본의 보호국이 되었다는 현실에 경악을 금할 수 없었다. 정세 격변을 체감한 그는 세상을 다시 볼 필요가 있었다. 일찍부터 러시아 각지를 경험하며 견문을 넓혔던 그였지만, 일본의 실상을 제대로 파악하지 않으면 안 되었고, 당시의 국제정세를 폭넓게 조망하고 이해하는 것이 필요하다는 것을 실감하고 있었다.

그러한 즈음 평소 "유신개혁 인물로 외국에 망명하여 세계 대세를 통관하는" 인물로 알려져 있던 박영효로부터 두어 번 일본에 와 줄 것을 요청받았다.[135] 좋은 계기라 판단한 최재형은 바로 일본 동경으로 향하였다.[136] 그는 일본에 반년 동안 체류하였다. 그 기간 동안 최재형은[137] 일본의 발전된 모습을 보았을 것이고, 세계정세의 흐름도 파악하였을 것이다. 무엇보다 박영효와의[138] 만남을 통하여 국가의 위급함을 절실히 깨달았고, 민족을 위하여 노력할 것을 서약하기에 이르렀다.[139]

그 후 일본에서 돌아온 최재형은 국권회복 운동에 적극적으로 나섰다.[140] 그중에서도 교육의 필요성을 절감한 그는 블라디보스토크에 계동학교를 세워 민족교육에 헌신하는 동시에,[141] 간도관리사였던 이범윤과 함께 국권회복에 힘을 쏟았다.[142]

한편 러일전쟁에 참전했던 이범윤은 1905년 11월 초 함경도 무산, 회령, 종성, 온성, 경원 등지를 경유하여 훈춘 부근에서 잠시 유진(留陣)하여 머물렀다. 1906년 초 다시 청의 퇴각 요구로 부하들을 이끌고 훈춘을 떠나 연추로 들어가 정착하였다.[143] 그 후 만주군 총사령관이었던 리네비치 장군을 방문하여[144] 러일전쟁에서 공로를 세운 대가로 약 200명에서 500명 정도로 추정되는 군인과 가족을 포함한 약 1,000명의 한인들에게 토지를 분배해 줄 것과 무상으로 거주권을 발급해 줄 것을 요청하였다.[145] 그러나 러시아 당국은 일본과의 외교적인 마찰 등을 우려하여 그의 요청에 대해 호의적으로 생각하지 않았다.

이범윤이 연추 지역의 최재형을 찾아간 것은 바로 그러한 때였다. 당시의 상황에 대하여 일본 측 보고에는 "(최재형은) 일찍기 러시아파라고 칭하는 이범윤이 간도관리사가 되어 마패를 가지고 부임하자 러일전쟁 이후에는 이를 받아들여 식객으로 삼고"[146]라고 되어 있다. 최재형은 이처럼 자신을 찾아온 이범윤을 식객으로 있게 하는 한편 이범윤 부하들의 편의를 봐주기 위하여 재러 한인들에게 의복과 식량 등을 지원해줄 것을 요청하는 신임장을 제공하는 등 이범윤 의병에 대한 적극적인 지원을 아끼지 않았다.[147]

또한 이범윤이 각지를 순회하며 재러 동포들에게 민족의식을 고취시키고 의병부대 조직을 위한 군자금을 모금하는 데도 적극 협조하였다. 그 결과 연해주의 한인들은 이범윤에게 많은 자금을 의연하였고, 의병모집에도 응하였다.[148] 그리고 이를 바탕으로 두 사람은 최재형의 근거지인 연추에서 의병부대를 조직하였을 것으로 생각된다.

그런데 이 부대는 기본적으로 이범윤과 함께 러일전쟁에 참여한 후 훈춘을 거쳐 연추로 이동한 충의대 세력이 핵심을 이루고, 재러 동포들은 이들의 휘하에서 주로 활동하였을 것으로 보인다. 당시 이범윤은 최재형가의 식객으로 있으면서, 자신이 조선 국왕의 대리인임을 강조하면서 최재형의 적극적인 지원을 얻고자 하였을 것으로 판단된다. 이러한 내용은 이범윤이 동포들에게 보낸 통문을 통해서도 잘 알 수 있다.[149]

대황제폐하께옵서 나를 북간도관리사로 임명하셨다. 따라서 나는 하바로프스크 순무사와 교섭하고 각 지역에 창의서라는 단체를 조직해 대한독립을 회복할 터이니 강동의 여러 동포는 주의하여 조국을 회복하오. 선릉(先陵)도 대한강산이오. 인종도 대한인이니 아무리 타국에서 포식한들 어찌 조국을 모르리요. 차후로 조선인 홍범도로 의병대장으로 하고 그에게 자금과 무기를 모을 것을 지시했다. 모든 조선인은 그가 무기와 탄약을 구하는 일에 순응해야 할 것이다.
연해주 지방의 모든 조선인은 우리의 목적을 달성하기 위해 연합해야 한다. 조국을 구하는 데 큰 공을 세우는 자는 조선으로 돌아가는 대로 큰 상을 받게 될 것이다. 황인은 언제나 황인이며, 남의 나라에 아무리 오래 살아도 백인이 될 수 없다는 점을 명심하라.

단기 4201년 8월 20일 판무관 이범윤

아울러 이범윤이 연해주에서 의병활동을 전개하고 있던 김병연(金秉淵)에게 보낸 한글 편지 속에서도 이러한 사실을 짐작해 볼 수 있다.

귀하의 편지는 잘 받았습니다만 직접 만나 뵙지 못하는 점 매우 안타깝게 생각합니다. 저의 일은 예전과 다름없이 진행되고 있습니다. 창의서의 일은 어떻게 되어 가는 지 전하여 주십시오. 귀하의 명성은 극동 전역에 퍼져 있습니다. 대업을 조만간 완성하기 위해 저는 귀하께 큰 기대를 걸고 있습니다. 저는 이곳 하바로프스크에서 주지사와 친교를 맺고 있습니다. 아직 자세하게 밝힐 수는 없지만 무기에 관하여 러시아 관리들과 협상을 진행하고 있습니다. 물론 비밀리에 진행하고 있습니다. 그러나 안타깝게도 저는 자금이 부족한 상태입니다(하략).

1909년 음력 9월 8일 이범윤[150]

즉, 이범윤은 조선 국왕의 대리인으로 행동하는 동시에 하바로프스크 지사 등 고위 책임자들과의 교분을 강조하며 러시아 지역의 한인들에게 국권회복 운동에 적극 동참할 것을 요청하였다. 만약 참전하면 국내로 돌아가서 포상할 것임을 천명하고 있었던 것이다.

이와 같이 이범윤이 국내의 거물로 행사하였기 때문에 최재형은 일단 이범윤에 대하여 예의를 깍듯하게 갖추었을 것이다. 나아가 그를 적극적으로 지원하였을 것이다. 이는 다음과 같은 기록을 통하여도 짐작해 볼 수 있다.

종래의 폭도는 최 도헌의 증명서 또는 의뢰장과 같은 것을 휴대하고 횡행하였던 것이다. 즉 최 도헌의 의뢰장에는 '이 사람은 저의 부하로서 한국을 위하여 분주하는 자이므로 의식의 공여 등 만사를 잘 부탁한다'라는 의미를 기록하고 이것을 서면으로서 발송하여 의식을 강청하였다.[151]

최재형은 자산가이자 러시아 한인의 지도자인 도헌이었으나 조선의 노비 출신에 불과하였다. 그러므로 그는 이범윤에 대하여 큰 기대를 걸기도 했을 것이고, 특히 그는 조선에서의 벼슬을 기대했을지도 모른다. 당시 러시아 거주 함경도 인물들이 벼슬에 욕심이 많았다는 기록으로 미루어[152] 최재형 역시 예외로 보기는 어려울 듯하기 때문이다.

최재형이 이범윤에게 호감을 가진 것 외에 당시 국경지대에 수천 명의 러시아 패전 군인들이 일본에 대하여 적대적인 입장을 취하고 있었다는 점도 의병 조직에 도움을 주었다. 러일전쟁에 참전한 러시아군은 전쟁 이후 파면 또는 해산되었을 뿐만 아니라 봉급도 받지 못하여 생계가 어려운 처지에 놓였다. 그러므로 그들은 자신들의 입지를 회복하기 위한 방편으로 한인들의 의병 결성을 촉구하거나 후원하는 입장이었다.[153] 따라서 연해주 의병은 이와 같이 어려운 입장에 처해 있던 패전 러시아 군인들로부터 상당수의 무기를 저가로 구입하거나 지원받을 수도 있었던 것이다.[154] 러시아군과 가까웠던 최재형은 바로 이들을 통하여 저렴한 가격으로 무기를 구입할 수 있었을 것이다.

최재형은 이범윤과 힘을 합하여 바로 의병부대를 조직하여 곧바로 국내 진공작전을 전개하겠다는 입장을 취하지는 않았다. 그는 국제적인 안목을 갖고 있던 인물이었을 뿐만 아니라 상인으로서 누구보다도 이해에 밝았던 인물이었다. 직접적인 무장투쟁을 주장하는 이범윤과는 다른 인물이었다. 이범윤은 바로 의병부대를 조직하여 국내 진공작전을 전개하고자 하였다.

그러나 최재형은 국내에서 의병활동이 전개되기를 기다렸을 것이다. 아울러 재러 동포들의 여론 또한 고려하지 않을 수 없었다. 즉 최재형은 무기 구입과 군자금 모금 등이 어느 정도 이루어진 상태에서 적당한 시점을 잡아 의병운동을 전개하고자 하였을 것이다. 때문에 그는 1907년 헤이그밀사사건, 군대해산 등이 일어난 다음해에 들어서야 본격적인 의병활동을 전개하기 시작했다.

한편 최재형은 이범윤을 통하여 주러 한국공사 이범진과도 연락을 했던 것으로 보인다. 당시 이범진은 재러 동포들을 바탕으로 러시아의 힘을 빌려 조선의 국권을 회복하고자 하였다. 그러므로 이범진은 러일전쟁 이후 이범윤에게도 여러 차례 편지를 보낸 것 같다. 그러는 가운데 최재형 역시 이범진과 연락이 있었을 것으로 생각된다. 즉 이범진은 편지를 통하여 자신이 중앙 정계에서 최재형의 활동을 지원해

줄 것을 약속하였을 것으로 짐작된다. 그리고 이범진은 최재형에게 이범윤을 지원해줄 것을 강력히 요청하였을 것이다.

　최재형은 일본에서 박영효와의 만남을 통하여 당시의 국제정세하에서 한국이 처한 위치를 보다 분명히 파악할 수 있었다. 또한 이범윤과의 대화를 통하여 민족의식이 촉발되었음은 물론 조선 정부로부터의 지원도 있을 것이라는 내락을 받을 수 있었을 것이다. 아울러 주러 한국공사 이범진으로부터는 러시아 고위층의 지원을 허락받았을 것으로 추정된다. 뒤에 언급하겠지만, 이범진의 아들 이위종[155]이 그의 장인을 모시고 연추까지 온 것은 최재형에게 그러한 점을 과시하기 위한 것이 아닌가 한다.

이위종

4) 아편 금지를 강력히 주장하다.

　한편 재러 한인 지도자들은 한인들의 계몽과 민족의식 고취를 위하여 1908년 2월에 블라디보스토크에서 『해조신문』을 간행하였다.[156] 이에 최재형도 적극 동참하여 『해조신문』에 기고를 하면서 동포들의 계몽에 노력하였다. 1908년 4월 16일자 『해조신문』에 최재형이 기고한 「아편단연회의 결성을 축하하는 글」은 이를 보여주는 한 가지 예이다.

「아편단연회의 결성을 축하하는 글」

복은 초야의 일개 농부라. 세계상 형편과 본국 사정이 어떠헌지 귀먹고 눈없는 사람이 되어 듣고 보기를 원하지 않더니 돌연히 해삼위 지방에서 세상 사람의 이목을 깨워 총명하게 하려는 기관이 서로 낫다 함으로 그것이 무슨 기관인가 얼핏 보고자 하였더니 급히 봄에 곧 해조신문이란 종이 한 장이라.

놀내여 열람한 즉 과연 이농증과 안혼증을 고치는 기관인지를 비로소 깨달은지라. 매일 벗을 삼아 신문을 애독하는 바, 기보 제23호에 기제한 단연동맹회의 추지를 대하여 재삼 경독하매 조는 잠을 깨닫는듯 정신이 황연하고 마음이 상쾌하여 축하함을 마지 못하노니.

대개 아편의 해가 지독 지악하여 사람의 신심을 교란하고 사업을 방해하여 재산을 탕패하며 생명까지 일케 하는 독약이라. 그러함으로 지금 청국에서도 특별이 외국과 회의하고 아편 금지하는 약조를 제정하여 일층 민간에 엄금함은 세상이 다 아는 바라. 우리 동포에도 혹 이에 침흔하여 패가망신하는 자가 많으나 정부에서도 금치 못하고 부형도 끝게 못함으로 유식자의 근심이 적지 않더니 이제 여러 첨군자께서는 타인의 권고를 기다리지 않고 능히 자강력으로 동맹회를 조직하고 확연히 일도양단의 용맹을 떨쳐 자신할 기상이 발연하니 이러한 결심이 족히 조국을 흥복하고 문명에 진보하여 독립 자주할 기초가 될지라. 엇지 감사하고 환영하지 아니하리오.

복이 비록 암혈에 은거하나 족구의 동포를 위하여 깊은 마음을 이기지 못하노니 즉시 용약하고 나아가 동맹제군자를 보고 일배주라도 서로 위로코저 하나 다만 신상에 관계되는 연고 있어 일장 서신으로 동정을 표하노니 아무쪼록 그 마음을 더욱 돈돈히 직히고 일심단체하여 만리전정에 사업을 발달하기를 간절히 바라노라.

연추 최재형

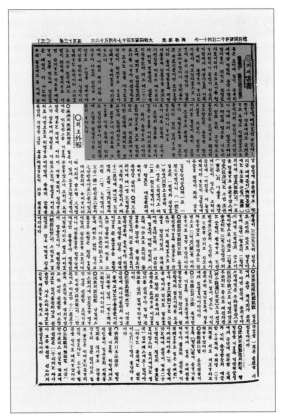

아편단연회(『해조신문』 1908년 4월16일)

이 글은 최재형이 직접 작성한 몇 안되는 것 중의 하나로 최재형을 이해하는데 귀중한 것이다. 최재형은 아편을 "사람의 신심을 교란하고 사업을 방해하여 재산을 탕패하며 생명까지 일케하는 독약이다"고 규정하고 있다. 이 기고에서 최재형은 강한 동포애를 보이며 아편단연회의 결성이 "조국을 흥복하고, 문명에 진보하여 독립 자주할 기초"가 되는 것으로 파악하고 있다. 조국의 자주독립에 대한 강력한 의욕과 의식을 갖고 있는 최재형의 절실한 내면을 엿볼 수 있는 중요한 기록이라 하겠다. 아울러 당시 러시아에 살고 있는 한인들에게 아편이 얼마나 많이 만연되어 있으며, 이의 단연이 얼마나 중요한 부분이었는가를 다시 한번 상기하게 한다. 특히 우수리스크 일대 추풍지역은 대표적인 아편생산지로 알려져 있으며, 뒤에 대한민국 임시정부의 교통총장에 임명되는 문창범의 경우 아편생산과 관련하여 "아편대왕"이라고 불리울 정도로 아편은 한인사회에 만연하였던 것이다.

2. 시베리아 최대의 의병 단체, 동의회 총재

1) 재러 한인들의 뜨거운 조국 독립 의식

일본은 1905년 11월 을사늑약을 체결하여 한국의 외교권을 박탈하였다. 아울러 1907년 6월에 헤이그에서 개최된 만국평화회의에서 고종이 파견한 이상설, 이준, 이위종 등 3인이 한국의 억울한 사정을 국제사회에 호소하려 하자 오히려 이를 기화로 고종을 강제로 퇴위시키고 황태자로 하여금 그 뒤를 잇게 하였다.[157]

또한 일본은 고종의 양위에 만족하지 않고 한일신협약(丁未七條約)을 체결하여 통감정치를 강화해 나갔다. 그로써 통감은 한국의 내정에 일일이 간섭할 수 있는 권한을 갖게 되었다. 이어 1907년 8월에 일본은 순종의 허락을 얻어 군대를 아주 해산해 버렸다. 그리고 이에 저항하는 군인들을 2시간여의 전투 끝에 진압했다.[158]

국내에서 들어오는 이러한 소식들은 재러 동포들을 흥분시켰다. 특히 헤이그에서 들려온 이준의 사망 소식은 재러 한인들을 더욱 격분시켰으며, 이에 한인들은 의병을 일으킬 준비를 본격화하였다.[159] 아래 뒤바보의 『아령실기』 <헤아사건의 영향>에는 이준의 사망 이후 재러 한인들의 그에 대한 애틋한 추념과 각오가 엿보인다.

> 헤이그평화회의로 가는 이준, 이상설 양씨를 위하여 송별회를 개최한 그 석상에서 장사가 한번 가면 다시 돌아오지 않는다고 하고 책상을 치면서 절규하던 이준 씨의 충렬에 대한 기념품, 곧 그의 손아래에서 타파된 판자를 지금까지 갖고 있는 김학만(金學萬) 씨, 또 그의 사업을 이어받아 기술하려고 공진회를 설립한 김영준(金永俊) 씨, 또 그의 유락(遺落)한 복자(幅子)를 지금까지 수장한 김석원(金錫元) 씨

위의 기사에서 보듯 헤이그 밀사 출발 당시 연해주 교포사회에 들러 이준이 남겨주었던 감동은 큰 것이었다. 그러므로 재러 한인들은 이준이 분사한 후 그의 사업을 계승하기 위하여 공진회를 조직하는 등 활발한 활동을 보였던 것이다.

사태가 여기에 이르자 주러 한국 공사 이범진은 재러 동포들을 바탕으로 러시아의 힘을 빌려 조선의 국권을 회복하고자 하였던 것 같다. 이범진은 재러 동포들에게 표면적으로는 러시아인이 경영하는 하나의 신문사를 세우고 민족의식이 투철한 장지연을 초빙하여 일본의 통감정치를 공격하고 한편으로는 의병을 조직하여 일본인의 구축에 힘써야 한다고 하였다.[160] 아울러 『해조신문』이 창간되자 신문사에 편지를 보내 간행을 축하하고 독립을 위해 노력해줄 것을 간곡히 부탁하며 재정적인

후원을 아끼지 않았던 것이다.[161]

한편 이범진은 러일전쟁 이후 이범윤과 여러 차례 편지를 주고받았다. 그 편지는 안전을 확보하기 위하여 항상 연해주 군무지사의 손을 경유하였다. 편지에서 이범진은 "연해주 방면에서 두만강을 건너서 일거에 함경도를 도(屠)하고, 길게 몰아쳐서 한성에 들어가서 승리의 노래를 연주해야 한다"는 각오를 펼치며, 러시아 관헌은 항상 우리들을 후원하고 있다고 하고, 자기가 스스로 총사령관이 되고 이범윤을 부사령관으로 하여 국내로 진공할 것임을 밝히고 있다.[162]

그 후 이범윤이 엄인섭을 이범진에게 소개하자, 1907년 7월 10일 이범진은 엄인섭에게 다음과 같은 내용의 서신을 발송하여 의병 봉기를 촉구하였다.

> 엄인섭 인형(仁兄)께
>
> 관리영감(이범윤-필자 주)의 서한을 통해 (귀하)의 성명과 국사에 진력하는 뜻을 매번 전해 들었습니다. 한번 만나 뵙기 희망하던 차에 다행히도 귀하가 보내신 편지를 접하여 대단한 기쁨을 감당할 수 없습니다. 그 후 더욱 건승하시어 국사에 진력하시고 관리영감에게도 안부 전해 주십시요. 어쨌든 동심협력하여 열성으로서 일을 처리하여 일본에 대한 원수를 갚고, 국권을 회복하고자 함을 뜻하여 밤낮으로 국사를 잊지 않았기 때문에 한심 통곡함을 참을 수 없습니다. 금후로는 때때로 서신을 통하고 싶습니다. 바라건데 귀하의 건강을 기원합니다.
>
> 광무 11년(1907년) 7월 10일 러시아력 6월 27일   이범진[163]

한편 군대해산 후 러시아로 건너온 군인들과 의병 중 연해주로 이동한 의병 세력도 이범윤을 찾아와 의병 봉기를 요청하였다. 이에 관한 내용들은 일본 측의 1908년 11월 26일자 첩보보고에서[164] 다음과 같이 기록되어 있다.

> 이범윤은 연추 거주의 굴지의 부호 최도헌, 즉 최재형(원래 경흥부의 한 빈민)이 설립한 사립학교의 교사였던 바, 작년 경성의 변에 의하여 해산된 병정 및 폭도 패주자들이 찾아와 호소하기

에 이르러 최도헌 기타의 동지자도 또한 이범윤에게 폭동을 권고하고, 최도헌으로부터 군량 자금의 공급 약속을 받고, 왕년 이범윤이 태황제 폐하로부터 하사받은 유척(鍮尺), 마패를 이용하고 또 격문을 발하여 부하 최병준(崔秉俊), 박모(러시아명 알렉산드르), 엄인섭을 각 지방에 파견하였음.

위의 첩보보고에서 알 수 있듯이, 군대해산 이후 러시아로 망명한 군인들이 의병 봉기를 호소하자, 최재형은 이범윤에게 의병을 일으킬 것을 권고하는 한편, 이범윤에게는 군량 자금의 공급을 약속하였다. 이에 자신감을 얻은 이범윤은 본격적인 의병 조직에 나서게 되었다.

특히 이범윤은 1907년 말 북한 지역의 의병들이 일본군과의 전투에서 승리하자 더욱 고무되었다. 아울러 연추에 있던 망명 집단들 그리고 전직 조선 정규군과 40명의 전직 의병들도 역시 크게 고무되어 술렁거리기 시작하였다. 이들은 당시 최재형이 기부하였다고 알려진 1만 루불의 군자금을 갖고 있었고, 아울러 국내 진공작전의 행동계획 또한 갖고 있었다.[165]

이처럼 대내외 여건이 무르익으면서 이범윤은 마침내 1908년 3월말 러일전쟁 당시 자신의 상관이었던 아니시모프 장군을 찾아가 무기를 제공해 줄 것을 청원하였다. 아래 내용은 남 우수리스크 지역 국경 수비위원이 연해주 군 총독지사에게 보낸 보고서로서 당시 이범윤이 무기 제공을 청원하던 정황을 구체적으로 설명해주고 있다.

3월말에 이범윤이 전직 서울의 황제 근위대 대위였던 김인수와 함께 나타나서 일본인들에게 적극적으로 대항할 목적으로, 한인 의병대원들에게서 전쟁 후에 압수한 소총을 돌려달라고 간청하였습니다. 나는 확실한 답을 하지 않고 소총이 B.C. 스트렐코보이 제2사단의 참모장인 아니시모프 장군 관할 하에 있다고 구실을 둘러댔는데, 나는 그 즉시 아니시모프 장군에게 이범윤의 요청에 대해 말해주었습니다. 이범윤은 다른 날 아니시모프 장군과 약속하고 나타났는데, 다음

한말 의병운동의 중심지 연추

동의회 근거지 연추

과 같은 취지의 답변을 들었습니다. 즉 우리는 일본인들과 모든 분쟁을 종결짓게 된 포츠담에서
의 평화협정을 체결했으므로 어떠한 경우라고 할지라도 한인 반란군을 공식적으로 지원할 수
없습니다. 한인 망명자-애국자들은 여기서 성공을 거두지 못하자 우리 영역, 그리고 이웃한 만
주에서 비밀리에 소총을 구입하기 시작하였습니다.[166]

이처럼 이범윤은 김인수[167]와 함께 무기를 제공해 줄 것을 요청하였으나 러시아
당국은 포츠머드 회담의 규정을 들어 이를 거절하였다. 그렇게 되자 이범윤 등은
다른 방도를 모색하지 않을 수 없어, 러시아 및 인근의 만주에서 비밀리에 소총을
구입하기 시작했다.

한편, 이즈음 이범진은 연주 지역을 중심으로 의병단체를 조직해야 되겠다고 결
심하고, 이를 후원하기 위해 자신의 아들 이위종과 그의 장인인 러시아 귀족을 파견

하였다. 즉, 1908년 4월 이전 이범진은 연추 방면에서 의병의 준비가 점차 이루어지는 것을 듣고, 그의 아들 이위종에게 금 일만 루블을 휴대케 하고 러시아의 수도를 출발하여 연추에 있는 최재형의 집으로 향하게 하였다.[168] 당시 이위종은 최재형의 집으로 가는 길에 그의 장인인 노리겐 백작과 동행하였다. 당시 러시아 국경지대 관리는 이 내용에 대하여 다음과 같이 보고하고 있다.

> 거기로 상트페테르부르크에서 전 조선공사의 아들이 왔다. 블라지미르 세르게에비치 리(이위종)이라고 한다. 그는 남작 노리겐(토볼주 총독이었던 것으로 여겨짐)의 조카딸과 결혼하였다. 그는 그의 장인과 함께 왔다. 파리에서 교육을 받았다. 그의 말에 의하면 그는 만국평화회의에 조선에 대한 지지를 호소하기 위한 유명한 고려대표단의 일원이었다.[169]

전 주러 한국공사의 아들인 이위종과 그의 장인이자 토볼주 총독이었던 남작 노리겐이 러시아 연해주에 출현한 사건은 러시아에 거주하던 재러 한인들에게 큰 힘

이 되었음에 틀림없다. 한편 국경지대에 있던 러시아 국경 수비대들 역시 이들의 출현에 심히 당황했을 것이다.

이범진이 그의 아들과 더불어 사돈인 러시아 귀족을 연해주로 동행시킨 데에는 남다른 정치적 계산이 있었음에 분명하다. 때문에 이들의 갑작스런 출현을 맞아 국경 지역의 러시아 관리는 일본과의 관계 등에서 난처한 입장에 처할지도 모를 까다로운 사안에 대해, 이들을 어떻게 대해야 할지 정부의 지침을

이범진 공사 추도비

묻는 신중함을 보이고 있었다. 아래는 국경 수비대원이 연해주 군 총독지사에게 보낸 보고서의 한 대목이다.

> 황제 폐하께 이런 사실을 보고 드리면서, 본인은 일본인과의 관계 면에서 정치적인 실수를 저지르지 않도록 이 까다로운 사안을 어떻게 처리해야 할 것인지에 대하여 지시를 내려주시기를 바랍니다. 주지하다시피 자신들의 이익을 지키기 위해서는 결코 수단과 방법을 가리지 않는 사람들이기 때문입니다. (중략)
>
> 노보키예프스크 망명객들의 활동에 결코 공식적으로 관여하지 않았던 나의 입장으로서는, 이 일은 그저 보고도 보지 못한 척하기로 결정했습니다. 일본인들은 우리에게 결코 친구가 아닙니다. 그들은 우리에게 칼을 겨누고 있는 것과 마찬가지이며, 일본에 있는 우리의 망명 혁명가들을 밀정이라는 자신들의 앞잡이를 이용하여 비호해 주고 있습니다. 이 밀정들은 무식한 일본인들보다 훨씬 더 잘 우리의 사정을 이해하고 또 그에 대한 준비를 갖춘 자들이므로 아주 쉽게 우리의 시설물에 잠입하고 또한 필요한 인물들을 접촉할 수 있는 것입니다. 그 밖에도 러시아와 일본 간에는 정치적 활동가나 범죄자들의 인도에 관한 협약이 체결된 바 없습니다. 따라서 어떠한 외교적 마찰이 발생할 경우라도 우리는 언제나 적당한 구실을 붙여 거절하거나 형식적인 답변만을 해줄 수 있는 것입니다.
>
> 본인은 이러한 사안에 대해 더 이상 불필요한 관여를 하지 않을 것입니다. 인근 만주 지역에서는 여전히 오래된 중국인들의 무정부상태가 도처에 만연해 있습니다. 이범윤과 이위종은 내게 그들이 노보키예프스크에 2달 이상 체류하지는 않을 것이라고 했지만, 정작 어디로 갈 것인지에 대해서는 말하지 않았습니다.
>
> 앞으로 동쪽과 북쪽의 변경지역, 압록강과 두만강 상류의 삼림지대에서 유혈 드라마가 더욱 왕성하게 전개되리라는 것을 추측하기란 어려운 일이 아닐 것입니다.[170]

이처럼 러시아 국경대표부는 외무부에 상세한 지침을 내려줄 것을 기대하는 한편, 향후 한국의 국경에서 재러 한인 의병부대와 일본군 사이에 격렬한 무력충돌이 있을 것이라는 불안을 덧붙이고 있다. 이위종 일행의 연추 출현은 바로 이러한 무장

충돌이 있기 바로 직전의 일이었다. 따라서 이위종의 연추 방문이 재러 한인들의 대일 무장투쟁을 고무하고 조직의 결성을 위한 것이라는 추론이 가능해진다.

2) 국권회복의 의지로 결성된 동의회(同義會)

한편 이위종이 그의 장인과 함께 최재형 가에 도착한 이후 연추 지역에 있던 최재형과 이범윤 그리고 상트페테르부르크에서 온 이위종을 중심으로 연추의 의병들이 중심이 되어 동의회를 조직하였다. 이때 참석한 발기인 중 중요한 인물은 다음과 같다.

> 지운경(池云京), 장봉한(張鳳漢), 전제익(全濟益), 전제악(全濟岳), 이범윤, 이승호(李承浩), 이군포(李君甫, 연주에 있음), 최재형, 엄인섭, 안중근, 백규삼(白圭三), 강의관(姜議官), 김길용(金吉龍, 전 경무관), 이위종, 조순서(趙順瑞, 蘇城), 장봉금(張奉金, 소성), 백준성(白俊成, 소성), 김치여(金致汝, 소성)[171]

동의회의 발기인 명단을 보면 지역적으로는 연추 지역과 소성 즉 수청(현재 파르티잔스크)지역, 그리고 이위종으로 대표되는 상트페테르부르크 세력을 들 수 있다. 연추 세력은 최재형, 이범윤, 지운경, 장봉한,[172] 전제익, 전제악, 이승훈, 이군포, 엄인섭, 안중근, 백규삼, 강의관, 김길룡 등이며, 수청 세력은 조순서, 장봉금, 백준성, 김치여 등을 들 수 있다. 즉 동의회는 연추 지역을 중심으로 해서 수청 지역의 인물들이 가담하여 조직된 것이라고 할 수 있다.

동의회 발기인들은 1908년 4월 연추 얀치혜의 최재형 집에서 회의를 개최하고, 동의회를 조직할 것을 결의하였다. 이어서 그들은 수백 명이 참석한 가운데 총회를 개최하고 총장, 부총장, 회장, 부회장, 기타 임원의 선거를 시행하였다. 당일 임시회장은 이위종이 담당하였다. 선거 결과 총장(총재)에 최재형, 부총장(부총재)에 이위종이 선출되었다.

최재형이 간도관리사로 명성이 높았던 이범윤을 제치고, 동의회의 총장으로 선출된 데에는 여러 가지 이유가 있었다. 무엇보다도 최재형 세력은 안중근, 엄인섭, 김기룡을 비롯한 '87형제'파 그룹(주로 수청 지방 거주 청년)이 그 근간을 이루고 있었다는 점이다. 이범윤 휘하의 의병들이 국내와 북간도로부터 왔다면, 최재형 휘하의 의병들은 현지 주민들을 지지기반으로 하고 있었다. 두 번째로는 당

안중근의사

시 모금된 의병자금이 최재형에게 집결되고 있었다는 점이다.[173] 종합해 볼 때, 연해주 지역의 인적, 물적 자원이 대체로 최재형을 지원하고 있었기 때문에 동의회 총장으로 선출되었다고 볼 수 있다.

한편 당시 이범윤이 강력한 세력이었음에도 불구하고 이위종이 부총재에 당선된 것은 그의 부친의 명성과 러시아의 지원을 기대하는 당시 세력들의 기대감에 의한 것이었다. 그러나 당시 핵심 세력이었던 이범윤은 이에 크게 반발하였다. 당시의 상황에 대해 일본 측 기록은 다음과 같이 언급하고 있다.

> 부총재 투표 개표 결과 이범윤이 1표 차이로 차점자가 되자, 이범윤은 자석을 박차고 크게 화를 내며 말하기를 "내가 강동에 건너와서 국사를 위하여 진력한 지 수년이 되었는데 명성도 없고, 나이 어린 조카 이위종에 미치지 못한다니 견딜 수 없다." 이때 이범윤에게 직속되어 있는 자들도 자못 동요한 빛이 있고, 그러나 이위종은 급히 의장석으로 내려가서 이범윤의 곁에 가까이 가서 백방으로 그를 위무하고, 스스로 부총재의 당선을 사양하고, 이범윤에게 양보하자 일이 점차 무사하게 되었다.[174]

그 후 계속해서 회장 이하 임원 선거를 행한 결과 회장 이위종, 부회장 엄인섭, 서기 백규삼 등으로 되었으며, 평의원은 발기인 전부로 구성하기로 하였다.[175]

3) 미주지역과의 연대를 주장하다.

한편 최재형은 동의회 총장으로 선출된 직후인 1908년 5월 9일 『해조신문』 별보(別報)를 통해, 미국에서 발기한 애국동지대표회의 활동에 지원할 자금 모금에 재러 동포들도 각자의 형편에 맞게 적극 나서줄 것을 호소하고 있다. 조국의 형편에 비통해하며 먹고 자는 것도 달지 않다고 토로하면서, 국내에 있는 동포들이 몸을 희생하며 탄환을 무릅쓰고 생명을 던지고 있는 상황에서, 조국의 강토 보존과 동포의 구제를 위해 해외에 있는 동포들도 작은 힘들을 다하자는 최재형의 호소는 그의 뜨거운 민족애를 엿보게 한다. 아울러 미주든 러시아든 해외 동포들도 연대하여 전력을 다해 조국의 독립운동에 나서야 한다는 의지를 분명히 표명하고 있다.

<연추에서 유지신사 최재형 씨가 애국동지대표회의 의조금 모집 발기문이 여좌하다>

슬프다 우리 해외 동포여. 현금 우리 조국의 형편이 어떤 지경이 되었으며, 우리 내지 동포 사정이 어떤 도탄에 빠졌는가. 그 형편 그 사정은 날마다 해조신문 보면 몰을 자가 없으리다. 시최설을 기다리지 않을지나 저 내지 동포들은 몸을 희생삼아 탄환을 무릅쓰고 생명으로서 국가를 보존코저 하거니와 우리 해외 동포는 무엇으로서 조국의 강토를 보존하고 동포를 구제하리오. 매양 이것을 생각하면 침식이 달지 못하고 생세에 흥황이 없도다.

드른 즉 북미합중국 콜로라도 댄버 지방에서 본년 유월에 미국 정당의 총의회를 열고 세계 정치에 관한 공론도 이슬 터인고로, 해지에 유학하는 한국지사 박용만 씨가 애국동지대표회를 발기하였는데 그 목적은 해외 각처에 있는 우리 동포들이 원근을 물론하고 마땅히 대표자 기명식 파송하여 해 회에 참석하고, 본국의 사정을 정당의 공론에 포백하려 함이라.

연한즉 우리 아령 각지에 있는 역시 한국민의 일분자로 의무가 없다 하지 못할지라. 무슨 기회라도 있으면 어디까지던지 따라가서 의무를 발표할지니 이때를 당하여 우리는 엇지 민묵히 앉아 수수방관만 하리오.

부득불 우리도 의무상에 대표자를 파송하여 다른 형제와 함께 회석에 참여함이 가하나 그러나 이 지방은 미국과 산해만리에 상거도 요원하고 개회 일시도 시기가 촉박하여 만약 대표자를 파송코저 하면 불급할 염려가 있는 고로 해 회 설명함과 가치 대표 위임장만 보내고 다소 금액을

의조하는 것이 방편에 합의할 뜻
함으로 본인도 50원을 선연하고
이에 그 모집함을 발긔하노니 복
원 각처 거류하시는 제군자는 시
기를 잃치 말고 국민의 의무를 돌
아보아 각기 수력대로 다소간 금
액을 신속 연조하심을 간절히 희
망하노라.

융희 2년 5월 6일

발기인 연추 최재형

저위 모집 처소는 해삼위 개척리

387호 박인엽 씨 집으로 정함

애국동지대표회의조금모집발기회(해조신문 1908년 5월 9일)

위의 발기문에서 보는 바와
같이 최재형은 미주지역의 대
표적인 무장투쟁론자인 박용
만이 발기한 애국동지대표회
의 지원을 강력히 주장하고
있다. 이점은 당시 러시아지역의 한인독립운동이 공립협회, 대한인국민회 등 미주지
역 항일독립운동단체들과의 연대의 일면을 보여주는 것으로 주목된다.

4) 붉은 피로 독립기를 크게 산자

조국 독립을 위해 해외 동포들도 미력을 다해 주기를 호소한 최재형의 『해조신
문』 1908년 5월 9일자 별보(別報)가 나온 바로 다음날인 5월 10일, 동의회 결성의
목적을 명기한 취지서가 『해조신문』에 게재되었다.[176] 여기에는 만리타향에서 떠도

는 동포들이 고국의 현실을 바라보는 아픔을 감성적인 애환으로 드러내면서도 향후 동의회의 목표에 대해서도 결연한 방향을 제시하고 있다.

"눈비 오고 궂은 날, 달 밝고 서리 찬 밤, 조국을 생각하는 간절한 마음에 꽃을 보아도 눈물이요, 새 소리를 들어도 한숨짓는" 이들에게 "만약 조국이 멸망하고 형제가 없어지면 우리는 뿌리 없는 부평이라. 다시 어디로 돌아가겠는가. 그리면 우리는 어떻게 해야 우리 조국을 붙들고 동포를 건질 것인가"의 질문은 절박한 결단을 요구하는 것이었다. 그래서 "한줌 흙을 모으면 능히 태산을 이루고, 한 홉 물을 합하면 능히 창해를 이루듯이, 약한 것이 합하여 강한 것이 되듯이" 국권을 상실한 "간험한 때를 당하여 세상을 건지고자 몸을 잊어 나라에 바치고 마음을 합하여 의기를 떨치도록" 열열지사들의 분발 합류를 촉구한 것이다.

이 「동의회 취지서」에서는 당시 조선의 상황에 대하여 위로는 국권이 소멸되고 아래로는 민권이 억압되고 있다고 통탄하며, "교육을 통해 민족정신을 배양하며, 지식을 밝히고 실력을 길러 단체를 세워 일심동맹하기 위해 동의회를 발기한다"고 설립 목적을 분명히 하고 있다. 아울러 "민족정신을 뇌수에 깊이 넣고 교육을 발달시켜 후진을 개도하고, 국권 회복에 진심갈력 할 것"이라는 각오를 다지고 있다. 나아가 "총탄을 피하지 말고 앞으로 나아가 붉은 피로 독립기를 크게 쓰자"고 호소하고 있다.

동의회 취지서

연추에서 유지신사 제씨가 동의회를 조직하였다는데, 그 취지 전문이 여좌하니,

무릇 한줌 흙을 모으면 능히 태산을 이루고, 한홉 물을 합하면 능히 창해를 일운다 하나니 적은 것이라도 쌓으면 큰 것이 될 것이오, 약한 것이라도 합하면 강한 것이 됨은 고금천하의 정한 이치라.

그런 고로 『주역』에 이르기를 두 사람만이 동심하여도 그 이로움(날카로움-필자주)이 쇠를 끗는다 하고 『춘추전』에 말하기를 여러 마음이 합하면 성을 쌓는다 하였으며, 서양 정치가도 항상 말하기를 나는 뇌정도 두렵지 않고, 대포도 겁나지 않으되 다만 두렵고 겁나는 것은 중심이 합

하여 단체된 것이라 하였으니 자고로 영웅호걸이 위태하고 간험한 때를 당하여 충의열성으로 나라를 붙들고 세상을 건지고져 할진대 반드시 의기남자와 열열지사를 연람하여 단체를 빗어 서로 같은 이는 서로 응하고, 지기 같은 이는 서로 구한 연후에야 능히 굉대한 사업을 일우며 능히 거룩한 공명을 세우나니 옛적에 유·관·장 3인은 도원에 결의하여 4백년 유씨의 기업을 다시 촉한에 중흥하고, 아지니(마치니-필자주)와 가라파지(가리발디-필자주)는 영호를 결합하여 소년 이태리를 창립함으로 구라파 남반도에 십일만 방리의 신라마(로마-필자주)를 다시 건립하였으니, 이것은 다 고금 영걸지사의 몸을 잊어 나라에 드리고 마음을 합하여 의기를 떨침이라.

슬프다 우리 동포여, 오늘날 우리 조국이 어떤 상태가 되었으며, 우리 동포가 어떤 지경에 빠졌는지, 아는가 모르는가. 위로는 국권이 소멸되고, 아래로는 민권이 억압되며, 안으로는 생활상 산업권을 일어버리고, 밖으로는 교통상 제반권을 단절케 되었으니 우리 한국 인민은 사지를 속박하고 이목을 폐색하야 꼼짝 운동치 못하는 일개 반생물이 된지라. 어찌 자유 활동하는 인생이라 하리오.

대저 천지간에 사람으로 생겨서 사람된 직책이 많은 중에 제일은 국가에 대한 직책이니 국가라 하는 것은 곧 자기 부모와 같이 자기의 몸을 생산할 뿐더러 자기의 부모 형제와 자기의 조선 이상으로 기백대 기천년을 자기까지 혈통으로 전래하면서 생산하고 매장하던 땅이오, 또한 기백대 조선 이하로 그 종족과 친척을 요량하면 전국 내 몇천만 인종이 다 서로 골육친척이 아니 되는 자가 없으니 일반 국가와 동포는 그 관계됨이 이같이 소중한 연고로 국가에 대한 책임은 사람마다 생겨날 때에 이미 두 어깨에 메고 나는 것이라. 만약 사람으로서 자기 나라에 열심하는 정신이 없고 다만 야만과 같이 물과 풍을 쫓아다니며, 어디든지 생활로 위주하면 어찌 금수와 다르리오.

가령 한 나라 안이라도 고향을 떠나 오래 타향에 작객하면 고향 생각이 간절하거늘 하물며 고국을 떠나 수천리 외국에 류우(流寓)하는 우리 동포는 불행이 위험한 시대를 당하여 조국의 강토를 잃어버릴 지경이요, 형제 친척은 다수 화중에 들어 만목수참(滿目愁慘)한 경상이라. 엇지 슬프지 않으리오. 눈비 오고 궂은 날과 달 밝고 서리찬 밤 조국 사상 간절하여 꽃을 보아도 눈물이오, 새소리를 들어도 한숨짓는자고, 충신열사의 란시를 당하여 거국이향(去國離鄕)한 회포를 오늘이야 깨닷겟도다.

만약 조국이 멸망하고 형제가 없어지면 우리는 뿌리없는 부평이라. 다시 어디로 돌아가겠는가. 그리하면 우리는 어찌하여야 우리 조국을 붙들고 동포를 건지겠는가. 금일 시대에 첫째 교육을 받어 조국 정신을 배양하고, 지식을 밝히며 실력을 길우어 단체를 맺고 일심동맹 하는 것이 제일 방침이라 할지라. 그런 거로 우리는 한 단체를 조직하고 동의회라 일름을 발기하나니.

슬프다 우리 동지 동포는 아무쪼록 우리 사정을 생각하고 단체 일심이 되어 소년 이태리의 열성으로, 조국의 정신을 뇌수에 깊이 넣고 교육을 발달하여 후진을 개도하며, 국권을 회복하도록 진심갈력 할지어다. 저 덕국(독일-필자주) 비스맥(비스마르크-필자주)은 평생에 쇄와 피의 두 가지로서 덕국을 흥복하고 부강을 일우었으니 우리도 개개히 그와 같이 철환을 피치 말고 앞으로 나아가서 붉은 피로 독립기를 크게 쓰고 동심동력하여 성명을 동맹하기로 청천백일에 증명하노니 슬프다 동지 제군이여

동의회 총장 최재형

부총장 리범윤

회장 이위종

부회장 엄인섭 등

이처럼 동의회는 국권 회복을 위한 단체로 출발해 민족정신의 함양, 지식을 통한 실력 양성 등을 목표로 하였는데, 동의회의 존재에 대해서는 아래 일본 측의 첩보 기록에서도 확인할 수 있다. 다만 이 기록에서는 최재형이 수령으로 있던 동의회의 목적이 "재류 한인 보호"에 있고 해산 후에는 "하등 활동을 하지 않고 그 후 집회한 일도 없는 상태"라고 보고 있는 점이 이채롭다.

연추지방에 있어서는 재 연추 최재형(일명 최도헌)이 수령이었을 때 동의회라는 것이 있었다. 조직의 연월은 분명치 않으나 그 주의라고 할 것은 재류한인 보호라고 하는 데 있어서 최도헌 일파의 무리는 전부 작년 폭도 모집 시 입회하였는데, 그 해산 후는 회로서는 하등 활동하지 않을 뿐 아니라 그 후 집회한 일이 없는 상태이다. 동회원의 주된 자는 엄인섭, 안응칠, 백규삼, 이경화(李京化), 김기룡(金起龍), 강창두(姜昌斗), 최천오(崔天五) 등 모두 폭도 두목이다. 기타는 불명, 이것 외에 동 지방에는 회라고 하는 것이 없다.[177]

동의회취지서

동의회는 공개적으로 단체 설립을 천명한 이후에는 은밀한 활동을 해온 것으로 보인다. 왜냐하면 일본의 눈을 의식하여 "재러 한인의 보호"를 표면적인 이유로 내세웠을지 몰라도, 실질적으로는 무장투쟁을 전개할 조직으로 출발하였기 때문이다. 이러한 점은 동의회 구성원에는 의병 출신이 다수 참여하고 있다는 점 등에서 알 수 있다.

3. 연해주 의병의 발흥과 쇠퇴

1) 항일 의병 세력의 입체적 결합

① 최재형 세력

동의회는 1905년 이후 러시아 지역에 있는 모든 항일의병 세력의 결합이라는 측면에서 중요한 의미를 갖는다. 이 단체는 이범윤 중심의 의병 세력이 그 모태가 되었으며, 여기에 더하여 최재형의 자금과 인적자원(귀화 한인, 러시아인), 그리고 이범진, 이위종 부자의 외교적인 노력과 자금 지원이 중요한 역할을 하였다. 지역적으로는 연추를 중심으로 이루어졌으나, 수청의 의병도 다수 가담하고 있었다. 아울러 수청에도 최재형 세력이 다수 있었다.[178] 즉 동의회는 연추 세력을 정점으로 하고 수청, 추풍 등 연해주 일대의 한인 세력이 연대하여 조직된 것이라 할 수 있다.

동의회 결성에 있어 중요한 역할을 한 인물은 최재형과 이범윤, 이범진 등이었다. 동의회의 결성은 최재형으로 대표되는 재러 한인사회와 이범윤으로 대표되는 이주

세력과의 결합이라는 측면에서 중요한 의미를 지닌다. 그리고 러시아 중앙 당국과의 교섭 등 중요한 부분은 주러 한국공사였던 이범진이 주로 담당하였다. 그러나 이들 3세력의 공통점은 그들이 친러파였다는 점과 조선에 대한 강한 애국심을 갖고 있다는 점이다. 이들 가운데 가장 강력한 세력은 최재형 세력이었다.

최재형은 연해주에 있던 한인운동 세력 중 가장 강력한 세력으로 일본 측에 의하여 평가된 인물이다.[179] 그는 주지하는 바와 같이 함경북도 출신으로 1860년대 러시아에 이주한 인물로서 러시아에 귀화한 귀화 한인이다. 그는 귀화 한인 중 가장 대표적인 자산가 중의 한 사람이며, 러시아의 신임도가 두터운 인물로서 연추 지역의 행정책임자인 도헌이었다.

최재형 세력의 핵심적인 인물들은 다음의 몇 그룹으로 나누어 볼 수 있을 것 같다. 우선 주목되는 부류는 귀화 한인으로서 러일전쟁에 참여한 그룹이다. 그 대표적인 인물로는 엄인섭, 김인수, 윤일병, 유진률 등을 들 수 있다. 다음으로는 연추 지역의 귀화 한인을 들 수 있으며, 세 번째로는 함경도 출신들을 들 수 있을 것 같다. 이외에도 최재형과 뜻을 같이하는 인사들이 최재형 세력의 핵심이 되었을 것임은 자연스러운 귀결이다.

먼저 최재형 세력에 대해 시기별로 알아보기로 하자. 이와 관련하여 주목되는 것은 1906년 이범윤과 함께 연추에서 의병을 조직할 당시 최재형 세력으로 활동한 인물들에 대한 것이다. 당시 최재형 세력은 어떠한 인물들이었을까. 그들의 구체적인 인명은 현재 알려진 바 없다. 다만 연추 지역에 살고 있는 귀화 한인이나, 귀화 한인으로서 러일전쟁에 통역으로 참여한 김인수, 김도일, 김상헌, 유진률, 윤일병, 구허성, 황병길, 엄인섭 등[180] 가운데 일부 세력, 아관파천 당시 국내에 들어가 벼슬을 한 김도일, 김인숙(金仁淑), 김낙훈(金洛薰), 김승국(金承國), 홍병일, 채현식(蔡顯植) 등 연추, 추풍 출신 통역 52명 가운데[181] 일부 세력이 그에 해당할 것으로 추정된다.

다음에는 1908년 4월 동의회 조직 당시의 최재형 세력에 주목해보자. 이위종의 부총재 선출 문제로 최재형파와 이범윤파가 갈라졌을 당시 최재형파의 간부는 도영장 전제익, 참모장 오내범(吳乃凡), 참모 장봉한, 지운경(池云京), 군의관은 미국에서 돌아온 모씨(일본병에 체포되어 회령에서 총살됨), 병기부장 김대련(金大連), 병기부장(副長) 최영기(崔英基,御衛長), 경리부장 강의관(姜議官), 동 부장 백규삼, 좌영장 엄인섭, 제1중대장 김모(某), 제2중대장 이경화, 제3중대장 최화춘(崔化春), 우영장 안중근, 중대장 3인 등이었다.[182] 바로 이들이 최재형의 핵심 세력이 아닌가 한다.

다음으로, 1908년 국내 진공작전이 큰 성과를 못 거둔 동년 12월 최재형이 그의 무장투쟁 노선을 변경한 이후 그의 세력에 주목해보자. 1909년 당시 주위의 환경이 무장투쟁을 전개하기에 여의치 않자 러시아 관헌에게 소고기를 납부하면서 기회를 엿보고 있던 최재형은 1909년 2월 3일 러시아 관헌에게 총기, 탄약 등의 원조를 요청하였다. 그러나 러시아 관헌은 이를 허락하지 않았다. 이에 최재형 세력들은 다수 해산하였는데, 당시 잔존해 있던 최재형파로는 엄인섭, 박윤여(朴允汝), 김세윤(金世允), 박계안(朴啓安), 이경화, 허익(許益), 장기준(張基俊), 황여공(黃汝公), 김기룡, 최준봉(崔俊逢) 등을 들 수 있다.[183]

1909년 11월 당시 최재형 세력은 안중근, 엄인섭, 백규삼, 이경화, 김기룡, 강창두, 최천오 등의 의병장을 비롯하여[184] 함동철(咸東哲), 정순만(鄭淳萬), 전명운(田明雲), 이홍기(李鴻基), 김용환(金龍煥), 한경현(韓景鉉) 등 총 20-30명이 주요 회원으로 활동하였다.[185] 지금까지 검토한 최재형 세력 중 가장 측근은 엄인섭, 김기룡, 안중근, 이경화 등이었다.[186]

한편, 동의회 의병활동 당시 안중근과 최재형의 관계는 원만했던 것으로 보인다. 후일 하얼빈 의거 후에 쓰여진 것이긴 하나, 유인석은 동의회 연해주 의병운동 당시 안중근과 최재형의 관계에 대해 다음과 같이 평가한 바 있다.

안응칠은 일찍이 도헌 휘하의 병사가 되어 도헌의 집에 머물면서 늘 다시 거의(擧義)하여 원수를 갚고 나라를 되찾을 것을 의논하였습니다. 이제 안응칠이 바로 복수를 하였는데 나라를 회복하는 일을 도헌이 자기 힘으로 하지 않고 안응칠을 저버릴 수 있겠습니까. 의리상으로도 마땅히 이 일을 해야 하는데 다 안응칠이 일찍이 도헌과 한마음으로 같이 일하였으니 지금 이 일에 자연히 드러날 것이라. 왜적들의 의심을 면하기 어려울 것이니 형세 또한 뭔가를 하지 않을 수 없습니다.[187]

한편 최재형 세력들은 대부분 머리를 자르며[188] 모두 양복을 입고 각각 총을 휴대하고 있었다. 그리고 최재형 세력은 러시아의 원조와 더불어 자기의 재산을 투자할 것을 각오하고 있었다. 또한 미국 샌프란시스코 거주 한인과 기맥(氣脈)을 통하고자 하는 한편 국내의 의병들과도 기맥을 통하고자 하였다.[189] 한편 최재형 세력은 조직 당시에는 상당히 강경한 입장이어서 의병에 적극 참여하였으나 국내 진공작전이 실패한 이후에는 학교 신문, 기타를 이용해서 민족의식을 함양하여 독립을 기도하는 점진적인 방법도 추진하였다.[190]

② 수청 세력

수청세력은 동의회의 간부 선출 시 최재형에게 주로 동조한 세력으로서 연추, 블라디보스토크 세력과 더불어 대표적인 항일세력의 하나이다. 수청은 현재 파르티잔스크란 지명으로 불리고 있으며, 이곳 수청 지역에 1908년 3월 김공심(金公心), 박춘성(朴春成), 원사집(元仕執), 박태여(朴太汝) 등 4명이 동의회를 조직하였다. 그리고 이들은 상트페테르부르크에서 온 이위종과 연추 지역에서 활동하고 있는 김기룡을 통하여 재러 동포들에게 민족의식을 고취시켜 조직을 보다 강화하는 한편 군자금을 마련하고자 하였다. 그 결과 수청파는 재러 동포들로부터 1,200루블의 기부금을 모금하였으며, 그 돈으로 총포 40정을 구입하고 포수 50명을 택하여 연추로 와

니콜라예프카 입구

니콜라예프카마을

서 동의회에 참여하였다. 그리고 이 총기 가운데 30정을 이범윤에게 제공하였다.[191]

한편 수청파는 국내 진공작전에도 일정한 역할을 하였다. 즉 1908년 6월 23일 밤 수청에서 온 의병 96명은 끄라스나 세관 초소가 있는 지역 내의 포드고르나야 마을 주위를 통하여 한국으로 들어가 동월 24일 일본인 초소를 습격, 일본 순사 14명을 사살하는 전과를 올렸다.[192] 동년 7월경에는 해로로 두만강 하류 국경에 위치한 녹둔(鹿屯)으로 건너가 이곳에서 다시 성진 부근으로 남하, 국내 진공작전을 펼쳤다.[193] 그리고 수청 일대에서 총기 400정을 모아 연추로 이송하기도 하였으며, 1908년 11월경에는 수청 의병 500명이 연추로 이동하여 활동하기도 하였다.[194]

이처럼 연주 지역의 동의회 세력과 적극적인 협조 관계에 있던 수청파는 1908년 후반기에 최재형과 이범윤 사이에 갈등이 생긴 가운데 1908년 12월 최재형과 이범윤이 서로 수청 세력을 포섭하려고 하자 이에 반대하고 군자금 모집에 응하지 않았으며, 또한 의병의 약 반수가 해산하기도 하였다.[195] 한편 1909년 음력 1월 25일 안중근, 김기룡 등 수청 지역에 큰 영향력을 갖고 있던 인물들은 일심회(一心會)를 조직하여 아편을 금지할 것, 회원의 병 또는 사망 시 서로 부조할 것 등을 결의하고 입회금은 1원으로 하였다.[196] 즉 이들은 이반되는 민심을 진정시키고 동포들의 단합을 위하여 동의회 조직을 개편하고자 하였던 것이다.

한편 수청에 있는 동의회도 1909년 2월 동포들의 이반과 재정 궁핍으로 장봉금(張鳳琴)이 최재형에게 지원을 호소하였으나 최재형은 이에 대하여 교섭하지 않는다고 회답하였다.[197]

2) 의병의 무기 구입과 재정적 지원

최재형은 재러 한인 중 대표적인 자산가였다. 그는 각종의 사업에 종사해서 그 재산을 점차 증대시켰다. 그의 사업내용을 구체적으로 알아보면, 연주에서 동부 시베리아 저격 제6연대에 소고기를 납품하고 있었는데, 1개월에 소 150두 분량이었다. 이를 금액으로 환산하면 약 9만 루블에 해당된다고 한다. 슬라비얀카에서는 병영 건축과 기와 제조업을 경영하고 있었고, 또 블라디보스토크에서는 뻬긴스카야 거리(중국 북경 거리)에 한 지구와 기와로 만든 건물을 소유하고 있었는데, 그 가격은 적어도 4-5만 루블이며, 1년에 집 임대료로 3천 루블을 받고 있었다. 또한 연추에서도 임대료로 1년에 2-3천 루블을 수금하고 있다고 한다. 이외에 농업도 경영하여 1년 수익은 적어도 4-5만 루블을 넘고, 1910년에는 소고기 납입으로 2만 5천 루블을 벌었다고 한다.[198]

최재형은 이처럼 많은 자산이 소유자였으므로 동의회의 조직과 운영, 활동에 드는 비용 대부분을 지출하였을 것으로 생각된다. 즉 동의회의 운영비는 물론 무기와 피복의 구입, 심지어는 그들의 생활비까지 최재형의 몫이었을 것으로 추측된다. 이러한 경제적 부담은 최재형에게 큰 부담으로 작용하였을 것이다. 그리고 그가 재정적인 문제 때문에 이범윤 등과 갈등을 겪게 되기도 하였을 것이다.

처음에 동의회는 이위종이 가져온 1만 루블과 최재형이 기증한 약 1만 3천 루블, 소성(우수리스크) 방면으로부터의 기부금 6천 루블, 각지로부터 기증받은 군총 약 100정 등으로 운영되었다.[199] 그 가운데 최재형이 제공한 금액은 동의회 운영의 50%를 차지하고 있었던 것이다.

한편 최재형은 국내로부터도 군자금 모금을 추진하여, 1909년 1월경에는 함경도 북청의 김승지(金承旨)가 최재형에게 군자금 2-3천 루블을 기부하였다.[200] 또한 최재형은 이경화를 통하여 북간도 지역에서도 군자금 모금을 추진하였다. 이경화는 최재형의 부하로서 청나라에서 군자금을 모금하는 일을 담당하여, 1908년 여름부터 가을 사이에 청나라땅 오가자(五家子; 경흥 북방 약 5리, 연추와 훈춘의 길가에 있다)에 가서 금 600원을 모금하기로 하고 그 중 400원은 수령하였다. 그는 한때 군자금의 모금 과정에서 북간도 훈춘 흑정자(黑頂子) 병영에 구금되기도 하였다.[201]

그 후 이경화는 1909년 3월 20일 연추로부터 청나라 땅 오가자에 가서 잔금 200루블을 수령하였고, 4월초에 러시아로부터 5연발총 1,500정을 구입하기로 예약을 완료하였다.[202]

또한 최재형은 부하인 엄인섭을 통해서도 군자금 모금을 추진하였다. 1908년 엄인섭은 귀화 한인으로부터 금전을 징수하는 일을 담당하였는데 그러던 중 일본 밀정이라 판단된 귀화 한인을 살해한 일로 러시아 관헌에 쫓기게 되었다.[203]

한편 1906년부터 1908년까지 이범윤 세력과 연대 관계를 맺고 있던 최재형은 이범윤 세력에게 재러 동포들로부터 군자금을 모금하는 데 있어 일정한 편의를 제공해 주기도 하였다. 그러나 1909년 이후 이범윤과 갈등이 생기자 이러한 편의 제공을 중단했다.[204]

최재형은 의병들에게 의복도 지원하였다. 1908년 11월 연추의 최재형 집에는 의병 피복 200벌이 있었는데,[205] 이 피복들은 대부분 러시아 군대로부터 구입한 것이 아닌가 추측된다. 그러나 의병운동이 바람직하지 않다고 판단한 1908년 12월 이후 최재형은 의병들의 겨울 피복을 준비하지 않았다고 한다.[206]

최재형은 군자금과 피복 구입에 이어 무기 구입에 있어서도 중요한 역할을 하였다. 최재형의 의병활동에 있어서 무기 구입은 대단히 중요한 문제였다. 무기 구입을 통해 무장을 하는 것만이 독립전쟁에서 승리담보할 수 있기 때문이었다. 이러한 무기 문제를 해결하기 위하여 최재형은 합법적인 방법과 비합법적인 방법을 병행하며 무기 구입을 추진했던 것으로 생각된다. 비합법적인 경로를 이용할 경우, 러시아인들이 최재형에 대해 갖고 있던 신뢰가 방법을 마련하는 데 역할을 해주었던 것으로 추측된다.

우선 합법적인 경우를 보기로 하자. 연해주에서는 마적 습격에 대비하여 민간인의 총기 보유를 공인하고 있었다. 총기 탄약의 매매도 원래 허가제였으나 연추에서는 사실상 자유로이 매매되고 있었다.[207] 연추에는 블라디보스토크에 본점을 둔 쿤스트와 알베르스라는 총기 판매점이 영업을 하고 있었기 때문에,[208] 이 상점을 통하여 무기를 구입하였다.

또한 연추에는 최재형과 가까운 사이였던 러시아군 기병대 제6연대가 주둔하고 있었다. 이 부대에 최재형이 군납업을 하고 있었기 때문에 최재형은 이 부대를 통하여 필요한 무기를 구입하기도 했다. 그리고 무기 운반을 위하여 사람들을 파견하기도 했는데, 예를 들어 최재형은 1908년 11월 29일 구입한 총기를 운반하기 위해 동일 오후 10시 샤치사에 의병 20명을 증파하여 탄약 3,000발을 운송하도록 한 일이 있다.[209]

3) 연해주 의병의 국내 진공작전

러시아 지역에서 한인들의 의병활동은 1907년 군대해산 이후 본격적으로 전개되기 시작하였을 것으로 추측된다. 남우수리 지방 러시아 국경전권위원 스미르노프가 연해주 군무지사 플루크에게 보낸 보고서에 따르면, 1908년 4월까지 연해주로부터 약 1천 명의 의병이 북한으로 넘어들어 갔다고 밝히고 있다.[210]

이러한 보고에서 알 수 있듯 최재형은 이범윤과 함께 활발한 국내 진공작전을 전개하기 시작했던 것으로 보인다. 최재형 등은 부대를 100명 내외의 소부대로 나누어 일본 수비대의 경비가 비교적 취약한 지점을 골라 산발적인 도강 상륙작전을 전개했으며, 국내 진공에 성공한 각 부대는 함경도 갑산, 무산 등 예정 지점에 집결하여 장기적이며 항구적인 국내 항쟁을 시도하고자 하였다.[211] 최재형 등의 이러한 의병활동은 한국 북부 지역의 한인 의병활동에서 큰 영향을 받은 것으로 생각된다. 러시아 측 1908년 5월 14일자 보고에는 다음과 같은 기록이 남아있다.

두만강과 압록강 상류에서의 한인들의 봉기는 성공적으로 진행되고 있습니다. 3주 전에는 무산시 부근에서 일본군 부대가 궤멸되었으며, 도시 자체는 반란군에 의하여 장악되었습니다. 오늘

또 다시 받은 정보에 의하면, 2주 전에 삼수시 근처에서 150명의 일본군이 모두 궤멸당했고, 압록강을 따라 뗏목을 가지고 체벌된 목재를 수송하기 위하여 일본인들이 세워놓은 산 속의 시설들이 전부 파괴되었습니다. 일본인들은 북청으로부터 상기 지역으로 군대를 이동시켰습니다.
반란군이 성공을 거둠으로써 우리 지역과 만주 국경지대에 있는 한인 망명자들은 크게 고무되었습니다. 우리 지역이 황량하고, 만주와의 접경지역이 지세가 험하고 방어할 수 없기 때문에, 우리는 소규모 무장부대가 한국으로 침투하는 것을 중단시킬 수 없습니다. 그 부대들은 못지않게 황량하며 드문드문 한인들이 거주하는 훈춘 푸두툰스트보를 거쳐서, 절망에 빠져있고 몹시 분개하고 있는 한국 독립군을 지원하기 위하여 북한 지역으로 들어가고 있습니다.[212]

　이렇게 북한 지역 한인들의 의병활동이 활발함을 알려주고 있을 뿐만 아니라, 이들의 활동이 만주와 러시아 지역에 있는 의병들의 국내진공을 고무시키고 있음을 보여주고 있다. 그리고 북한 지역에서 의병들의 성공적인 활동은 만주와 러시아 지

하산, 러시아지역 항일의병의 국내진공지점

역 의병들의 봉기를 더욱 고무시켰을 뿐만 아니라 공감대를 확산시키고 있었다. 러시아 측의 동년 6월 19일자 보고를 보고에는 그러한 정황이 잘 나타나 있다.

> 한국 북부지역에 있는 한인 봉기자들의 계획이 아주 성공적으로 진행되고 있으므로, 이런 공감 분위기는 지속되고 있습니다. 한국 내의 일본인들과 그들의 동조자들은 무자비하게 죽임을 당하고 있으며, 대규모 봉기군은 소부대와 초소만이 아니라 상당한 병력을 가진 일본군 부대를 소탕하고 있습니다. 한국의 북부와 서부에는 몇몇 도시가 봉기군에 의하여 장악되고 있으며, 5월초에 일본군에 의하여 격퇴된 두만강 상류의 무산시는 지금까지 반란군 수중에 있습니다. 회령시로부터 부대를 파견하여 반란군에서 그 도시를 탈취하려던 일본인들의 시도는 격퇴 당했습니다. 이 모든 일은 한국인들의 사기를 드높이고 있고, 그들은 만주 동부와 우리 지역에서 자금을 모으고 무기를 구입하는 일을 수행하고 있습니다. [213]

위의 기록에 따르면, 의병들은 북한 북부 및 서부의 몇 개 도시를 장악하고 있으며 5월초에는 무산시를 점령하고 있었다. 의병들이 거둔 이러한 전과는 재러 동포들의 사기를 진작시키는 데 크게 기여하였다.

이처럼 국내에서 의병활동이 성공적으로 진행되고 러시아 지역에서도 국내 진공작전이 활발히 전개되기 시작하자 이위종은 연추 지역의 최재형을 방문하여 국내진공작전에 대하여 논의하였다. 이에 러시아 지방당국은 이위종에게 즉각적인 추방을 요청하였다. 그리고 포시에트 경찰서장에게 최재형을 소환하여 그에게 러시아 공민으로서 한인 애국자들의 활동에 개입하지 말도록 설명하게끔 지시하였다.[214]

한편 한인들의 국내 진공 활동 및 준비에 국경지대의 일본인들은 크게 두려워하였으며, 러시아 지역에 밀정을 파견하는 한편 군대를 전진 배치하여 재러 의병들의 국내 진공에 대비하고자 하였다.[215] 일본 측의 이러한 대비에도 불구하고 최재형과 이범윤이 이끄는 연해주 의병들은 6월말과 7월초에 두만강 하류에 있는 일본 소규모 부대를 궤멸시켰다. 그리고 그 이후에도 계속적으로 일본군을 공격하였다. 러시

일본군 회령 수비대

경흥전경

아 측의 7월 15일자에 보고에 의하면 의병들의 일본군 격파 상황이 묘사되어 있다.

> 6월말과 7월초에 러시아 영토로부터 접근한 반란부대에 의하여 두만강의 하류에 있는 일본 초소와 소규모 부대가 궤멸당했다. 약 100명쯤 되는 어떤 부대는 사벨로프스크 지역의 남쪽 끝에 있는 중국 영토에서 집결하여, 포드고르노보 마을 위쪽에 있는 튜멘 강 지역을 성공적으로 건너왔다. 거기로는 7월초에 또 다른 두 부대가 접근해 왔는데, 그 수도 또한 약 100명 정도였다. 이들 부대는 수청 지역과 연해주의 다른 지역으로부터 하천용 배를 타고 왔으며, 두만강 삼각주에 내린 다음 한국 방면으로 건너갔다. 그들은 무장하지 않고 하선했지만, 한국으로 건너가서는 무장한 채 특수한 반란군 복장을 하였다. 무기와 의복이 어떤 경로를 통하여 공급되었는지에 대해서는 알려져 있지 않다. 이 부대들은 자기들 측에서 거의 손해를 입지 않고 경흥시 외곽과 두만강 상하류에 있는 일본군 초소와 소규모 부대들을 모두 격파하고는, 전사자들로부터 많은 탄약과 함께 수십 정의 라이플총을 탈취하였다.[216]

1908년 7월 7일 최재형이 이끄는 동의회와 이범윤이 이끄는 창의회(彰義會)의 동지 등 300여 명이 포병사령관 정경무(鄭警務, 鄭濟岳, 前城津 경무관), 우영장 안중근, 좌영장 엄인섭 등의 지휘하에 두만강 연안 신아산(新阿山) 부근 홍의동(洪儀洞)을 공격하여[217] 경흥군 수비대 병사 2명과 헌병 1명을 사살하였다.[218] 또 1908년 7월 9일 의병 200여 명은 두만강을 건너 7월 10일 새벽 경흥군 신아산을 습격, 일본군 1명을 사살하였고, 회령 수비대 200명과 여러 차례에 걸쳐 교전하였다.[219]

한편 최재형의 부하인 오내범은 7월 10일 회령 근처 운성산에서 일본군에 막대한 피해를 입히며 이들을 격퇴하였고, 부령읍 인근 배상봉에서도 일본군의 기습공격에 대해 오히려 거센 반격을 가하여 이들에게 막대한 피해를 주었다. 이에 대해 러시아 측은 다음과 같이 기록하고 있다.

> 7월 10일에 회령시로부터 25베르스타 떨어진 운성산 지역에서 매복에 걸린 일본군 중대는 엄청난 패배를 당했습니다. 전투는 아침에 시작되어 종일 계속되었습니다. 땅거미가 질 무렵에야

서수라전경

훈춘시가

회령시로부터 구출부대가 접근하였고, 반란군을 격퇴하였습니다. 일본인들의 사망은 64명, 부상자는 30명이었습니다. 반란군은 겨우 4명만이 부상을 당했을 뿐입니다. 그 가운데는 그 파의 지휘자인 오내범도 포함되어 있는데, 그들 가운데 사망자는 없습니다. 접근한 일본 군대가 무기와 부상자들을 거두어가서 어둠을 틈타 몰래 회령시로 물러났기 때문에 일본인들의 무기를 탈취하는 데 성공하지는 못했습니다. 그러나 회령시에서는 강한 공포 분위기가 감돌았습니다. 반란군은 총수가 160명이나 되기 때문에 그들을 추적하는 것을 두려워했습니다.

두 번째 충돌은 부령읍 인근의 배상봉(소도시로부터 20베르스타 거리)에서 발생하였습니다. 한인 불교승려로서 배교한 어떤 사람의 말을 따르면, 일본군 중대가 점심 식사를 하고 있던 약 100명에 달하는 반란군 부대, 그 중에는 30명의 호랑이 사냥꾼과 뛰어난 사격수들을 포함한 부대를 무산시 부근에서 예기치 않게 급습하였습니다. 일본군의 첫 발포로부터 반란군은 아무도 상처 입지 않았고, 반란군은 즉각 반격을 시작하여 일본인들을 좁은 분지로 몰아넣고 거의 몰살시켰는데, 그들 자신은 오직 한 명의 부상자만 있었을 뿐이었습니다. 일본인들은 90명 이상이 죽거나 다쳤는데, 부상한 사람들은 모두 죽임을 당했고, 모든 무기는 반란군 차지가 되었습니다.[220]

이처럼 활발한 활동을 전개하며 승승장구하던 연해주 의병은 1908년 7월 19일 회령 영산(靈山)에서 일본군에게 패배하며 전환점을 맞았다.[221] 그 후 8월 4일 엄인섭이 이끄는 부대 20-30명이 두만강을 건너 서수라(西水羅)의 일본인 어장 대성조(大成組)를 습격, 일본인 10여 명을 살상하는 성과를 거두기도 하였으나 연해주 의병은 영산 전투를 계기로 그 세가 꺾이고 말았다.[222]

최재형과 이범윤 부대는 1908년 7월과 8월의 국내 진공작전에서 큰 성공을 거두지 못하게 되자, 간도와 훈춘 그리고 일부는 러시아 연해주 지역으로 이동하였다. 당시 연추 지역으로 이동한 세력은 호도세(노우끼스꼬 서방 2리)에 50여 명, 주라미(연추 동남 약 13리 반)에 50여 명, 연추하 부근의 나부란(소 도살장)에 100여 명, 안방비(安防備, 연추 동남방 23리 반)에 약 150여 명 등 총 350여 명이었다.[223] 특히 이범윤은 국내 진공작전 이후 자금이 없어 새로운 부대를 조직할 수 없었다. 아울러 일본이 암살범을 파견하는 한편 1만루블의 현상금을 내걸게 되자 그가 활동할 수 있는 입지는 그만큼 축소되었다. 이에 이범윤은 블라디보스토크, 연추, 그리고 중국 등지로 은둔하고자 하였고, 자연히 이범윤의 세력은 크게 약화되었다.[224]

사태가 여기에 이르자 최재형은 이범윤과는 별도로 독자적인 행동을 개시하여 수청과 추풍 각지에서 군자금을 모금하는 한편 이 자금으로 무기를 구입하고 약 200명에 이르는 새로운 부대를 조직하여 이들에게 사력훈련을 시켰다. 이러한 사실은 아래의 러시아 측 보고자료에 상세히 기록되어 있다.

> 자신의 이름을 어떻게든 역사에 남기고 싶어 하는 표트르 최는, 일가친척들의 칭송을 한 몸에 받으며, 이미 이범윤과는 별개로 독자적으로 행동을 개시하였습니다. 그는 요원들을 소집하여 수청과 추풍 각지에 자신의 편지를 전달하면서 새로운 군대를 조직하는 데 필요한 경비를 보내 달라고 애원하고 있습니다. 기부금은 각 지방의 한국인 마을에서 속속 전달되었습니다. 한 군인의 말에 따르면, 표트르 최는 여러 사람들로부터 적어도 1만 루블 이상을 거둬들이는 데 성공했다고 합니다. 그는 이 돈으로 무기와 탄환을 사들이기 시작했습니다. 현재 그의 휘하에는 무기를 소지한 군인이 100명 이상 있으며, 부대원 전체는 200명 이상에 이른다고 합니다. 군인들 중 일부는 얀치헤 아래 쪽에 있는 그의 제유소(버터제조소)에 머물고 있고, 일부는 바라노프스크와 티젠헤에 있습니다. 나중에 그곳에서는 사격훈련을 실시하고 있습니다.[225]

그러나 이범윤 세력의 약화 이후 어떻게든 독자적인 세력을 확충하려던 최재형의 재기 움직임도 오래 지속되기 어려웠다. 최재형은 마침내 현재의 상황에서 무장투쟁의 방법으로 일제에 대항하는 것이 무리라고 생각했던 것 같다.

1908년 12월 최재형 산하의 의병 정예부대 약 500명이 수청으로부터 연추 지역으로 응원을 오자, 최재형은 연추에 있는 200명의 부하들을 모아 놓고 "현재 자금이 부족하고 병력이 적으므로 잠시 해산할 것"이라는 충격적인 발언을 하였다. 이에 대해 수청 지역에서 온 부하들이 반발한 것은 당연했다.

그들은 다수의 인원을 모집하여 연추에 집합한 것이고, 어떤 이유든 국내 진공작전을 중도에 그칠 수 없다고 항변하였다. 그들은 최재형에게 항의하기를 "어찌 당신만 알고 부하를 속이는가. 우리들은 이대로 하여서는 귀향하지 않겠다"고 반발하였다. 아울러 그들은 "당신이 명령만 내린다면 즉시 한국에 침입할 것"이라고 각오를 다졌지만, 최재형은 이들의 요구를 끝내 받아들이지 않았다.[226]

이러한 방침이 서자 최재형은 1909년 2월에 연추 부근 샤치이사와 샨베리에 거주하고 있던 그의 부하 60명에게도 의식을 제공하는 것을 중단했다. 최재형의 이러한 행동은 당시의 주변 상황과 밀접한 관련을 맺고 있었다. 일제는 이 무렵 러시아에 외교적으로 압력을 가해 한인의 의병활동을 제약하도록 하였다.[227] 그런 와중에 최재형과 그간 밀접한 관련을 맺고 있었던 연추 주둔 제6연대 소속 러시아 군인 250여 명이 1909년 1월 하순 의병사무소로 가서 일체의 총기 탄약을 압수하고 의병의 해산을 명하는 일까지 발생하자 최재형은 상당히 위축되지 않을 수 없었다.[228]

한편 러시아 당국은 1909년 9월 귀화 한인들에 대해서도 징병령을 내렸다.[229] 그들은 징병령 실시를 위한 사전 준비로 이미 5월경부터 호구조사에 착수하였다. 이러한 일련의 과정에서 비귀화인으로 여권 없이 연해주에 거주하고 있던 한인들에 대해서는 추방령이 내려졌고, 일부 징집 대상자들은 징병을 기피해 월경, 피신하는 경우도 발생하였다.[230]

일본 정부와 마찰을 피하려던 러시아 당국의 태도 변화와 아울러 중국 북간도 지역 중국 관헌의 탄압도 최재형을 위축시키는 한 원인이 되었다. 일례로 1908년 11월 노령 연추로부터 중국령 양령(兩嶺)에 파견되어 있던 의병 200여 명의 부대장 이경화가 청국 군사에 의해 구금되는 사태가 발생하였다.[231]

최재형의 의병활동에 대하여 러시아 당국에서는 최재형과 그의 추종세력들의 제거를 위해 다음과 같이 건의하고 있었다.

일본 정부와 우리 정부 간에 마찰을 빚지 않고 우리 영토에서 한국인들이 정치적인 일을 기도하는 것을 원칙적으로 봉쇄하기 위하여 다음과 같은 제안을 드립니다.

1. 경흥시에 있는 한국인 니콜라이 리(이경화-필자 주)를 강도이자 약탈범으로서 체포하여 일
   본 당국에 넘겨줄 것
2. 한국인 망명객 이범윤을 하바로프스크로 추방하고, 그곳 경찰의 감시하에 연금 상태로 억류
   할 것
3. 얀치혜 마을의 포트르 최와 지신허 마을의 농민 엄인섭을 블라고베셴스크로 추방하여 1년
   간 경찰의 감시하에 둘 것 [232]

최재형은 이와 같은 러시아 측의 탄압과 감시에도 불구하고 1909년 3월 의병 500
명 내지 600명을 모집하고, 홍범도를 지휘관으로 하여 한국 침입 계획을 세우고자
하였다.[233] 그러나 최재형은 표면적으로는 의병활동을 준비하지 않는 것처럼 철저히
위장하였던 것 같다. 때문에 일본 측 첩보보고들은 다음과 같이 보고하며 최재형
이 실제로 의병활동에서 별다른 의지가 없는 것으로 파악하고 있었다.[234]

최재형은 표면상 폭도와 관계를 끊은 것과 같이 가장하나 그 실은 러시아 관헌에 대하여 총기,
탄약, 기타의 원조를 바라고, 지금도 교섭 중이라는 풍설이 있으나, 그 실은 그가 폭도들의 악감
을 사는 것을 두려워하여 애매한 태도를 취하고 있는(현재 노보키예프스크에 잔류한 폭도는 10
명 내외로서, 그 중 5명의 두목은 최재형의 집에 기거하였다) 것을 이용하여, 두목 등이 적세(賊
勢)를 가장하는 예의 유혹 수단에 불과한 것과 같이 최재형은 현재 진실로 폭도에 의지가 없는
것으로 추정된다.

또 다른 일본 측 보고에서도 최재형의 상황에 대해 유사하게 파악하고 있는 것으
로 보인다.[235]

최재형은 폭도와 관계를 끊으면서 왈, 우리들이 분기할 기회는 타일 도래할 것이라고 하고 이래
그는 옛날 부하들에 대하여 완화 수단을 취하는 외에 하등 하는 바가 없다. 단 그가 소위 분기할
시기는 타일에 있다고 하는 것 역시 적도들과 관계를 끊는 일시의 권의 수단에 불과할 것이다.

이렇듯 최재형은 외부인에게 비치는 행동이나 자신의 말을 통해 의병활동을 포기했음을 시사하는 풍설이 돌게 함으로써 자신의 실제 의도를 가장하고 있었던 것으로 보인다. 하지만 최재형의 본마음은 의병활동을 포기한 것이 아니라, 새로운 준비가 외부에 드러나는 것을 숨기고 있었다고 볼 수 있다. 아래 일본 측의 또 다른 기록은 이러한 정황들을 짐작하게 해준다.

동인은 전혀 폭도의 수령을 고만 둔 것이 아니다. 그 외관은 전혀 폭도와 관련이 없는 것으로 드러내나 내면은 그렇지 않다. 현재 연추에 있는 그의 기름제조소에 있는 동의회원 백규삼 등 7명은 항상 주모자가 되어 각 지방에 연락하고 있다. 최가 그들의 의복을 공급하고 있음은 확실하다. 또 일찍이 강창두(康昌斗) 외 2명이 집조가 없으므로 노국 관헌에게 체포되어 금고 되었을 때에도 그로부터 돈을 내어 석방시킴. 6월 25일 최의 기름 제조소에 있는 수모자 등은 이번 경흥 부근에 강도를 하려고 계획하여 장차 각 지역에 산재한 잔당 등에게 통보코저 하였던 바 경흥 부근의 정황이 불명하고, 아직 시기가 빠르다 하여 드디어 통문의 발송을 중지하게 되었다.[236]

4) 태생적으로 달랐던 최재형과 이범윤의 갈등

최재형과 이범윤의 갈등은 1908년 동의회 창립 당시부터 내재되어 있었다. 그럼에도 불구하고 최재형과 이범윤은 국내 진공작전이라는 대명제를 앞에 두고 서로 단결하여 의병전쟁을 실행하였다. 그러나 이러한 의병활동이 성공하지 못하자 결국 양인 사이에 내재되어 있던 문제들이 더욱 확대되어 갈등이 심화되었다. 다음의 러시아 측 자료에는 최재형 부대와 이범윤 부대 사이에 벌어진 갈등이 잘 나타나 있다.

표트르 최는 아마도 자신의 이름을 역사에 남기고 동족으로부터 영예를 얻기 원하여 이미 이범윤과 별개로 독자적으로 활동하기 시작하였으며, 대리인들을 선발하여 자신의 편지를 가지고 수청과 추풍 지역에 보내어 새로운 부대조직을 위한 자금을 모금하였습니다. 여러 한인 거주지로부터 즉각 헌금이 거두어졌습니다. 의병대원들이 전하는 말에 따르면 표트르 최는 전 기간에

10,000루블 이상을 거두는데 성공했다고 합니다. 그는 이 돈으로 무기와 탄환을 구입하기 시작했습니다.

지금 그와 의병대원들에게는 100정 이상의 무기가 있으며, 의병대 부대원은 200명 이상으로 구성되어 있습니다. 그 중 일부는 하(下)얀치헤와 그 버터 제조소에 살고 있으며, 일부는 바라노프스크에, 다른 일부는 지신허에 살고 있습니다. 뒤에 말한 두 지역에서는 사격훈련이 실시되고 있습니다.

이범윤 부대의 몇몇 의병대원들은 빈곤을 참아내면서 최의 부대로 넘어왔고, 나머지 사람들은 거주증을 얻을 돈도 없고 서류가 없다고 하여 경찰의 추적을 받을까 두려워하여 사벨로프스크, 훈춘, 그리고 간도로 달아나서 모집에 관한 소식을 얻을 때까지 그 지방 한인들에게서 임시로 살고 있었습니다. 게다가 그들은 여러 농촌 마을에서 최의 부대원이라는 증명서를 보여주지 못하는 사람들 이외에 이범윤 부대원 출신을 아무도 받아주지 않는다는 공고를 보고는 어쩔 수 없이 중국 영토로 도망해야 했습니다. 이런 일로 인하여 지금 최와 이범윤 양파 사이에 심한 불화가 일어났습니다.

얼마 전에는 얀치헤 마을에서는 이범윤의 나이든 스승의 아파트를 습격한 사건이 일어났습니다. 많은 사람들은 이 일이 최파의 소행이라고 귓속말을 나누고 있습니다. 왜냐하면 이범윤파의 사람들은 자기 지도자의 스승에 대한 습격을 결행할 수 없었기 때문입니다. 또한 최의 의병대가 한국으로 원정을 떠나기 전에 이범윤을 급습하여 그와 그의 측근 여섯 명을 죽일 계획이 있다는 소문도 있습니다. 최의 의병대원들은 언급된 인물들을 죽임으로써 한인들로부터 칭찬을 얻고, 대 조직가인 표트르 최에게 영광과 영예를 얻기를 기대하고 있습니다. 얼마 전에 최는 필경 무기와 다른 탄약을 구입하러 블라디보스토크 시로 떠났습니다.[237]

1908년 11월경 최재형과 이범윤의 갈등은 표면화되고 있었다. 1908년 11월 7, 8일경 노우키예프스크 창의회 본부에는 200정의 총기가 있었는데, 그때 수청 방면의 주민이 또 200정의 총기를 모아 운반하여 왔다. 그런데 최재형과 이범윤의 의사가 맞지 않아 총 200정을 도로 수청으로 송환하는 불상사가 발생하였던 것이다.[238]

한편 이범윤은 최재형과의 갈등으로 1908년 11월경에는 부하들의 신뢰를 잃었을 뿐만 아니라 연추 지역에서의 회원 모집에 어려움을 느끼고 있었다. 특히 귀화 한인들은 이범윤의 말을 신뢰하지 않고 있었다.[239] 이에 이범윤은 블라디보스토크에 있는 자산가 최봉준을 만나 자금 지원을 요청하였으나 거절당하였다.[240]

이러한 어려움에도 불구하고 이범윤은 연주 부근에 있는 부하 200여 명과 제휴하여, 경성을 습격하겠다고 하는 한편[241] 최재형 세력을 제거하고자 하였다. 즉 이범윤의 부하 한기수(韓起洙), 박창수(朴昌洙), 박후보(朴後甫) 등 3인은 서로 결탁하여 동의회 회원으로서 최재형의 부하 중 중심인물인 김기룡, 안중근, 엄인섭 가운데 김기룡을 살해하기 위해 최재형의 집에 왔다가 실패한 일이 발생하였다. 이 사건으로 최재형과 이범윤의 갈등의 골은 더욱 깊어졌다.[242]

이 사건 이후 이범윤은 최재형에게 화해를 시도하였으나 최재형은 이를 거절하였다.[243] 최재형은 화해 거절에 그치지 않고 이범윤의 행동을 러시아 관헌에게 호소함으로써, 이범윤의 부하 8명이 러시아 관헌에게 체포되는 일이 벌어졌다.[244] 사태가 여기에 이르자 이범윤 세력은 최재형을 제거하고자 하였고, 마침내 1909년 1월 16일 최재형을 저격하여 최재형은 권총 세 발을 맞았다.[245] 이 저격 사건을 계기로 최재형과 이범윤의 관계는 다시 돌아올 수 없을 정도로 악화되었다. 급기야 최재형은 블라디보스토크에서 간행되고 있던 한글 민족지인 『대동공보』에 그들을 비판하는 글을 게재하기에 이르렀다.[246]

광고

각 지방의 풍설을 듣건대 수다 무뢰의 배가 본국을 사랑하는 의병이라고 가칭하고 우리 각지 유명한 인사의 성명을 팔아 본인의 성명을 도용, 위조서면을 각처에 전파하여 인민 다수의 재산을 탈취하여 중도에서 제 비용이라는 명의 하에 이를 착복하고 그 위령(威令)을 자과(自誇)코저 하여 동포 중에 사생의 폐가 있다 운운하니 슬프구나. 우리 약한 동포 등이 저 무뢰한에게 기만을 당하여 무한한 해를 입어 장래 부지(扶持)의 방침을 생각할 수 없다. 지금부터 이후 저 잡배의 위조서면과 애국심고(愛國心高)라고 자칭하는 자에게 무용(無用)의 보조금을 주지 말라. 이와 같은 피해는 상호 이를 주의하고 거절하여 징치(懲治)하기를 바란다.

한편 위와 같은 광고와 거의 같은 시기에 추풍 지방에서는 박기만(朴基萬) 외 24명이 연명으로 「추풍사무통장(通章)」을 발표하여 연해주 한인사회가 이범윤의 적극적인 의병노선을 후원해줄 것을 촉구하는 등 재러 동포사회가 점차 분열되는 모습을 보여주고 있다.[247]

최재형과 이범윤의 이러한 갈등의 계기는 자금 문제 등 여러 가지가 있으나, 우선 천민 출신과 양반 귀족 가문 출신이라는 두 사람의 신분적 차이에서 비롯되었다고 할 수 있다. 주지하는 바와 같이 조선 사회는 신분제 사회였다. 비록 그들의 활동무대가 러시아 땅이고, 최재형이 부자이고 자산가였지만 어쨌든 조선의 전통적 관점에서 바라보면 그는 조선의 함경도 노비 출신에 불과했다. 그러므로 이 문제가 그들 양인 사이에 벌어진 갈등의 기본 문제가 되었을 것이다.

또 하나 최재형이 부를 축적하는 과정의 문제와 미심쩍은 명성 과시 등 도덕적인 측면의 문제 등이 두 사람 사이를 벌어지게 하는 근저의 요인이 되고 있었다 할 수 있다. 이 점에 대해 당시 러시아 측 보고문은 상세히 기록하고 있다.

한국의 정치적 망명자 이범윤과 얀치헤의 전 촌장이었던 표트르 최는 지난해에 처음으로 잠시나마 함께 활동했습니다. 군자금과 무기를 구입하고, 빨치산 대원들을 조직했지만, 이들은 큰 성공을 거두지 못했습니다. 지난해 말에는 부대 전체가 여러 지역으로 분산되었고, 지휘자들 간에는 자금 문제로 커다란 반목이 있게 되었습니다. 여기에는 다른 여러 가지 원인도 뒤섞여 있습니다. 그 여러 가지 원인들 중에는 반드시 고려할 여지가 있는 중요한 것은 바로 그들의 도덕적 측면과 사회적 위치가 비슷하지 않다는 점입니다. 이범윤은 이씨 가문이라는, 한국의 귀족인 양반 출신입니다. 이 가문 출신 중에는 현재 한국의 왕조를 통치하는 사람들이 있습니다. 또한 한국의 모든 유명한 귀족 가문은 서로를 친척으로 여기기 때문에 그 근저에는 여전히 씨족사회 원칙의 잔재가 남아 있는 것입니다. 이범윤 또한 자신이 왕조의 후예라고 생각하고 있으며, 외국 신문들도 가끔씩 그의 활동을 소개하면서 그에게 왕자라는 호칭을 보여하고 있습니다. 그는 주로 상해를 통해서 일본인들에 의해 퇴위당한 황제 이희(李熙)의 무리들과 교신하고 있으며, 한국인들 사이에서 활동적이며 좋은 가문 출신의 명사로 이름을 얻고 있습니다.

반면에 표트르 최는 천생 종의 자식으로서, 한국인의 시각으로는 가장 미천한 계급 출신입니다. 그러나 그는 강인한 성격과 지혜를 겸비한 약삭빠른 사람입니다. 촌장으로 일하는 동안 그는 여러 가지 미심쩍은 방법으로 막대한 재산을 긁어모으고, 자신이 다스리는 얀치힌스크 한국인들의 자유를 속박하면서 엄중하게 다루었습니다. 또한 자신에 대해 부유하고 영향력 있는 중요한 존재인 것처럼 떠벌이면서 우리 정부로부터 수많은 포상을 받기도 했습니다. 한마디로 이 사람은 반야만적인 이민족이며, 사랑을 너무 많이 받아 버릇이 나빠진 무원칙인 관리인 것입니다. 그의 미천한 신분과 의심쩍은 명성으로 인해 그는 우리나라에서 일본에 대항해서 싸우는 한국인 부대를 위해 선동 작업을 수행하는 한국 양반들과 화합할 수 없었습니다.[248]

이러한 두 사람 사이의 근저에 놓여있던 갈등 요인과 더불어 최재형의 자금 모금과 그 사용처에 대한 이범윤 세력의 의심이 갈등을 더욱 증폭시킨 것으로 보인다. 이범윤 세력은 각지로부터 모금한 군자금을 최재형의 자신의 사업에 전용하고 있다는 비판의 시선을 거두지 않고 있었다. 그러한 내용은 아래 러시아 측의 자료에서 언급되고 있다.

앞서 언급했듯이 자금 문제 또한 연루되어 있습니다. 군대를 조직하는 데 필요한 돈이 어디로부터인지 전달되었고, 지역 내에서도 막대한 자금이 모금되면 대개는 최의 수중으로 들어갔는데, 그는 이 돈으로 블라디보스토크에서 자신의 무역거래를 하거나 고기를 거래하기도 했으며, 노보키예프스크에서도 그런 것을 하고 있었습니다. [249]

아울러 이범윤 세력은 최재형의 추종 세력인 니콜라이 이(이경화)와 엄인섭의 활동을 무분별한 일본인 어부의 사살, 재산의 약탈 등으로 묘사하면서 이것은 애국적인 행동이 아니라 강도행위라고 신랄히 비판하고 있었다. 두 세력 사이에는 여러 면에서 같이 하기 어려울 정도로 반목이 격화되고 있었음을 반증해 준다. 아래의 러시아 측 자료에는 이러한 사실이 상세하게 묘사되어 있다.

이범윤과 최재형의 반목은 다음과 같은 경우에서도 드러났습니다. 지난해(1908년) 6월에 최는 한국인 이주자를 감독하는 책임자로서 투기꾼이나 살인자 강도 등 소위 그의 수하들이라고 불리우는 니콜라이 이와 표트르 엄--이 자는 최의 친척입니다- 등으로 구성된 몇몇을 자기 책임 부서에 편제시켰습니다.

이 강도 무리는 두만강 상류를 지나다니며, 일본인 초소를 습격했고, 세슈로이 마을에서는 일본인 어부를 죽이고 그들의 재산을 약탈했으며, 그 뒤에는 온기 마을로 뛰어들었습니다. 가슈케비치 만에서는 일본인 상인들을 죽이고, 강도짓을 했으며, 또한 돌아오는 길에는 두만강에서 일본인 초소에 대고 총을 쏘아 댔습니다. 게다가 그것은 장거리용 일제 탄환이어서 끄라스노이 마을의 오두막에도 무차별적으로 날아갔던 것입니다.

이러한 습격의 결과는 결국 우리 영토 내의 세슈로이 마을 곳곳으로 도망쳐 오는 것이었습니다. 이곳 주민들은 살해당한 일본인 어부에 대한 일본 측의 보복과 크라스노이 마을에 대한 사격을 두려워하고 있습니다. 러시아 영토인 나고르노이 마을로 일본군 소대가 이동해 왔고, 블라디보스토크에서 저질러신 최씨 일당의 강도짓과 특히 이런 인물과 함께 일하는 이빔윤에 대해서 맹렬한 비난이 쏟아졌습니다.

진정한 애국자들은 약탈을 목적으로 한 이러한 짓들이 결코 애국적인 충동이 아닌 순수한 강도 행위라고 간주하고 있으며, 그 괴수인 최는 물론이고 니콜라이 리나 엄씨도 모두 추악하기 그지없는 인간들이라고 여기고 있습니다. [250]

연해주를 근거지로 한 의병활동의 두 지도자 최재형과 이범윤은 동의회를 함께 설립하는 등 국권 회복을 위한 대명제에 따라 뜻을 모았으나, 서로간의 태생적인 신분적 한계와 두 세력의 도덕적 가치관의 차이, 그리고 자금 운용 과정의 불신 등이 결합되면서 화합할 수 없는 세력으로 분열되었다. 여기에 러시아 측의 한국 의병활동에 대한 제재 등이 더해지면서 연해주의 의병활동은 쇠락의 국면을 맞게 된다.

4. 노선의 전략적 변화와 애국계몽운동

1) 재러 기업인 최재형과 최봉준의 엇갈린 선택

최봉준은 최재형과 더불어 러시아 연해주 지역의 대표
적인 부호로서 최재형과는 일찍이 형제의 의를 맺고 있을
정도로 친교가 깊던 인물이었다.[251] 당시 최봉준은 준창호
라는 기선을 소유하고 있었고, 또한 우육상(牛肉商)으로
활동하며 부를 축적하였고,[252] 다른 한편으로 일찍이 블라
디보스토크에서 『해조신문』을 간행하여 민족의식 고취에
도 노력을 아끼지 않은 인물이었다.[253]

최봉준

1908년 의병들이 국내 진공작전을 전개하자 일본의 강
점하다 시피한 국내를 상대로 무역업에 종사하던 입장에 있던 최봉준은 상당한 어
려움이 겪게 되었던 것 같다. 그럼에도 불구하고 최봉준은 해조신문을 간행하는 등
조선의 국권회복운동을 전개하고 있었다. 그러나 점차 의병운동이 뜻대로 성공하
지 못하고, 일본의 압력이 강해지면서 최봉준의 입지도 점차 좁아지게 되었다. 일
본으로부터 독립운동가로, 러시아의 밀정으로 지목된 상태였다. 이에 사업상 어려
움이 가속화되자, 최봉준은 의병운동은 무리라고 인식하고, 전략적으로 계몽운동
을 추진하는 것이 보다 바람직하다고 판단하였다.

1908년 12월 상순부터 연추에 와 있던 최봉준은, 최재형과 이범윤 등이 벌이는
의병활동에 대해 신랄하게 비판하였다. 최봉준은 이범윤에 대해서는 러시아 관헌
에게 호소하는 한편, 이범윤을 숙박시킨 연추에 있는 「고미사리」(役所의 名)의 한
국인 통역 모씨를 부당하다고 비난하기까지 하였다.[254]

특히 이듬해인 1909년 6월 12일 최봉준은 자신이 개척한 러시아령 향산동(古邑 대안 약 3리) 부근에서 촌민을 모아 놓고 의병을 비난하는 대중적인 연설을 하면서, 의병을 폭도로 규정하고 다음과 같이 그 폐단을 지적하였다.

자금 그 폭도인 것을 예증한다면, 작년 이래 각 촌락에 기다의 원조금을 모집하였고, 인민의 고혈을 짰어도 그 사실은 하나도 국리민복을 증진하였다고 인정할 것이 없다. 또 갹출금과 같은 것도 여하히 소비하였는지 전연 불명하다. 저 서수래(西水來) 사건과 같음도 그 살륙된 것은 실로 우매한 천민뿐이다(중략).

나는 항상 절대로 반대하는 것은 그들의 소위 의병이라고 하는 것이다. 제군은 의병이 감언으로써 제군에게 임하더라도 제군은 그의 속빈 바가 되지 말고 각각 업에 안하여 생을 즐기는 지역에 있을 것을 내가 깊이 제군에게 희망하는 바이다. [255]

나아가 최봉준은 김학만, 차석보, 이영춘(李永春) 등과 협력하여 열심히 의병활동에 반대하였고, 여러 신문에 광고하여 필히 의병의 요구에 응하지 말고 의병파가 잘못된 것이라는 점을 대중에게 널리 알리고자 하였다. 또 의병이라고 칭하는 자가 있으면 즉시 그의 주소, 성명 등을 신문에 광고하여 주민들에게 주의를 주겠다고 하여[256] 최재형의 활동을 크게 제약하였다. 결국 1909년 7월 경 블라디보스토크의 최봉준과 김학만은 최재형과 적대적인 관계에 놓이지 않을 수 없었다.[257]

그러나 사실 최봉준과 같이 사업을 하고 있던 최재형도 국내진공작전이 계속 실패하자 다수의 의병을 중심으로 한 투쟁방략은 무리라고 점차 인식하게 되었다. 자신의 후원자였던 러시아당국도 일본의 압력으로 의병운동의 중지를 협조 요청한 상태였다. 이에 최재형은 전략적으로 무장투쟁보다는 애국계몽운동과 개인을 중심으로 한 의열투쟁으로 노선 전환을 시도한 것으로 보인다. 그 결과 회복될 수 없을 것 같았던 최재형과 최봉준, 두 사람의 관계도 정세 변화에 따라 다시 달라지는 양상을 띠게 된다. 1910년 5월에 들어와 사태가 점차 어려워지자 최재형은 최봉준의 권고를 받아들여 상업에 전념하면서 의병과의 연계를 끊는 모습을 보여주고 있다.[258] 최재형은 전략적으로 연해주 한인들 특히 부유한 원호인(러시아 국적 취득자)들의 의견을 받아들인다. 그것은 당시 러시아 당국의 정책 변화를 엄중하게 고려한 결과이기도 했다.

얼마 후의 일이지만, 일본의 협조 요청을 받은 영국과 미국 정부는 러시아에 외교적 압력을 가해 나갔고, 이미 그 이전에 블라디보스토크의 러시아 당국은 1909년 2월 25일 최재형을 소환하여 의병 세력과 관계를 끊을 것을 요구하였던 것[259] 점 등을 미루어볼 때 최재형이 보인 입장 변화의 이유를 추론해 볼 수 있을 것 같다.

향산동

[더 보기]

◆ 최봉준(崔鳳俊, 1862. 6. 20일(음력)~1917. 9. 25)

러시아에 귀화한 인물로, 이명은 최반수(崔班首)이다. 1862년 6월 20일(음력) 함경북도 경흥군 가난한 집안에서 출생하였다. 1869년 기사년 대흉년 시기에 가난을 이기기 위하여 부모를 따라 연해주 지신허로 이주하였으나, 아버지가 곧 사망하여 집안이 더욱 기울어지게 되었다. 1876년 지신허를 떠나 추풍으로 이동하여 새로운 거처를 마련하고자 하였으나 마적들의 창궐로 정착할 수 없었다. 1880년 두만강 인근 녹둔도 근처 향산동(香山洞)으로 이주하여 개척하는 데 성공하였고, 생활이 점차 안정되자 1883년 21세에 결혼하였다.

결혼 후 새로운 삶을 개척하면서도, 일면으로는 공부에도 정진하여 연추 지역의 대표적인 지식인이 되었다. 1897년 9월 7일자 독립신문, <러시아 해삼위 근처 연추 각 지방이 이십 이사인대>에서, 유진률(俞鎭律)과 함께, "행사가 정직하고 학문이 정밀하여 대접을 높이 받는" 인물로 평가받을 정도의 인물로 성장하였다. 특히 서양 각국의 문명한 학문들을 힘써 공부하는 모습을 보여 주었다. 그리하여 독립신문 1899년 4월 28일자에 <유리한 말>을 기고하고, 조선이 서양과 같은 문명국이 되어야 한다고 하며, 문명개화를 강조하고 있다. 아울러 남녀 구분 없이 어릴 때부터 문명개화한 교육을 시킬 것을 주창하였다. 결국 향산동에서 주민들의 추대로 거류지 민장에 피선되어 여러 해 동안 지도자인 노야(老爺)로서 그 역할을 다하였다.

1895년부터 연추 지역에서 군대 용달업에 3-4년 동안 종사하였다. 1900년 의화단 사건이 발발하자 블라디보스토크로 근거지를 이동하여 군대 용달을 하던 중, 1904년 러일전쟁이 벌어져 군용 공급을 위하여 사업을 크게 확대하였고, 이를 계기로 큰돈을 벌 수 있게 되었다. 전쟁 특수를 통하여 자산가로 성장할 수 있었던 것이다. 특히 러일전쟁 당시에는 생우(生牛)의 수요가 크게 증가하여, 북한 지역의 생우 납품을 통하여 이윤을 보았다.

청일전쟁과 러일전쟁에서 일본이 사용했던 1,400여 톤급 복현환(伏見丸)을 구입하여, 준창호(俊昌號)라고 명명하고, 화물선 및 여객선으로 이용하면서 수입은 더욱 급증하였다. 성진항 각국 거류지에 화물대판매소를 설치하고 상해, 홍콩, 블라디보스토크, 일본 등지와 무역을 하였다. 이에 준창호는 바로 한국인들의 자랑거리였다. 미주에서 발행되는『공립신보』1908년 6월 10일자에서도 <환영 준창호>라는 글을 싣고 있으며,『황성신문』1908년 3월 8일자에서도 <준창환의 환영>이라는 제목하에 논설을 싣기도 하였다. 또한『신한민보』1918년 7월 18일자에 있듯이, 북쪽에서 생산되는 몇 억 마리의 명태를 남쪽 도시에 수송하기도 하였던 것이다.

한편 1905년 을사늑약이 이루어지자 그는 교육활동에 심혈을 기울였다. 대한매일신보 1906년 11월 20일자 잡보 <박문교육(博聞敎育)>에 보면, 성진 신평에서 학교 교장으로 활동하였다. 학교 교육에 대한 관심은 국내에서 그치지 않고 러시아 연해주 지역에서도 이루어졌다. 황성신문 1907년 5월 29일 <해삼위특신계동학교 취지서(海參威特信啓東學校趣旨書)>에, 발기인 겸 서기 등으로 참여하고 있다. 아울러 연해주 이포에 명동학교가 만들어지자, 총감으로서 학교 발전에 기여하고 있다. 해조신문 1908년 3월 24일자 <명동교익진(明東校益進)>에, 해조신문 1908년 4월 18일자 <명동학교>에, 명동학교 교직원들이 고마움을 표하고 있다. 한편 연추 향림동 선흥의숙 설립에도 최재형(崔在亨), 김학만(金學萬) 등과 함께 기여하였다.

『해조신문』창간호(1908년 2월 26일) <발간하는 말>에서, 새 지식과 새 견문을 넓히게 힘쓰기 위하여 신문을 간행함을 밝히고 있다. 아울러 "우리의 문명제도를 본받아가던 일본에게 보호라 하는 더러운 칭호를 받으니"라고 하여 을사늑약에 대하여 강력히 비판하는 목소리를 크게 높이고 있다. 언론 활동의 중요성을 인식하고, 당대 최고의 지성이며 민족주의자인 장지연(張志淵)을『해조신문』의 주필로 초청할 정도로 민족신문의 간행에 열정적이었다. 신문의 국내 보급의 경우 자신 소유인 준창호를 적극 이용하였다. 이것이 오히려 화근이 되어 일제의 압력 등으로 인하여 결국 해조신문은 폐간되었다.

국내와 일본과의 무역은 그의 사업에 있어서 중요한 부분이었다. 1908년 의병들이 국내 진공작전을 전개하자 국내를 상대로 무역업에 종사하던 입장에서 상당한 어려움이 있었다. 그러므로 1908년 12월 상순부터 연추에 와서 최재형, 이범윤 등의 의병활동에 대하여 비난하였다. 이범윤에 대하여는 러시아 관헌에게 호소하는 한편 이범윤을 숙박시킨 연추「고미사리」(役所의 名)의 한국인 통역 모씨를 부당하다고 비난하였다. 1909년 10월 26일 안중근이 의거를 일으키자 의거를 찬양하였고, 안중근 의사의 유족을 후원하였다.

1910년 일제에 의하여 조선이 강점될 위기에 처하자 동지 624명과 함께 성명회(聲明會) 선언서에 서명하였다. 성명회는 1910년 8월 23일 블라디보스토크를 중심으로 한 시베리아 지방의 한인들이 블라디보스토크 신한촌 한인학교에서 한인대회 후 조직되었다.

1910년 일제의 조선 강점 이후 생우 등 무역업은 점차 몰락의 길을 걷게 된다. 중국 본토 산동성과 시베리아 등지에서 생우 및 냉동 소고기가 수입 되는 등 소 수입의 다변화로 수지타산이 맞지 않았기 때문이었다. 결국 1912년 준창호를 팔수 밖에 없는 상황에 놓이게 되었다. 그러나 사업이 실패한 이후에도 한인사회의 발전을 위하여 기부 활동을 전개하였다. 권업신문 1913년 12월 21일자 <본 지회 의연 광고>에 보면, 24원을 기부하고 있다. 또한 권업신문 1914년 1월 18일 <특별 광고>를 보면 최재형 등과 함께 한인노령 이주 50주년의 발기인으로 활동하고 있다. 그리고 권업신문 1914년 2월 8일자 <총회에 참여한 대표원>에 보면, 권업회 연추지회 대표로 활동하고 있다. 권업신문 1914년 2월 15일자 <활자는 샀소>에서 보듯이, 권업신문 활자 구입에 200원을 기부하고 있다.

한편 미주에서 활동하고 있던 안창호와 가깝게 지냈다. 안창호에게 쓴 편지들을 보면, 병중에 있는 안창호에 대한 염려, 안창호의 거처를 알지 못해 편지 한 장 나누지 못한 서운함을 표시하고 있다. 아울러 자신이 국내에 다녀온 사이 자신의 거처를 방문했던 안창호를 만나지 못한 것을 못내 아쉬워하고 있다. 1913년 2월 14일자 편지에서는 원산 등지의 조선 국내 사정과 친 안창호계 인물들인 이강(李剛), 이갑(李甲) 등의 안부를 전해주고 있다. 1917년 러시아 혁명 발발 이후에는 고려족 중앙총회의 임원으로 활동하였다.

신한민보 1918년 7월 18일자 <최봉준 전기>에 따르면, 추풍으로 1917년 봄에 이사하였고, 9월 15일에 이질에 걸려 신음하다가 동월 25일 밤에 사망하였다. 신한민보 1918년 1월 17일 기사에 따르면, 최봉준은 추풍 허커우 정교당에 안장되었다고 한다.

최봉준은 러시아 지역의 대표적인 한인 자산가로서, 러시아 지역 한인사회에서 여러 분야의 대표적 지도자로서 큰 영향을 끼친 인물로서 역사적으로 중요하다. 특히 구한말 최재형이 연추 지역을 대표한다면, 최봉준은 블라디보스토크를 대표하는 자산가였고, 전자가 무장투쟁을 대표하는 인물이었다면, 최봉준은 『해조신문』 간행 등 계몽운동을 대표하는 인물로서 평가되었다. 비록 최봉준은 민족운동가라고 보기 보다는 상인이었지만, 1910년 일제에 의하여 조선이 강점될 위기에 처하자 성명회 선언서에 서명하기도 하여 민족운동가로서의 면모도 일부 보여주고 있다.

<참고문헌>
1. 『해조신문』 1908년 3월 27일자 < 本 社主 崔鳳俊(최봉준) 公 歷史論評(본 사주 최봉준 공 역사논평) (속); 『한인신보』 1917년 9월 30일자 <최봉준씨의 별세>; 『신한민보』 1917년 11월 1일자 <백만동포의 슬픔, 원동의 큰 사람 최봉준씨가 장서>; 片雲生, 「窮北開發의 典型的 奇男子 崔鳳俊先生의 略歷」, 『靑春』 10, 新文館, 1919년 4월.
2. 박환, 『근대해양인, 최봉준』, 민속원, 2017.

2) 연해주 계몽운동과 한글신문

구한말 국내에서는 일제의 조선 침략이 더욱 노골화되고, 러시아에서는 한인들에 대한 배척이 더욱 심화되던 시기에 러시아에 거주하고 있던 동포들에 의하여 구국운동의 일환으로 신문이 간행되기 시작하였다. 1908년 2월 26일에 간행된 『해조신문』은 그 첫걸음이었다. 이 신문은 러시아에 거주하던 한국인들이 만든 최초의 신문으로, 1908년 2월 26일부터 동년 5월 26일까지 3개월 동안 총 75호가 간행되었다. 최봉준은 사장이고, 장지연 등이 주필이었다. 비록 짧은 기간 동안 발행된 신문이기는 하지만 해조신문은 재러한인의 민족운동 발전에 일익을 담당하였다. 뿐만 아니라 국내에도 전달되어 동포들의 민족의식을 고양시키는 데에도 큰 기여를 하였다. 이는 황성신문 1908년 4월 9일자 논설 「讀海朝新聞」에,

此一幅 신문지는 즉우리 해외동포의 애국열혈이오 자유경종이니 孰不愛之寶之며 誦之傳之哉아

라고 하여, 국내동포들에게 해조신문을 읽을 것을 권유하고 있음을 통해서도 알 수 있다. 해조신문은 이처럼 국내동포들에게도 자유사상과 독립정신을 환기시키고자 하였기 때문에 국내에서 발매가 금지되기도 하였다.

해조신문은 한글로 발행되었다. 그것은 러시아에 거주하고 있는 한인들이 대부분 무지한 빈농 또는 노동자들이었기 때문이었을 것이다.[260] 그리고 일요일과 부활절 다음날만을 제외하고는 매일 간행되는 일간 신문이었다.[261] 그 이유는 당시 러시아의 국교가 러시아정교였기 때문일 것이다.[262]

해조신문의 체제는 논설·잡보·외보·전보·기서·소설·만필·본항정보·광고·별보 등으로 이루어져 있다. 논설에서는 주로 러시아지역에 거주하고 있는 한인들에 대한 계몽적인 글을 게재하고 있다. 아울러 국내의 정치 상황에 대한 평론도 싣고 있다. 잡보의 주요 내용은 조선 국내의 사정을 전하는 본국통신이다. 중앙의 정치 상

황, 지방관의 활동, 그리고 일제의 만행과 의병의 활동상을 주로 다루고 있다.[263]

외보와 전보는 외국에서 있었던 일들을 보도하고 있다. 그러나 해조신문에서는 직접 외국에 통신원을 두고 있지는 못하였던 것 같다. 따라서 대부분 국내에서 발행되는 신문의 기사 내용, 미주에서 간행되는 공립신보, 일본에서 간행되는 신문, 러시아에서 간행되는 신문의 내용을 인용 보도하고 있다. 기서는 블라지보스또크나 북한지역에 살고 있는 지식인들에 의해 주로 작성되었다. 주요 내용은 국권의 회복에 관한 것이며,[264] 그 밖에 소설·만필·광고 그리고 별보 등이 있었다.[265]

그러나 이 신문은 일제의 회유와 간섭, 러시아 측의 압력, 한국인들 사이의 갈등 등이 복합적으로 작용하여 동년 5월 26일 폐간되고 말았다.

러시아 지역에 거주하는 동포들은 이에 굴하지 않고 다시 신문 간행을 추진하였다. 그 결과 1908년 11월 18일 러시아 연해주 블라디보스토크에서 『대동공보』의 창간호를 발행하기에 이르렀다.[266] 이와 같은 대동공보는 러시아에 거주하고 있는 한인들에게 항일의식을 고취하고자 노력하였다. 대동공보는 이처럼 항일적인 신문이었으므로 일제는 1909년과 1910년 동안 총 88회에 걸쳐 이를 압수하였다. 특히 1909년에는 57회에 걸쳐 2,235부가 압수되어 [267] 국외에서 간행된 신문 중 가장 자주 압수당한 신문이 되었다. 이와 같이 대동공보는 1908년 11월 창간된 이후 1910년 9월 1일 폐간될 때까지 국내외의 동포들에게 항일의식을 심어준 대표적인 민족지의 하나였다.

3) 대동공보 사장 취임과 항일의식 고양

『해조신문』이 1908년 5월 26일에 75호로 폐간되자, 러시아 지역에서 활동하던 유진률(兪鎭律), 차석보(車錫輔), 문창범(文昌範) 등은 신문 재간을 위하여 노력하였으며,[268] 특히 유진률은 1908년 5월 28일자로 연해주 군지사에게 『대동공보(大東

公報)』의 간행을 허락해 줄 것을 청원하였다.

그 결과 신문 간행이 허가되자 1908년 8월 15일(러시아력)에 제1차 발기인 총회를 개최하였고,[269] 그 회의에서 유진률, 차석보, 문창범 등 35인이 발기하여 신문을 간행하기로 결정하였다.[270] 이에 해조신문 사장이었던 최봉준으로부터 인쇄기, 활자 등 신문 간행에 필요한 제반 기계를 구입하기 위하여 자본금을 모으기로 하였다. 이러한 준비 과정을 거쳐 9월 1일에 창간호를 간행하고자 하였으나 자금이 여의치 않아 지연되던 중 발기인 가운데 1인인 차석보의 담보로 최봉준으로부터 인쇄시설 등을 구입하여[271] 마침내 1908년 11월 18일 그 창간호를 간행하기에 이르렀다.[272]

대동공보의 창간 취지는 지식 개발 등을 통한 국권 회복이었다. 신문사가 창립되자 대동공보사에서는 신문사의 주요 간부를 임명하였다. 사장에는 활자 및 기계 구입에 노력한 차석보가, 발행인 겸 편집인은 유진률이, 주필은 윤필봉(尹弼鳳)이, 회계는 이춘식(李春植)이, 지방계는 박형류(朴馨柳), 기자는 이강(李剛), 발행 명의인은 러시아인 미하일로프(K. M. Михайлов)가 각각 담당하였다.[273]

대동공보의 구성은 논설, 전보, 외보, 제국통신, 잡보, 비유소설, 광고, 특별광고, 잡동산, 별보, 기서 등으로 이루어져 있었다. 이 가운데 제국통신은 국내의 소식을 전하는 난으로서 일제에 대한 비판 기사도 상당량 싣고 있었다. 잡보에서는 재러 한인사회의 동정과 러시아 총독의 동정 등에 대해 관심을 갖고 다뤘으며, 기서는 러시아에 거주하고 있는 동포 지도자들에 의해 주로 작성되었다.

대동공보는 1908년 11월 18일 창간 이후 재정적인 어려움에도 불구하고 꾸준히 간행되었으나 여러 번 우여곡절을 거치면서 정간되는 사태가 벌어지기도 했다. 특히 1909년 1월 20일부터 신문 발행이 중지되어 시일이 경과하자[274] 최재형은 유진률, 이상운, 박인협, 차석보, 고상준 등과 함께 1909년 1월 31일 특별 고주회(雇主會)를 개최하였다. 이 회의에서 참석한 70여 명의 고주들은 대동공보를 다시 발간하기로 결정하고 앞으로 행할 일을 다음과 같이 공포하였다.

1. 본사에서 새로 선정한 임원은 사장에 최재형, 부사장에 이상운, 발행인에 유진률, 총무에 박인협, 재무에 이상운

1. 본사에서 고금을 거두는 데 편의함을 위하여 매달 5원씩 나누어 받되 매달 초 일일에 받게 한다.

1. 본사에서는 주필 미하일로프 씨의 성의를 치하하기 위하여 본사 사장 이하 각 임원과 고주들이 모여 연회를 열고 씨를 청하여 치하하는 글을 써주다. 주필 미하일로프가 재정난을 알고 월급 100원을 받지 않고 명예로 시무

1. 본사에서 신문 기계와 잡물을 매입하였는데 기금은 차석보에게 대용하고 매달 백 원씩 감보하기로 한다.[275] (맞춤법--필자)

그리고 1909년 3월 3일부터 신문을 재간하였다. 이후 대동공보의 내용은 그 이전보다 항일적인 성격을 더욱 강하게 띠게 되었는데 이는 최재형이 사장에 취임한 것과 무관치 않은 것으로 보인다.

대동공보는 최재형의 사장 취임 이후 본격적으로 의병 관련 기사들을 다루기 시작했다. 1909년 3월 10일자 제국통신란에 <義徒襲日>, <全北快戰> 등 국내 의병 기사를 싣고 있을 뿐만 아니라, 3면에 의병소식란을 따로 만들어 <破殺日兵>, <哀哉慘命>, <松亭一戰>, <義兵連戰> 등의 기사를 싣고 있다.

3월 14일자에서는 3면의 6분의 5를 의병소식란에 할애할 정도로 국내의 의병 활동에 깊은 관심을 보였다. 여기에서는 1908년 1년 동안 각처에서 활동한 의병의 수효와 일병과의 접전 회수, 의병 사망자 수와 포로 수, 일본군 사상자 수, 빼앗긴 총의 수효 등에 대한 조사 내용을 게재하였다. 또한 1909년 3월 21일자에서는 <戰事追錄>란을 새로이 설정하여 이형기, 권찬규 의병의 전사를 3면 반면에 걸쳐 수록하고 있었다. 의병소식은 그 후 1910년 8월 14일까지 꾸준히 신문에 게재되었다.

한편 대동공보에서는 국내 의병뿐만 아니라 간도 지역에서의 의병활동도 취급하여 1909년 6월 6일자 제국통신 <의병소식 一束>에 게재하였다. 1909년 4월 28일 잡

보에서는 <義兵驚動日本>이라는 제목 아래 대만에서 원주민들이 일본에 항거하는 기사도 싣고 있었다.

이처럼 대동공보는 의병활동의 근황을 가능한 한 상세히 동포들에게 알림과 동시에 국내외 관련 기사들도 취급하면서, 무장투쟁의 정당성과 시급성, 그리고 우리 민족의 힘에 의한 독립전쟁론에 힘을 싣는 데 시사점을 두었다고 여겨진다.

제3장

안중근 의거의
막후 후원자

1. 최재형과 안중근

　최재형은 안중근의거를 가능하게 한 사실상의 후원자라고 할 수 있다. 윤봉길 의거의 배후에 김구가 있는 것과 마찬가지인 것이다. 안중근은 연추에서 최재형이 주도한 동의회의 발기회에 참여하였다. 안중근 등 동의회 발기인들은 1908년 4월 연추 얀치혜 최재형 집에서 회의를 개최하고, 동의회를 조직할 것을 결의하였다. 그리고 이어서 그들은 수백명이 참석한 가운데 총회를 개최하고, 총장, 부총장, 회장, 부회장, 기타 임원의 선거를 시행하였다. 회장 이하임원의 선거를 행한 결과 총장에 최재형이 선출되었고, 안중근은 평의원에 선출되었다.

　1908년 7월 7일 안중근은 최재형이 이끄는 동의회와 이범윤이 이끄는 창의회 등 동지 300여명과 함께 우영장(右令將)으로서 포병사령관 정경무, 좌영장 엄인섭 등과 함께 두만강 연안 신아산 부근 홍의동을 공격하였다. 그리고 경흥군 수비대 병사 2명과 헌병 1명을 사살하였다. 이처럼 활발한 활동을 전개하던 안중근 등 연해주 동의회 의병은 1908년 7월 19일 회령 영산에서 일본군에게 패배하고 말았다.

　최재형은 재러한인 중 대표적인 자산가였다. 그는 각종의 사업에 종사해서 그 재산을 점차 증대시켰다. 최재형은 많은 자산이 소유자였으므로 동의회의 조직과 운영, 활동에 드는 비용 대부분을 지출하였을 것으로 생각된다. 또한 국경을 넘어 러시아로 이동하는 대부분의 항일운동가 역시 거의 모두 최재형의 신세를 졌던 것이

이등박문

대동공보

개척리

개척리

다. 여기서 물론 안중근도 예외일수 없다. 안중
근 역시 최재형의 재정적인 후원을 받을 수 있는
연추 지역을 중심으로 거주하였으며, 활동하였
던 것이다. 그러나 안중근의 국내진공작전 실패
이후 최재형의 안중근에 대한 후원도 점차 줄어
들게 되었다.

안중근 의사의 이등박문 처단은 최재형과 밀
접한 관련하에 이루어졌다. 안중근은 앞서 언급
한 바와 같이 최재형이 의병운동을 위하여 조직
하여 회장으로 있던 동의회의 일원이었다. 그의

대동공보 주필 이강

거사 계획과 실행을 위한 연구와 훈련은 최재형과 밀접한 관련을 맺고 있다. 안중근
의거는 그가 회장으로 있는 동의회와 사장으로 있는 대동공보와 밀접한 관련이 있
는 것으로 판단되기 때문이다. 최재형과 안중근의 연계는 안중근과 함께 활동했던
우덕순, 안중근과 의형제였던 대동공보의 주필 이강, 최재형의 딸 올가, 러시아지역
대표적 항일운동가 이인섭의 기록 등에서 확인할 수 있다.

최재형은 안중근이 의거를 위하여 연추를 출발할 때 일정한 자금을 제공하였다.
그리고 그의 의거 성공 소식을 듣고 안중근의 장거는 국가 1등공신이라고 하며 축
하하였다. 또한 금 400루불을 대동공보사에 보내 그의 의거를 찬양하였다.

하얼빈 의거 직후 일본 당국이 최재형을 하얼빈 의거의 연루 혐의자로 지목한 37
명 가운데 첫 번째 인물로 지목한 것은 우연이 아니다. 안중근이 하얼빈 의거 공판
투쟁에서 방어하고 숨기고자 했던 여러 사실 가운데 최재형과의 관계가 그 하나였
다. 안중근은 우덕순과의 공모 사실이나 1908년 여름 동의회 의병의 국내 진공 참
여 사실, 그리고 단지동맹의 결성 사실 등은 일본 당국자들의 집요한 추적에 밀려
방어하는 데 실패했지만, 대동공보 관계자들의 관여 사실(유진율, 이강의 자금, 총

기 제공 문제)이나 최재형과의 관계를 숨기는 데는 성공하였다.

안중근이 1910년 2월 7일에 열린 제1회 공개 공판정에 '팔도(八道) 의병 총독(總督)'으로서 김두성이란 인물을 내세운 것 역시 한편으로는 자신의 공판투쟁 전략에 따른 것이었다. 이와 아울러 이 전략은 최재형을 보호하고 그와 관련된 사실들을 숨기고자 했던 것이라 판단된다. 즉, 안중근은 '팔도 의병총독 김두성'을 매개로 하여 자신을 의병세력의 전국적 조직에 연결시켜 참모중장으로서의 위상을 내세우려 했고, 그 귀결로서 국제법에 의한 '전쟁포로'로서 대우해줄 것을 요구하고자 했던 것이다. 대표성이나 권위에 있어 연해주의 일개 의병 조직에 불과했던 동의회 조직은 안중근의 공판투쟁 전략에는 부합할 수 없었다. 또한 제3자가 볼 때에 동의회 총장이었던 최재형은 러시아 국적을 가진 '외국인'으로서 전체 한국민을 대표하기에는 부족하다고 판단했을 것이다.[276]

2. 안중근 의거와 대동공보

1) 대동공보의 인물들과 안중근의 관계

안중근은[277] 러시아 지역에서 의병활동을 전개한 인물로서[278] 대동공보사 사장 최재형이 회장이었던 동의회(同義會) 구성원 중 하나였다.[279] 최재형이 동의회에서 의병활동을 적극 지원하던 1908년 당시 안중근은 의병 부대를 이끌고 두만강을 건너 국내 진공작전에 참여하여 일본 군대과 전투를 벌이다가 중과부적으로 퇴각한 일이 있었다.

안중근의사 단지동맹비

　그 후 안중근은 1909년 3월 연추 근치에서 뜻 있는 동지들을 모아 왼손 약지를 잘
라 혈서로 맹세한 소위 '단지동맹(斷指同盟)'을 결성하여 조선 독립을 위해 목숨을
바치겠다는 결사단을 구성했다. 독립운동가 이인섭은 안중근이 단지동맹을 결성한
장소가 바로 "최재형의 창고"였다고 후일 회고하고 있다. 단지동맹의 본래 명칭이
'동의단지회(同義斷指會)'인 점에서 추론되듯이 동의회의 본래 취지를 이어받고 있
음을 알 수 있다.

　이렇게 때를 기다리고 있던 안중근에게 이등박문의 만주와 블라디보스토크 방
문 예정 소식은 하늘이 준 기회가 되었다. 연해주의 애국지사와 청년들이 모여 있던
대동공보의 인사들 역시 이 기회를 놓치지 않기 위해 머리를 맞댔다. 그 결과 거사
계획이 구체화되었다. 이등박문 암살 모의를 위한 조직은 1909년 10월 10일 대동공
보사의 유진률, 정재관, 이강, 윤일병, 정순만, 우덕순(禹德淳) 등이 모인 가운데 대

안중근 단지 혈서 엽서

동공보사 사무실에서 이루어진 것[280]으로 알려지고 있다.

이등박문 암살 모의가 대동공보사에서 진행되었다는 점은 안중근과 대동공보 사이의 연관성에서 주목되는 사실이다. 당시 안중근은 대동공보의 탐방원이자 중간판매원으로 최재형이 머물던 연추에 있었다. 안중근과 가까운 동료들 또한 대동공보사에서 일하고 있었는데, 특히 주필인 이강은 안중근과 의형제라는 설이 있을 정도였다.[281] 또한 안중근과 함께 의거에 직접 동참한 우덕순, 조도선(曺道先) 등도 모두 대동공보와 직접 관련 있는 인물들이었다.[282]

이등박문의 만주 방문 예정 소식이 알려진 뒤 어느 날 대동공보사의 발행인인 유진률과 주필인 이강이 회계 담당을 맡고 있던 우덕순을 찾아와 "이번의 좋은 기회를 어찌해야 하냐"고 물었고, 이에 우덕순은 "안중근과 상의하겠다"며 연추의 최재형 집에 머물던 안중근에게 전보를 보내 블라디보스토크로 불러낸다. 이 만남을 통해 이등박문 제거 계획은 구체적인 실행계획으로 현실화되었던 것으로 추정된다.

그 후 안중근은 하얼빈으로 떠나기 전까지 최재형 집에 머물면서 후원과 보호를 받고 있었던 것으로 보인다. 거기에서 안중근은 거사를 반드시 성공시키기 위해 벽

하얼빈역

에 세 개의 표적을 그려놓고 맹렬히 사격연습을 하였다. 의병활동 당시에도 함경도의 명포수로 이름을 날리고 있던 안중근이었지만, 이번 거사는 결코 실패해서는 안될 중대한 의미를 갖는 일이었다. 이 내용은 후일 최재형의 딸의 회고에 그대로 남아 있다.

안중근은 거사 실행을 위해 연추를 떠나 하얼빈에 도착한 뒤 대동공보사의 주필인 이강에게 편지를 보내 "이 큰일의 성공 여부는 하늘에 달려 있으나, 동포의 기도에 힘입어 성공하게 되기를 간절히 바란다"며 구체적인 계획과 아울러 현지에서 빌린 돈에 대한 뒤처리를 부탁한다는 말을 남겼다. 그 후의 경과는 우리에게 잘 알려진 바와 같다.

이토 히로부미가 정차할 것으로 예상되는 동선에 따라 암살계획은 두 단계로 치밀하게 준비되었다. 우덕순(禹德淳)과 조도선(曺道先), 유동하(劉東夏) 3인은 채가구역(蔡家溝驛)에서, 안중근은 하얼빈역에서 각기 기다리며, 이토가 타고 있는 특별열차를 기다렸다. 그런데 이토가 탄 특별열차가 채가구역에 정차하지 않고 통과

하얼빈역 플랫폼

하여 하얼빈역에 도착함으로써 채가구역에서의 거사는 무산되었으나, 하얼빈역에 하차한 이토 히로부미는 마침내 안중근에 의해 처단되었다.

　조선 침탈의 원흉 중의 하나인 일본 군벌의 시조이자 실세인 이토 히로부미의 암살은 국내외 조선인은 물론 만주와 연해주 일대에 커다란 충격이자 자극이었다. 이 거사는 연해주 일대 항일지사들, 특히 대동공보 인사들의 계획과 안중근 등의 실행 의지가 결합되어 만들어진 쾌거였다. 그리고 그 배후에는 최재형이라는 큰 인물이 자리 잡고 있었다.

2) 의거에 대한 집중 보도와 민족의 분발 촉구

　이토 히로부미 저격 사건에는 주인공인 안중근은 물론 대동공보의 여러 인사들이 사전에 대거 관련되어 있었다. 때문에 대동공보의 인사들은 거사의 성공 소식을 맘 졸이며 기다렸고, 소식이 전해지자 이를 신속히 대서특필했다. 또한 안중근이 체포된 뒤에는 대동공보 주필을 역임한 친한 인사 미하일로프를 변호사로 삼아 안중근이 수감된 여순에 파견했다.[283] 당시 국내에서는 안중근의 거사에 대한 소식이 한동안 알려지지 않았던 반면, 대동공보에서는 이를 신속 정확히 보도함으로써 사건의 사실 관계를 내외에 널리 알렸다.

안중근 의거가 대동공보에 처음 게재된 것은 사건 발생 이틀 후인 1909년 10월 28일이었다. 대동공보에서는 하얼빈에서 간행되는 원변보를 인용하여 별보에서 <日人 伊藤이가 韓人의 銃을 마자>라는 제목하에 1호 활자 크기로 1면에 다음과 같이 보도하였다.

> 할빈 소식을 접ᄒᆞᆫ즉 일본에 정치가로 유명ᄒᆞᆫ 이등이 아라스 탁지대신 쏘쏘체프씨와 서로 만나기 위ᄒᆞ야 할빈으로 오난 길에 마참 뎡거장에 닉일 씨에 ᄒᆞᆫ 한국사롬 ᄒᆞ나이 이등을 향ᄒᆞ야 총으로 쏘아 중상ᄒᆞᆫ고로 이등이ᄂᆞᆫ 화차롤 타고 관청직로 돌아가고 발총ᄒᆞᆫ 한인은 붓잡혓다더라.

이어서 대동공보에서는 1909년 10월 31일자, 11월 1일자 <별보>에 <伊藤公爵被殺後聞>, <詳記伊藤被殺後聞>이라는 제목하에 원변보 기사를 인용하여 사건 정황에 대해 상세히 보도하고 있다. 특히 앞의 기사에서는 암살자를 의사(義士)라고 불러 일제의 주목을 받았다.[284]

아울러 대동공보는 1909년 11월 18일자 외보 <의사의 素性>이라는 기사에서부터 1910년 5월 12일자 제국통신의 안중근 사형 광경 보도에 이르기까지, 즉 체포 시부터 사형에 이르기까지 안중근의 동향과 재판 과정, 신문 과정 등에 대하여 소상히 보도하고 있다.

안중근의 이토 히로부미 저격은 재러 동포들에게 민족의식 고취라는 측면에서 매우 큰 영향을 주었다. 안중근 의거를 계기로 대동공보사 및 러시아 각 지역의 재러 한인사회에서는 여러 형태의 안의사 추도회를 개최하였다.[285] 또한 연해주 지역에서는 최봉준, 김병학(金秉學), 김학만(金學滿), 유진률 등에 의하여 안응칠 유족 구제회가 결성되었다.[286]

대동공보는 1909년 12월 2일자 <博浪一椎가 喚起半島英雄>이라는 논설에서 안중근의 의거를 칭송하였다. 뿐만 아니라 중국 또는 해외 중국인들이 간행하는 신문에 실린 안의사의 의거를 찬양하는 논설을 대동공보에 전재(轉載)하기도 했다.

예를 들어 1909년 12월 12일자 대동공보에서는 1면과 2면을 완전히 여기에 할애하였다. 1면에서는 <快哉一擊高麗尙有人也>라는 청국의 대동일보 논설을, 2면에서는 미국 샌프란시스코에서 청국인이 경영하는 세계일보의 논설 <韓人其不亡矣>와 청인의 중서일보 논설 <論伊藤之被暗殺>을 각각 번역 게재하였다. 그리고 대동공보에서는 1910년 1월 2일에 논설 <高麗不亡矣>를 실었는데, 이 논설은 하와이 호놀룰루에서 중국인이 발행하는 자유신보 1909년 12월 27일에 실린 내용을 번역 게재한 것이었다.

3. 최재형의 안중근 의거 후원 관련 기록들

1) 의병장 유인석의 회고와 안중근이 이강에게 보낸 편지

1908년 여름 연해주 의병을 추진한 동의회 총장 최재형은 1908년 가을 이후 기존과는 달리 의병운동을 반대하는 입장에 있었고, 동의회 부총장 이범윤은 러시아 당국의 체포 위협으로 의병을 일으킬 수 없는 진퇴양난의 어려운 상황에 처해 있었다.

또 다른 의병 지도자 홍범도 역시 1908년 7월 이후 러시아 추풍 지역에 은신하며 체류하고 있다가 1909년에 이르러 다시 재기를 모색했으나 실패한 상태에 있었다.

1908년 동의회 의병의 국내 진공작전을 지원했던 최재형이 협조를 거부하게 되면서, 의병 재봉기 계획이 중도 좌절되어 그 실현 가능성이 희박하게 되었다. 상황이 이렇게 되면서 안중근은 일본과 싸울 수 있는 새로운 기회를 학수고대했다. 국내에서 의병활동을 하다가 연해주로 옮겨왔던 한말 의병장 유인석은 말하기를 "안중근이 일찌기 도헌[都憲-최재형] 휘하의 병사가 되어 도헌의 집에 머물면서 늘 다시 거의(擧義)하여 원수를 갚고 나라를 되찾을 것을 의논하였다"고 회고하고 있다. 단지동맹의 결성도, 하얼빈의거도 이러한 맥락에서 이루어졌을 것이다.

또한 안중근은 동지들의 의견을 구하고자 블라디보스토크로 갔다. 블라디보스토크에 도착한 안중근은 이토의 만주 방문이라는 새로운 소식에 접하고 이토 히로부미 처단에 나서기로 결심했다. 당시 상황을 안중근은 자서전에서 다음과 같이 언급하고 있다.

> 블라디보스토크에 이르러 들으니 이토 히로부미가 얼마 안 있어 이곳에 올 것이라는 소문이 자자했다. 그래서 자세한 내용을 알고 싶어 신문을 여러 개 사보았다. 과연 그가 며칠 후 하얼빈에 도착하기로 돼 있다는 것이 틀림없는 사실이었고, 의심의 여지가 없었다. 나는 남몰래 기뻤다. "몇 년 동안 소원하던 목적을 이제야 이루게 되었구나! 늙은 도둑이 내 손에서 끝나는구나!(안응칠 역사)

거사 자금 마련과 관련하여 안중근은 자서전에서 이에 대해 간단히 언급하며 진실을 숨기고자 하였다. 안중근은 곧 "일어나 떠나고도 싶건마는 운동비를 마련할 길이 없어 이리저리 궁리하다가" 이석산(이진룡李鎭龍- 필자주)을 찾아가 운동자금을 마련했다는 것이다. 그러나 이석산의 자금만으로는 부족했던 것 같다. 하얼빈

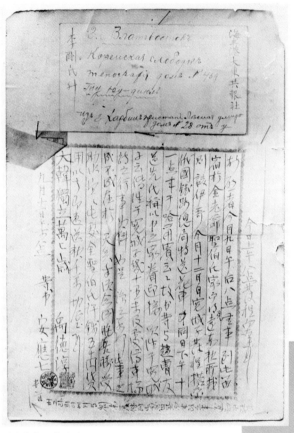

이강에게 보낸 엽서

유인석 영정

에 도착한 안중근은 블라디보스토크의 대동공보 주필 이강에게 현지에서 추진되고 있던 거사계획과 자금조달에 관한 편지를 쓰고 우덕순과 연서(連署)하고 있는 것을 통해 이를 짐작해 볼 수 있다.

안녕하시옵니까. 이달 9일(양력 10월 22일) 오후 8시 이곳에 도착하여 김성백 씨 댁에 머무르고 있습니다. 『원동보』에서 보니, 이토는 이달 12일(양력 10월 25일)러시아 철도총국에서 특별히 배려한 특별열차에 탑승하여 이날 오후 11시쯤에 하얼빈에 도착할 것 같습니다. 우리는 조도선 씨와 함께 저의 가족들을 맞아 관성자에 가는 길이라 말하고 관성자에서 거의 십여 리 떨어진 정거장에서 때를 기다려 그곳에서 일을 결행할 생각이오니 그리 아시기 바랍니다. 이 큰일의 성공 여부는 하늘에 달려 있으나, 동포의 기도에 힘입어 성공하게 되기를 간절히 바랍니다. 그리고 이곳의 김성백 씨에게서 돈 50원을 차용하니, 속히 갚아주시기를 천만 번 부탁드립니다.

대한독립만세

9월 11일(양력 10월 24일) 오전 8시

우덕순 인

아우 안중근 인

블라디보스토크 대동공보사 이강 前

오늘 아침 8시에 출발하여 남쪽으로 갑니다.

추신: 포그라니치나야에서 유동하와 함께 이곳에 도착했으니 앞으로의 일은 본사로 통보할 것입니다.

안중근이 이강에게 김성백에게 차용한 50원을 갚아 줄 것을 원하는 이 편지는 사실상 최재형에게 보낸 것이라고 보아야 할 것이다. 당시 대동공보사의 사장이며 재력가는 최재형이었기 때문이다.

2) 동지 우덕순과 공산주의자 이인섭의 회고

안중근 의거의 거사 자금과 관련해서는 최재형이 주목된다.[287] 우덕순에 의하면 "연추라는 곳에는 아마 조선인 중에 제일 유력한 최재형이라는 사람이 잇서 우리 일을 만히 돌보아 주엇는데 안중근은 그때 거기 가서 잇다가 전보를 밧고 8일 저녁 에" 해삼위로 왔다고 했다. 최재형이 동지들의 일을 많이 돌보아주고 있었다는 것이 다. 즉, 우덕순은 최재형이 안중근을 꾸준히 후원한 인물로 회고하고 있다. 다음에 언급하는 우덕순 회고담에서 이를 확인 할 수 있다.

이듬해 봄에 나는 원산으로 해서 다시 해삼위로 들어가 안중근을 비롯하야 여러 동지들을 맛나 보앗습니다. 나는 대동공보 회계주임으로 사무를 보고 잇섯고 안중근 씨는 여전히 각지 동포를 역방하며 애국사상을 환기하기에 분주하엿습니다.

이등의 도만소식(渡滿消息)

그 해 음월초생에 하르빈서 발행되는 원동보(遠東報)를 보니 9월 중순 쯤 이등박문이 도만하 야 하얼빈서 노국대장(露國大藏) 대신과 회견하고 귀로에는 해삼위를 경유하야 일본으로 돌아 가리라는 소식이 게재되어 잇더군요. 이것을 본 당지 조선인 청년들은 한편으로 권총을 준비하 면서 속으로 동요되기 시작하므로 우리가 그것을 엄금(嚴禁)하엿지오. 공연히 한번만 수상(殊 常)하게 보이면 정작 일 할 때는 발도 붓칠 수 업게 되겟던군요.

어느 날 밤이 좀 깁허진 다음에 대동공보 편집국장 유진율 씨와 동 주필 이강 씨가 나를 차저왓 습네. 그때 유지들의 제일 집회소는 우리 집이고 제집회소는 안중근의 처소엿지오. 밤이 깁허 마을꾼이 다 간 다음에 유(俞)와 이(李)가 차저와 이번 조흔 기회에 어찌하면 조흐냐고 의론을 내놋습데다.

"나는 동지를 기다리네" "누구 안(安)?" "그러치 그 사람하고 의론해 보겟네" "그럼 얼는 안(安) 을 불르게" "걱정들 말고 가만히들 잇기만 하게 우리들이 하여 볼러 허니." 이러케 대강 말하고 훗허젓습니다.

거기서 한 6,7백리 떨어져 잇는 연추(煙秋)라는 곳에는 아마 조선인 중에 제일 유력한 최재형(崔載亨)이라는 사람이 잇서 우리 일을 만히 돌보아 주엇는데 안중근은 그때 거기 가서 잇다가 전보(電報)를 밧고 8일 저녁에 (하략)

한편 좀 후기의 기록이긴 하지만, 러시아에서 항일투쟁을 전개했던 이인섭은 1960년에 작성한 그의 글 <저명한 애국자들인 최재형, 김이직, 엄주필 동지들을 추억하면서>에서 안중근 의거를 실질적으로 후원한 인물이 최재형임을 다음과 같이 보다 명확히 밝히고 있다.

1904~1905년 러일전쟁(1904) 후 1905~1907년 러시아 제1차 혁명 영향으로 원동에 거주하던 조선 노력자들 가운데는 조선에 침입하는 일본 군국주의를 반항하여 의병운동이 일어났다. 이때 의병운동에 최재형은 조직 지도자로서 의병대를 조직하고 무기를 준비하는 데 열성으로 참가하였다. 당시 연해 변강에서 조직된 조선 의병들은 두만강을 건너서 조선 땅에 나가서 왜적들에게 반항하여서 1909~1910년까지 전투를 계속하였다. 동시에 함경북도 회령에 살던 유지인 애국자 허영장(허재욱) 대장은 간도 방면에서 의병을 발기 조직하여 최재형 선진과 연계를 가지고서 계속 투쟁하여 최재형 허영장은 지금까지 조선 노력 군중에게 전설적 의병대 조직 지도의 선진자로 된다.

최재형 선진께서는 단지 의병운동만 지도하였던 것이 아니라 다른 방면으로도 일본 침략자들을 살해하거나 박멸한다면 모두 실행하였다. 예하면 그 집 창고에서 8인 단지동맹을 하고서 떠난 안중근 의사는 합이빈(하얼빈) 정거장에서 일본 군벌의 시조인 이등박문(이토 히로부미)을 총살하여서 세계 안목을 놀라게 하였다. 이 사변에 대한 재정 권총 기타가 모두 최재형의 재정이었다. 그 집에 몇 해를 두고 수많은 애국자들이 실행하는 경비는 모두 그가 지불한 것이었다.

즉 이인섭은 "안중근 의사는 합이빈(하얼빈) 정거장에서 일본 군벌의 시조인 이등박문(이토 히로부미)을 총살하여서 세계 안목을 놀라게 하였다. 이 사변에 대한 재정 권총 기타가 모두 최재형의 재정이었다."고 주장하고 있는 것이다. 이는 당시 독립운동계의 일반적인 사실이 아닌가 판단된다.

3) 딸 최 올가가 기억하는 안중근과 그의 가족

최재형의 5녀 최 올가도 그의 자서선 <나의 삶>에서 안중근의사가 자신의 집에서 사격연습을 했음을 증언하고 있다. 즉, 최재형의 5녀 최 올가 페트로브나가 회고한 바에 따르면, 안중근이 하얼빈으로 떠나기 전 노보키예프스키의 최재형 집에서 거주하고 있으면서 '의거 사건'을 준비하였다. 최 올가는 "노보키예프스크 우리 집에 안응칠이 살았는데, 안인사인가 또 다르게 불렀다. 그는 의거를 준비하였다. 벽에 세 사람을 그려놓고 이들을 사격하는 연습을 했다. 우리는 언제인가 언니 소냐와 함께 마당에서 놀면서 이 광경을 보았다. 안응칠이는 하얼빈으로 떠나갔다"고 회상했다. 아래는 최 올가의 회고 내용이다.

> 한인 애국자로서 최 표트르 세묘노비치(최재형)는 일본 점령군들에 대항한 투쟁에 열렬히 참여했다. 1906년 그는 한인 민족해방운동을 이끌었다. 그는 항상 빨치산 부대나 한인 민족혁명가들과 연계되어 있었다. 그들은, 만일 일본 장군 중의 누군가를 살해한다면, 이는 한인의 민족해방운동을 이롭게 하는 일이 될 것이라고 생각했다.
>
> 우리가 살고 있던 노보키예프스크에 어느 때인가 안인칠(안응칠, 안중근-Ан Ин Чир, Ан Тюн Гун)이 살았는데, 사람들은 그를 안인사라고 불렀다. 그는 의거를 준비하고 있었다. 그는 벽에 3명의 인물을 그렸고, 그들을 향해 사격연습을 했다. 나는 언젠가 소냐(4녀, С.П.Цой) 언니와 함께 마당에서 놀고 있었는데, 그때 이 모습을 우연히 보게 되었다. 안응칠은 하얼빈으로 들어갔고, 그곳에서 일본군 책임자를 살해했으며, 거사 후 현장에서 체포되었다. 그의 아이들과 두 명의 아내가 남게 되었다. 그들은 우리 집을 알고 있었는데, 종종 우리 집을 왕래했다. 엄마는 안응칠의 남은 식구들을 잘 대접하려고 노력했다. 엄마는 아이들 물품과 여러 가지 옛 물품들이 들어있는 꾸러미를 가져오셨는데, 그들은 아이들과 자신들이 쓸 물품을 골라 가져가기도 했다.

이처럼 당시의 정황과 주변 인물들의 증언 및 회고를 종합해 볼 때 최재형과 안중근 의거의 연관성은 의심의 여지가 없어 보인다. 최재형은 1908년 이후 기존의 의병운동에 대해 반대 입장으로 돌아섰고, 최소한 표면상으로는 무장 독립투쟁에 대해 거리를 두는 것으로 보여졌지만, 국권 회복과 민족해방운동의 다양한 지원과 후원에 있어서는 변함없는 태도를 지켰다.

재정난에 빠져 간행 중단이 되던 『대동공보』를 맡아 간행을 재개하여 항일투쟁의 면면을 상세히 보도하도록 하는 데 앞장서는 한편, 동의회 발기 시부터 회원이자 자신과 가까웠던 젊은이 안중근이 이토 히로부미 제거 계획을 결심하자 이에 대한 지원을 아끼지 않은 것이다. 이에 대해서는 관련되는 인사들의 일관된 증언이 뒷받침해주고 있다.

특히 그의 딸 최 올가의 회상을 통해 알려진 바와 같이, 안중근이 거사를 앞두고 최재형의 집에서 인물 표적을 그려놓고 사격연습을 했음은 물론, 거사 후 안중근의 두 아내와 아이들을 자신의 집에서 돌봐주었다는 사실은 최재형이 안중근 의거의 후견인 역할을 했다는 것을 구체적으로 보여주고 있는 내용이다. 일제의 첩보자료에도 1911년 1월 당시 안중근의 부인과 아이들이 연추 최재형 집에서 숙식을 하고 있던 사실을 기록하고 있어 최재형의 딸들의 회상 내용과 일치한다

권업회 활동과 높아지는
일제의 탄압

1. 재러 한인 독립운동의 총결집체, 권업회 총재

1) 국권 상실 이후 독립운동의 새 방향

1910년 8월 한일 합병조약이 체결됨으로써 조선의 국권은 완전히 상실되었다. 일본은 병합을 달성한 뒤 통감부 대신 강력한 통치기구인 조선총독부를 설치하여 한반도 경영에 들어갔다. 길고 긴 일제강점기의 시작이었다. 일본의 야욕이 노골화되던 오랜 기간 동안, 국내외에 걸쳐 외교적 노력과 무력 투쟁 등의 방식으로 싸웠던 항일 애국지사들은 종전과는 또 다른 선택을 해야 하는 새로운 국면을 맞이하였다.

한반도에 대한 통치권을 일본이 장악하면서 앞으로 독립 투쟁의 근거지가 될 수 있는 영역은 국외가 될 수밖에 없었다. 국토를 맞대고 있는 만주와 연해주가 주요한 거점이었다. 이들 지역에는 수많은 한국인들이 들어가 있었고 언제든지 독립운동 세력으로 전환될 수 있었다. 특히 연해주에는 상당 수준의 지도력을 갖고 있는 세력이 합방 직전까지도 지속적으로 항일 운동을 전개해오고 있었다. 그 중심에는 연해주 한인의 대부 최재형이 있었다.

일본에게는 최재형이라는 존재가 눈엣가시와 같았다. 최재형은 러시아 국적을 취득하고 있었기 때문에 함부로 처리하기도 어려웠다. 그리하여 일본은 교활한 전술을 택했다. 러시아에 머물던 일본 관헌으로 하여금, 최재형이 일본 정부와 비밀관계를 유지해 왔다는 거짓 보고서를 작성하여 은밀하게 러시아 당국의 손에 들어가도록 한 것이다. 소위 간첩 혐의를 씌워 최재형을 러시아의 손으로 제거하려 한 것이었다.

처음에 연해주 군정 순무사는 이 거짓 보고서를 믿고 최재형을 추방하기로 결정하였으나 그간 최재형의 러시아에 대한 확실한 충성과 항일 경력을 익히 알고 있는

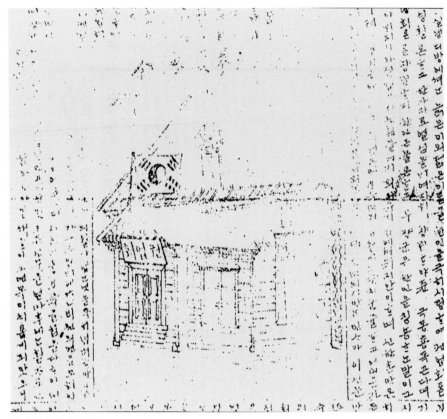
권업회 건물(권업신문 1913. 12. 19)

지방관의 강력한 반대로 가까스로 추방을 면했다. 일본의 최재형 제거 기도는 일단 실패로 돌아갔다. 그러나 최재형의 영향력을 통제 또는 제거하기 위해 일본이 러시아에 대해 기울인 노력은 그 후에도 줄곧 지속되었다.

이러한 상황에서 최재형은 국권 상실 이후 갈 길을 잃어버린 항일지사들의 향후 진로와 노선 등의 문제와 마주하게 되었다. 그러한 여러 세력들이 연해주에 집결되었다. 여기에는 일찍이 러시아에 이주하여 상당한 경제력과 사회적 신분을 확보하고 있던 최재형을 비롯한 이주세력, 국내와 간도에서 일제와 항전하다 올라온 의병

권업신문

계열의 세력, 그리고 국내외 지역에서 애국계몽운동을 하다가 올라와 연해주를 독립운동 기지로 삼으려는 세력 등이 있었다. 모두가 나라 잃은 존재로서 독립을 위해 재기를 도모한다는 공통점을 갖고 있었다.

마침내 1911년 12월 19일(러시아력 12월 6일) 주요 인사들이 블라디보스토크 신한촌에 모여 권업회라는 이름의 조직을 창립하였다. 권업회(勸業會)라는 명칭에는 순수한 경제활동의 장려를 꾀한다는 취지를 표방하고 있지만, 이는 일본과 러시아에 외교적 갈등을 빚는 빌미를 주지 않겠다는 의도를 갖고 있는 것이었고, 실제로는 항일 독립운동 조직이었다. 또한 활동 지역의 특성을 감안하여 출발부터 러시아 당국의 공식 인가를 받음으로써 외풍에서 보호하고자 신중한 자세를 취했다. 최재형은 권업회의 회장으로 추대되어, 이 조직의 지원과 후원에 중요한 역할을 안았다.

이렇게 국권 피탈 이후 독립운동에 있어 한민족 최대의 항일독립운동단체로 결성된 권업회는 재러 한인들의 권익 옹호와 지위 향상은 물론, <권업신문> 창간을 통한 민족정신 고양과 한민학교의 확대 개편을 통한 한인 민족주의 교육이 활성화, 그리고 나아가 비밀리에 광복군 양성을 추진하는 데 이르렀다.

그러나 제1차 세계대전과 함께 일본과 러시아가 동맹국이 됨에 따라 러시아는 일본과의 관계 악화를 우려하여 1914년 실질적 독립운동 단체인 권업회를 강제 해산하고 기관지인 권업신문도 정간시켰다. 조직이 해산되기까지 1911년부터 1914년까지 4년 동안 권업회는 연흑룡주 지역의 대표적인 재러 한인 권익옹호 기관이자 독립운동 단체였고, 아울러 동 시기에 자바이칼 치타 지역에서 조직된 대한인국민회 시베리아지방 총회와 함께 러시아 지역 한인단체의 양대 산맥이었다. 그리고 권업회는 4년 만에 사라졌지만 그 맥락은 1917년 전로한족중앙회(全露韓族中央會)의 창설로 이어졌고, 1919년에는 최초의 임시정부인 대한국민의회 성립의 토대가 되었다.

블라디보스토크 한인가족(1882)

한인들의 모습

권업신문 간행지 신한촌 하바로프스크거리

2) 권업회 창립과 활동

권업회의 발기회는 1911년 6월 1일[288] 함경도파의 모임인 함북청년회 회원인[289] 이종호, 김익용(金翼瑢), 강택희(姜宅熙), 엄인섭 등의 발기로[290] 러시아 블라디보스토크 신한촌 조창호의 집에서 개최되었다.[291]

발기회에서는 먼저 임시 임원을 선출하여 최재형이 회장, 부회장 홍범도, 총무 김익용, 서기 조창호, 재무 허태화(許太化)가 각각 선출되었다.[292] 이들 구성원을 보면 주요 인물의 대부분이 함경도파였는데, 회장 최재형을 비롯하여, 부회장 홍범도, 총무 김익용 등 주요 간부가 그 예이다.[293] 또한 이들은 의병과 애국계몽운동 양면에 적극적이었던 최재형, 그리고 의병장으로서 널리 알려진 홍범도 등이 주요 위치에 있는 점으로 보아 운동 노선상에서 애국계몽운동 계열과 의병계열의 연합이라고 보아도 큰 무리는 없을 듯하다.

권업회의 임시 사무소는 함경도파인 조창호의 집으로 하였다. 아울러 권업회에서는 지회 설립 권유위원을 노보키예프스크, 니콜라예브스크(Николаевск), 리포, 수청 등지에 파견하는 한편 이종호, 홍병일 등에게 러시아 관청에 교섭하여 러시아 극동 총독 곤다찌의 공식 허가를 얻도록 노력하게 하였다. 이를 위하여 권업회에서는 본회 규칙 인허를 순무부에 청원할 때 오로지 한인의 사업으로 러시아인과 협동한다는 뜻으로 폴랴노브스키(Б. М. Поляновский)에게 그 규칙의 책임을 담당하도록 하였다.[294]

권업회 발기회는 1911년 7월 3일(러) 블라디보스토크의 청년들이 만든 청년근업회(靑年勤業會)와 합하였다.[295] 이를 계기로 권업회 발기회는 그 세를 확장시켜 나갔다. 이어 임원 개선이 이루어졌는데, 역시 최재형이 회장에, 그리고 총무 김익용, 서기 이근용(李瑾鎔), 김기룡, 재무 김와실리 등으로 정해졌다. 주요 간부의 구성은 회장, 총무 등의 기본 골격은 그대로 두었고, 함경도파가 주요 직책을 계속 차지하고 있었다. 그 밖에 서기, 재무, 그리고 의원 가운데 김규섭, 김형권, 한형권, 이형욱, 김치보, 유진률 등이 새로 영입되었다. 이들 가운데 누가 청년근업회 출신인지는 정확히 알 수는 없으나 회장 최재형, 의원 김규섭, 신문부 유진률 등이 청년근업회에서 간행하는 신문인 대양보의 주요 인물인 점에 비추어 볼 때[296] 이들 역시 청년근업회의 구성원들이었을 것으로 생각된다. 특히 대양보의 사장이었던 최재형이 권업회 발기 시부터 회장에 취임한 것을 보면 최재형의 노력에 의해 이들 두 단체가 연합한 것이 아닌가 한다.

그리고 마침내 1911년 12월 19일[297] 블라디보스토크 신한촌 내 한민학교에서 권업회의 공식적인 창립총회가 개최되었다. 이날 창립총회에 참석하였던 백원보는 1911년 12월 29일자로 안창호에 보낸 편지에서 당시의 회의 정황과 임원 선정 등에 관하여 다음과 같이 언급하고 있다.

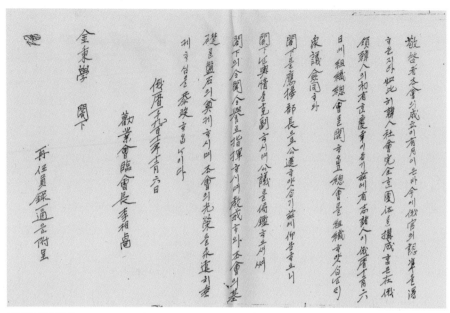

권업회 임원임명

권업회 임원록

본월 십구일에 권업회 총회라 하고 졸연히 개회하엿사온데 동지 중에는 弟가 참관하엿사온 즉, 임시 회장은 이상설이온데 규칙을 공포하옵는데 농·공·상·학의 제업을 아령 연해주 각처에 권장할 목적이오며 임원은 의사부 一部뿐이온데 全會事項을 일절 의사부에서 결정하야 총회의 승락을 득한 후 실행 云云이옵고, 예외의 임원을 借御와 別部로 치하엿사오니 임원 전체가 如下 하오이다.

수총재 류인석, 총재 김학만, 최재형, 이범윤(此 소위 차어등류), 교육부장 정재관, 기록부장 이남기(의암의 老弟者 喪制로 단이든 이), 경용부장 조영진, 구제부장 고상준, 통신부장 김치보, 검사부장 윤일병, 사찰부장 홍범도, 종교부장 홍범도, 서적부장 신채호, 실업부장 최만학(레포), 응접부장 김만학(此 소위 별부) 의사부 의장 이상설, 부의장 이종호, 총무 한형권, 김익용, 회계 김니콜라이(최반슈의 양자, 이종호를 숭배하는 청년), 서기 이민복, 의원 김중화, 이범석, 홍병훈(홍병일의 백씨), 임원은 이상과 如하오며 회장급 서기는 매회에 임시 선정케 하엿소이다.[298]

권업회 창립총회에서는 임원을 선거하였는데, 의장 이상설, 부의장 이종호, 총무 김익용, 한형권, 재무 김기룡, 서기 이민복, 의원 이범석, 홍병환(洪炳煥), 김민송(金萬松) 등이 선임되었다. 즉 이종호, 이상설 등이 중심이 되어 권업회 조직을 구성하였다. 이외에 특별임원으로는 수총재에 유인석, 총재에 최재형과 이범윤, 김학만, 최봉준 등이 선출되었다.[299] 최재형은 총재 가운데 한 인물로 선출된 것이다. 그리고 주요부서의 장으로는 교육부장 정재관, 실업부장 최만학, 경용부장(經用部長) 조창호, 종교부장 황공도(黃公道), 선전부장 신채호, 검사부장 윤일병, 통신부장 김치보, 응접부장 김병학, 기록부장 이남기(李南基), 사찰부장 홍범도, 구제부장 고상준 등이 각각 임명되었다.[300] 아울러 권업회에서는 권업신문을 간행하였는데, 주필자는 신채호, 이

권업신문 주필 신채호

상설, 장도빈 등이 활동하였다.

한편 권업회는 연해주의 러시아인 주요 인사 들을 명예회원으로 가담시켰다. 연흑룡주 총독 곤다찌를 위시하여 연해주 군지사 마나킨 장군 (М.М. Манакин), 블라디보스토크 연구기관 교 수인 포드스타빈(Г. В. Подставин), 러시아정교 주교 감독국의 기관비서 폴랴노브스키, 블라디 보스토크 자치기관 회원이며 퇴역 참모부 준대 위인 듀코프 등이 그들이다.[301]

권업신문 주필 장도빈

이처럼 권업회는 재러 한인 세력의 총결집체 로서 러시아 당국의 절대적인 지지하에 조직된 단체였다. 그리하여 권업회는 러시 아 당국의 영향권 하에 있는 재러 한인사회의 대표기구로서 활동할 수 있었다. 그 러므로 한인들에게는 러시아의 영향을 어떻게 이용하면서 재러 한인의 권익과 한 인 독립운동을 추진해 갈 것인가 하는 문제가 주요한 과제가 되었다.

권업회의 종지(宗旨)는 그 명칭에서 알 수 있듯이 재러 동포에게 실업을 권장하 며, 노동을 소개하고, 교육을 보급시키기 위한 것이었다. 이 단체가 명칭을 권업회라 고 한 것은 일본의 방해를 피하기 위한 것이었고, 사실상 이 단체는 독립운동 기관 이었다.[302]

그러므로 권업회의 목적과 이념은 시베리아 한인사회의 이익을 증진시키는 권업 (경제) 문제와 항일운동을 강력히 추진하는 항일(정치) 명제를 결부시키는 전술을 취하면서 끝내는 조국 독립을 달성하고자 하는 데 있었고,[303] 이러한 권업회의 목 적은 극동 총독 곤다찌도 이 단체를 인가할 때 미리 알고 있었다. 노령 연흑룡주 총 독인 그는 1912년 2월 블라디보스토크 주재 大鳥 일본 총영사에게 한인 독립운동

勸業新聞

그 사

아령동포에게 고함노라

리동휘

권업신문 기사

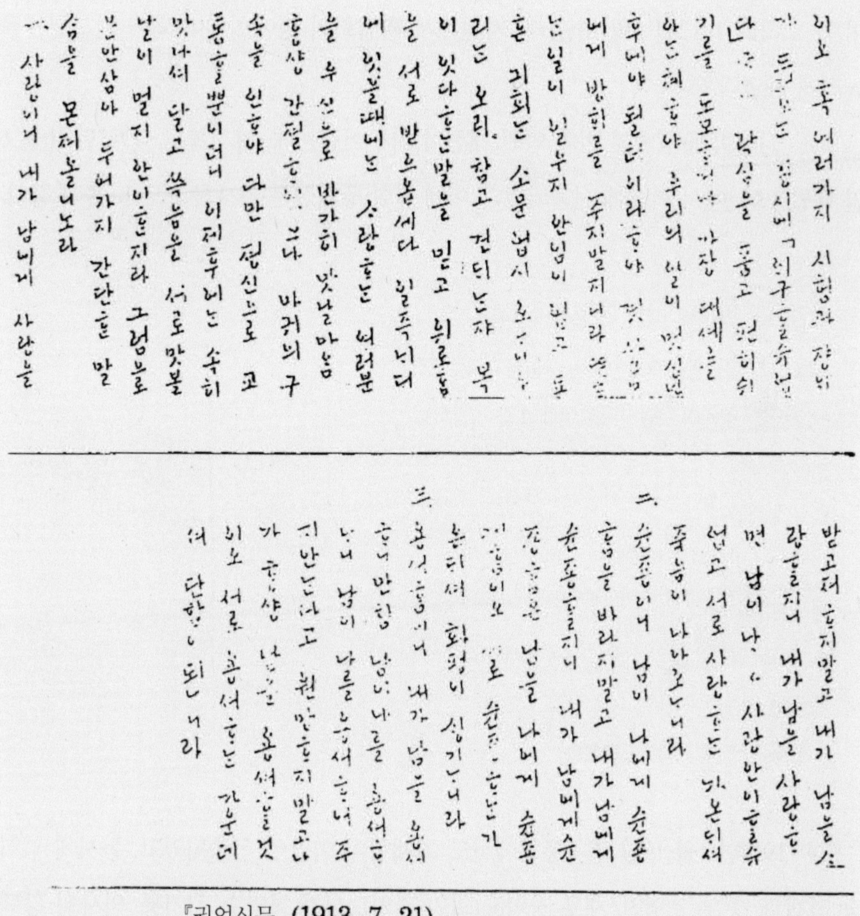

『권업신문』 (1913. 7. 21)

권업신문 기사

가, 권업신문, 권업회에 대한 단속을 약속했음에도 불구하고 이를 이행하지 않았으며,[304] 오히려 1912년 2월 16일(러) 자진해서 권업회의 명예회원이 되어 일본인들을 놀라게 하였다.[305]

그 후 권업회에서는 몇 번의 임원 개선이 이루어졌는데, 최재형은 <1913년 10월 6일 특별총회>에서 회장에 선출되었다. 이에 관한 권업신문 기사를 보면 다음과 같다.

권업신문 1913년 10월 26일자 <포고>

본월 六일 특별총회에서 결정된 사항을 이에 반포함.

一. 사면한 임원의 보궐선거를 아래와 같이 함.

회장 최재형

총무 정재관

신문사장 이상설 주필겸임

검사원 김와실리

一. 임시 의사원 三인을 증설하여 아래와 같이 선정함.

이동휘, 이동녕, 이종호

一千九百十三年十月六日 勸業會

또한 1914년 1월 19일 정기총회에서도 최재형이 회장에 선출되었고, 동시에 부회장 정재관, 총무 조영진, 재무 강양오(의원 겸임), 서기 최의수, 김기룡, 의사원 강택희, 채성하(蔡成河), 이동녕, 김하구, 김기룡, 검사원 한형권, 이설, 김와실리, 조장원, 김형권, 신문 사장 최병숙(崔炳肅), 총무 윤해, 주필 김하구, 종교부장 함세인(咸世仁), 교육부장 오주혁(吳周爀), 실업부장 이범석, 농림위원장 이종호, 종람부장 김와실리, 연론부장 한사교[306] 등이 각각 선출되었다.

2. 대양보 사장

    대동공보는 1910년 8월 러시아 관헌으로부터 발행금지를 통고받았다. 이러한 사실은 내무부 연해주 군지사 산하의 블라디보스토크시 지방행정담당 제1부 제2과에서 러시아력 1910년 8월 25일자 NO. 39325로 블라디보스토크시 경찰에게 보낸 다음과 같은 내용의 문서를 통하여 잘 알 수 있다. 즉,

> 군사규정 19조 14항에 근거하여 올해 8월 24일 22호로 나온 아무르연안 총지사의 명령에 따라 블라디보스토크에서 발행되는 한국어 신문 대동공보를 폐간시킵니다.
> 본인은 이 사실을 전하면서 각하께 편집 및 발행인에게 신문 발행 중단에 대한 서명을 의무적으로 하게하고 이행치 않을 시에는 발행된 신문을 압수하고 그 이후 상황에 대하여는 본인에게 통보해줄 것을 제안합니다.[307]

라고 하여 군사규정 19조 14항에 근거하여 러시아력 1910년 8월 24일자로 발표된 아무르연안 총지사의 명령에 따라 1910년 9월 1일 폐간되었다.[308] 이에 최재형은 안창호, 이종호, 김병학, 이강 등과 함께 러시아력 1911년 4월 26일에 유진률의 명의로 군지사(軍知事)에게 다음과 같이 대양보 간행을 위한 청원서를 제출하였다. 그 내용은 다음과 같다.[309]

> 본인은 각하께 삼가 바라옵건데, 블라디보스토크시에서 이미 허락하신 인쇄소를 이용, "대양보"라는 제명의 한국어신문을 발행하도록 허락해 주십시오. 이름은 "큰 바다 소식"이라는 뜻이며, 이 신문의 편집은 제 개인의 책임 하에 이루어질 것입니다.
> 아무르연안 지방 한국인 주민 사이의 한국어 신문 발행의 욕구는 매우 강렬합니다. "대양보"는 유일한 도덕 교육 및 진보적 경제 교육의 수단이 될 수 있을 뿐만 아니라 동시에 아시아 유일의

친러시아적 신문이 되어 간첩 활동과 무력에 기초하는 일본의 극동정책을 유럽의 문명세계 앞
에 밝힐 수 있을 것입니다.

블라디보스토크시 1911년 4월 26일

즉 유진률 등은 대양보가 아시아 유일의 친 러시아적인 신문이 될 것이라고까지 주장하면서 군지사에게 신문 발행을 허락해 줄 것을 요청하였다. 그러나 이에 대하여 러시아 당국에서는 아무런 회답이 없었다. 그것은 1910년 7월 4일에 러일양국 사이에 제2회 일러 조약이 체결됨으로써 러시아가 일본의 한국 지배를 승인하였기 때문이었다. 또한 당시 러시아 측은 일본 측이 요구한 한인취체 및 일본인의 보호 요청을 허락한 상태였기 때문이었다.[310]

이에 최재형 등은 러시아의 수도 상트페테르부르크에 사람을 파견하여 이갑, 이위종 등에게 협력을 요청하였다.[311] 중앙정부에서 어떤 교섭이 있었는지 알 수 없으나 그 결과 러시아력 1911년 5월 5일에 이르러 군지사로부터 신문발행 허가증명서를 얻게 되었다.[312] 그 내용은 러시아력 1905년 11월 24일 공포 칙령에 기초해서 니콜스크 우스리스크(Никольск- Уссрийск)군에 거주하는 유진률에 대해서 러시아력 1911년 5월 5일부터 매주 일요일과 목요일 2회 조선어 신문 대양보를 인쇄해서 간행하는 일을 허가한다는 것이었다. 아울러 신문의 내용과 가격에 대하여도 규정하고 있다. 즉, 내용은 조선, 일본, 청국, 기타 조선인의 이해관계가 있는 구주 제국의 시사문제, 외보, 조선 및 이웃나라의 잡보 등으로 제한하고 있다.[313]

발행소는 신개척리에 신축하기로 하고 일부는 신문사로, 일부는 도서관으로 하기로 예정하였다. 그리고 건축비는 최재형이 이종호와 함께 부담하기로 하고, 가옥 낙성에 이르기까지는 일번천(一番川)(아무르스카야 89번지, 신개척리로 가는 북방 10정여의 지점)에 있는 러시아인의 집을 빌려 사용하기로 하였다. 이곳은 일번천 정거장 앞 러시아 소학교 2층이다.[314] 그리고 신문의 명칭은 『대양보』라고 개칭하였으며,

러시아력 6월 2일자로 제1호를 발간하기로 결의하고 임원을 다음과 같이 선정하였다.

사장 최재형, 주필 신채호, 총무 차석보, 발행인 김대규, 노문번역 유진률, 회계 김규섭, 서기 김만식, 집금계(集金係) 이춘식[315]

명단에서 보는 바와 같이 최재형이 사장을 맡고 있다. 그리고 신채호를 제외하고는 대부분 대동공보에서 일한 사람들이 주류를 이루고 있다. 그리고 이들은 이 지역의 한인단체인 청년근업회(靑年勤業會)의 기관지로서 이 신문을 발행하였던 것이다.[316] 청년근업회는 소위 30인파로 불리우는 러시아상점원 등 청년들이 조직한 것이다.[317]

대양보는 백원보가 갑자기 경찰서에 구인되는 사건이 발생하여 6월 2일에 그 첫호를 발행하고자 하였으나 연기되어 러시아력 1911년 6월 5일에 창간호가 발행되었다.[318]

경비는 안중근 의거 당시 갹출금 가운데 잔여금 약 3천 루불과 1910년 5월 샌프란시스코로부터 김장호가 가져온 돈 1천 루불을 사용하였다. 그는 정재관의 친구로서 샌프란시스코에서 거둔 돈을 가져 왔던 것이다.[319]

『대양보』의 발행인 겸 편집인에는 최재형과 친분이 두터운 유진률이 취임하였는데 유진률과 재정적 후원자였던 이종호 사이에 의견 충돌이 일어나 9월 14일자로 유진률이 사임하고 말았다. 『대양보』는 국내로도 반입되었으나 창간 직후부터 조선총독부는 들어오는 모든 신문을 압수하기 시작했다. 『대양보』는 현재 실물이 발견되지 않았으므로 정확한 지면을 알 수 없다. 그러나 『조선총독부 관보』와 『경무월보(警務月報)』에 실린 기록에 의하면, 총독부 경무국은 7월 2일부터 발행된 제3호를 7월 12일자로 치안 방해라 하여 압수한 뒤로부터 국내로 반입되는 『대양보』를 모두 압수하였다.

『대양보』는 모두 13호가 발행되었다. 실물은 없지만 총독부가 압수한 기록을 토대로 창간 이후의 발행 상황을 보면 제7호가 발행된 후 제8호는 약 1개월 후에 발간되는 등 경영이 순탄하지 못하였다. 유진률이 사임한 직후 9월 17일 밤중에 약 1만 5,000개의 활자를 도난당하는 사건이 발생하여 4개월 10일간 13호가 발행되었던 『대양보』는 더 이상 신문을 발간할 수 없게 되고 말았다.[320]

대양보는 1911년 7월 3일(러시아력) 청년근업회가 권업회 발기회와 합하여 권업회의 기관지로 발전하였다.[321]

『대양보』의 형태는 『대동공보』와 유사하다. 창간호의 경우 사설, 내국전보(러시아), 외국전보, 각국통신, 최근 시사, 논설, 잡보, 대한통신, 만필, 기서 등으로 이루어져 있다.[322]

1910년 7월 2일에 발행된 3호의 내용을 보면, 내국전보, 외국전보, 각국통신, 「금과옥」. 멕시코(墨國)의 혁명당, 논설 「삼가 총독각하에게 감사한다」, 잡보, 독자에게, 권업회 취지서 등으로 구성되어 있다. 「금과 옥」에서는 김유신 장군에 대하여, 잡보에서는, <권업회 상점>, <희랍교당 신축>, <정군만 살해 후보> 등에 대하여 보도하고 있다. 아울러 권업회 취지서를 게제하고 있음이 주목된다.[323]

1910년 7월 9일 발행된 4호의 내용을 보면, 시사평론, 각국통신, 금과옥, 묵국의 혁명, 논설(吾人과 외국어), 잡보, 대한통신, 잡보, 담총(談叢) 등으로 구성되어 있다. 금과 옥에서는 이순신 장군에 대하여, 잡보에서는 권업회의 확장, 담총에서는 「신설예전(申雪禮傳)」을 실었다.[324]

1910년 7월 18일에 발행된 5호의 경우, 대양보 축가, 외전(外電), 각국통신, 금과옥(최영장군 이야기), 멕시코의 혁명, 논설(권업회에 대하여), 잡보, 담총, 기서, 대한통신, 잡보, 신설례전 등으로 이루어져 있다.

1910년 7월 23일의 6호의 경우, 내국통신, 외국전보, 각국통신, 금과 옥(임진왜란), 광고(한민학교 야학부 생도모집), 논설(블라디보스토크 청년에게 고한다), 잡보(권업회와 근업회의 합동결의), 대한통신, 잡보(이범윤 등 블라디보스토크으로 돌아옴), 담총(신설례전), 기서(민회제위에게 드린다) 등이다.

1910년 7월 30일 7호의 내용을 보면, 외국전보, 각국통신, 잡보, 대한통신, 별보(大 重信 만주에 오다), 기서(국민의 元氣) 등이다. 동년 8월 27일 발행된 8호의 경우, 본지 주임, 발행겸 편집담임 유진률, 주필 신채호, 발행소 해삼위 신한촌 하바로프스가야 거리 12번지 대양보사, 본지 발행기일 1주일 2회 일요일 목요일 등을 밝히고 있다. 논설(한민학교 생도의 부형에게 고한다), 잡보, 대한통신(엄비의 흉거, 안명근씨 종신 금고에 처한다, 의병이 일본인을 살해하다, 양기탁씨 감금 1년), 축사(金尹厚가 대양보의 재발행을 축하), 금과 옥(서경덕 전), 각국통신, 담총(신설례전), 러시아 귀화에 대한 공시 등이다. 8호의 경우 재발행된 것이며, 그 이전 호수에 비하여 항일적인 기사들이 많이 실리고 있음을 볼 수 있다.[325] 그뒤 대양보는 활자 절취 사건이 있어, 10호가 9월 3일에, 11호가 9월 7일, 12호가 9월 10일, 13호가 9월 14일에 각각 발행되었다.[326]

10호의 경우 「아동양육자에게 고함」, 「한국과 일본의 仇敵史 梗槪」, 대한통신, 국문애국가, 전보, 잡보 등이 있다. 이들 중 「한국과 일본의 仇敵史 梗槪」, 국문 애국가 등은 주목된다.[327]

『대양보』에서 주필인 신채호는 논설과 '금과 옥'·'담총' 등을 담당하였을 것으로 짐작된다. 논설은 대체로 노령의 한인들을 대상으로 「삼가 총독각하에게 감사한다」(제3호)·「오인(吾人)과 외국어」(제4호)·「권업회에 대하여」(제5호)·「블라디보스토크의 청년에게 고함」(제6호)·「한민학교 생도의 부형에게 고함」(제8호)·「아동양육자에게 고함」(제10호)·「재노령의 풍장(風長)에게 정(呈)한다」(제11호)·「청년노동자에게 망(望)함」(제13호) 등이 게재되었다.[328]

[더 보기]

◆ 유진률(1875-?)

유진률은 최재형이 가장 신임하는 인물로도 알려져 있다. 특히 일본 측에서는 유진률을 안중근 의사 의거의 배후인물 중 한 명으로 파악하고 있었다. 『통감부 문서』(국사편찬위원회, 2000) 10권, 217쪽에 따르면 아래와 같이 기록되어 있다.

군부의 내정 종합보고 이첩건(1909년 12월 26일)
오늘까지 내정한 결과 종합하건데, 이번 사건은 이곳 대동공보사의 이강, 유진률, 러시아 수도 재류 이범진, 미국인 헐버트, 미국의 공립회파인 스티븐슨 살해자 등의 교사에서 나온 것이라고 생각됨(하략)

뿐만 아니라 유진률은 1910년 8월 일제의 만행을 전 세계에 알리는 성명회 선언에 서명한 8,624 명 가운데 한 사람으로서도 중요한 역사적 위상을 차지한다. 유진률 즉, 러시아 이름 유가이 니콜라이 페트로비치는 구한말 러시아 연해주 지역 한인언론을 대표하는 『대동공보』와 『대양보』의 발행인으로서도 주목된다.

유진률은 1875년 함경북도 경흥에서 출생하였다. 그는 러시아로 이주하여 연해주 조선과의 국경지대인 아지미에 살고 있었다. 한국 측 기록에 보면, 유진률은 일찍부터 조선에서 러시아어 통역관으로 일한 것으로 보인다. 1896년에 경흥에서 번역관으로, 1899년 8월 24일에는 내장원(內藏院) 종목과(種牧課) 주사, 1899년 8월 28일에는 궁내부 번역관보로 임명되었고, 1900년 1월 20일에는 궁내부 번역관, 1903년 4월 30일에는 주 블라디보스토크 통상사무서(通商事務署) 서기생으로 임명되었다.

유진률은 블라디보스토크에서 독립협회가 간행한 독립신문에 여러 번 글을 투고하고 있어 흥미롭다. 그의 글들이 독립신문 1면에 7차례 많은 분량이 실린 것으로 미루어 보아, 당시 유진률의 위상을 짐작할 수 있다. 그가 투고한 날짜는 1898년 9월 19일 21일, 10월 15일 17일 18일, 11월 25일 26일 등이다. 1898년 당시 투고자 가운데 가장 많은 투고를 한 인물이 바로 유진률이었다. 그만큼 그는 독립신문에 많은 관심을 기울이고 있었다. 아울러 독립협회가 추구하고 있던 개화, 자주, 민권 등에 깊은 관심을 갖고 있던 인물이 아닌가 추정된다.

유진률은 『해조신문』이 폐간되고 최재형이 『대동공보』를 인수하면서 그와의 친분으로 『대동공보』에 관여하게 된 것이 아닌가 한다. 유진률은 『해조신문』이 폐간되자, 차석보, 문창범 등 35인과 함께 발기하여 신문 재간을 위하여 자금 모금 운동을 전개하였다. 그는 『대동공보』사에서 주주총회를 열고, 임원을 선정할 때 발행인으로 선출되었다.

유진률이 발행인이었던 『대동공보』는 안중근 의거와 일정한 관련이 있는 것으로 알려져 있다. 안중근은 러시아 지역에서 의병활동을 전개한 인물로서 『대동공보』사 사장 최재형이 회장인 동의회의 구성원이었다. 1909년 10월 10일 『대동공보』사의 사무실에서 『대동공보』사의 유진률, 정재관, 이강, 윤일병, 정순만, 우덕순 등이 모인 가운데 이등박문의 암살을 위한 조직이 이루어졌다.

유진률은 『대동공보』가 1910년 8월 러시아 관헌으로부터 발행 금지를 통고받고, 1910년 9월 1일 폐간되자, 러시아력 1911년 4월 26일에 자신의 명의로 연해주 군지사에게 『대양보』 간행을 위한 청원서를 제출하였다. 그 결과 대양보는 간행되기에 이르렀고, 발행인 겸 편집인에 유진률이 임명되었다. 그 후 유진률은 이종호와의 의견 대립으로 1911년 9월 14일 사직하기에 이르렀다.

결론적으로 보면, 유진률은 러시아 국적의 한인으로 개화사상을 가진 인물이었다. 그는 조선이 개화하고 문명화되기 위해서는 교육이 중요하다고 인식하였고, 그 일환으로서 러시아 지역 한인 언론의 발전에 기여한 인물이 아닌가 한다. 그는 조선인에 대한 계몽운동이 무엇보다도 절실하고 필요하다고 인식한 러시아 국적 한인으로서 근대적인 민족운동가였다.

<참고문헌>
박환, 「러시아지역 한인민족운동과 유진률」, 『군사』 100, 2016.

3. 러시아 이주 50주년 준비위원장, 한인의 새로운 결집 도모

권업회는 1911년 12월 19일 창립 이후 모임의 목적과 이념을 실천해 나갈 내부 조직으로 교육부, 실업부, 경용부, 종교부, 선전부, 검사부, 통신부, 응접부, 기록부, 사찰부, 구제부 등을 두고,[329] 활발한 활동을 전개하였다. 대표적인 내용으로는 권업신문의 간행, 교육진흥 활동, 한인의 자치 활동, 토지 조차와 귀화 등을 들 수 있다.[330]

이와 같이 일상적으로 예정된 활동 외에 특히 주목되는 것은 다가오는 1914년을 맞아 준비한 일련의 기획이었다. 1914년은 러일전쟁 10주년을 맞이하는 해이자, 한인들의 러시아 이주 오십년을 맞는 특별한 해였다.

러일전쟁 패전의 해가 다가오면서 러시아 내에서는 일본에 대한 복수심이 절정에 이르러 다시 개전할 조짐이 보였고, 권업회에서는 이 기회를 활용하여 대한광복군정부를 조직하자는 논의가 일었다. 아울러 한인들의 러시아 이주 50주년을 축하하는 기념대회를 개최하고 그 시기를 이용하여 재러 한인들의 민족의식을 고취시키는 한편 독립을 위한 군자금을 모금하고자 하는 계획을 세웠다. 그러나 결론적으로 말하면, 이러한 시도는 1914년에 발발한 제1차 세계대전으로 모두 무산되어 실패하고 말았다.[331]

당시, 한인 이주 50주년 기념과 관련하여 권업신문에는 그 구체적인 과정에 대한 기사들이 많이 실렸다. 1914년 1월 4일자에는 <루령 거류 오십년 기념>이라는 잡보를, 1914년 1월 11일에는 <한인의 류령 이쥬 五十년>이란 논설을 각각 실었다. 앞의 <루령 거류 오십년 기념> 논설에서는 다음과 같이 러시아 이주 50년을 회고하며, 이를 기념하기 위한 일들이 차근차근 준비되고 있음을 소개하고 있다.

금년은 우리 한인이 처음으로 루시아령디에 거류한지 만 오십년되는히라 이룰 긔념ᄒ기 위ᄒ야
쟉년 육월경붓터 의론이 싱긴이릭로 몃몃 디방의 의견이 셔로 일치ᄒ게 되야 임의 극동 총독의
찬성을 얻어 이에 디흔 졀ᄎ룰 협의ᄒᄂ 즁 졈졈 그 실힝 방법을 뎡ᄒ야 일변으로 한인 거류 오
십년 간에 지닌 력ᄉ룰 슈집ᄒ기로 ᄒ며 동시에 긔념될만흔 일을 쥰비ᄒ야 이제부터 칠팔개월
후면 곳 그 실힝을 보게 되엿더라.(중략) 지신허 한 모퉁이로 시작ᄒ야 연추 일듸와 추풍 일듸룰
열고 또 계쇽ᄒ야 우수리 전폭에 골골이 삿삿치 그 좌최가 안밋춘 곳이 업스니 엇지 한번 긔념
ᄒ지 안으며 오십년 동안 밭도 가라 먹으며 로동도 임의로 ᄒ며 여러가지 업을 본국과 다름업시
ᄒ야 긔십만 동포가 큰 ᄉ고 업시 이날ᄭ지 싱활ᄒ여왓으니 산갓차 놉고 바다갓치 깁흔 루시아
뎨국의 그 은덕을 엇지 한번 긔념ᄒ지 안으며...

돌아보면, 기근에 몰려 고국을 떠나 두만강을 건너 지신허의 모퉁이로 이주한
1864년 이래 온갖 간난신고를 이겨내고 어엿하게 한인사회를 이룩한 감회가 컸던
재러 동포들에게 이 행사가 갖는 의미는 각별한 것이었다. 그래서 이미 7,8개월 전
인 1913년 6월경부터 이를 기념하기 위한 준비를 진행하며 총독의 승인까지 받아놓
고, 이주 50주년 행사를 설레며 준비하였다. 한인들의 러시아 이주 역사를 서술하고
돌아보며 보다 많은 남녀노소 한인들이 함께 할 수 있는 이벤트는 물론, 이를 진행
할 요원들을 각지에서 모집하는 광고도 게재하였다. 아래는 이를 알리는 권업신문
1914년 1월 18일자 특별 광고 내용이다.

<권업신문, 1914년 1월 18일, 특별 광고>
금년은 우리 한인이 러시아 영지에 이주한 지 만 五十년이라. 그러면 루령(러시아령)에 거류하는
기십만 동포가 어찌 이 해를 기념치 않으리오. 이에 본인 등이 五十년 기념을 거행하기로 발의하
였사오나 각 지방 대표원이 한 번 모여 의논하고야 제반 절차를 결정하겠삽기 이에 특히 광고하
오니 루력(러시아력) 이달 十八일로부터 二十五日까지 각 풍속에서 대표원 一인 혹 二 인씩 패송
하여 해삼위(블라디보스토크) 신한촌으로 오시기를 간절히 바라나이다.
발기인 최재형, 최봉준, 채두성, 박영휘 등 고백

이렇게 준비를 진행하면서, 권업회에서는 각 지방 대표위원 30여 명이 참여한 가운데 제2차 지방 대표위원회를 소왕령 권업회 회관에서 열고 기념예식 절차와 예산 등을 결정하였다. 이 날 결정에 따라, 기념식은 1914년 9월 21일(러) 블라디보스토크에서 열기로 하였다.[332]

사실 한국인이 최초로 이주한 지점은 지신허였지만, 편의상 블라디보스토크에서 하기로 한 것이며,[333] 날짜 결정은 러시아 측 기록에 노보고로드 지역장이 연해주 지역 총독에게 지신허로 한인 이주에 대해 공식적으로 처음 보고한 날이기 때문이었다.

또한 기념일에는 러시아 황제의 은혜에 감사하는 의미로 포시에트에 알렉산드르 2세, 알렉산드르 3세, 니콜라이 2세의 기념비를 1914년 9월 28일에 세우기로 하였다.[334] 기념비는 포시에트(목허우)에 세우되 동년 9월 28일(러)에 입비식(立碑式)을 거행하기로 하였다.[335]

기념예식에 참여할 인원은 각 지방에서 파송한 대표원과 개인들의 뜻대로 하되 러시아 지역 각지에 있는 각 학교의 학생은 권업회에서 여비를 제공하여 참석토록 하고자 하였다. 그리고 미주와 중국 지역에 있는 한인단체에도 청첩장을 보내어 참여하도록 하고자 하였다.[336] 이는 젊은 한인들에게 민족의식을 고취시키기 위해서였는데 그 점은 러시아 치타에서 대한인국민회 시베리아지방 총회의 기관지로 간행된 대한인정교보 10호(1914년 5월 1일 발행)에 실린 논설「한인 아령 이쥬 오십년 긔념에 대ᄒᆞ야」에 잘 나타나 있다.

그리고 기념회에서는 한인의 50년 역사를 담은 약사를 한문과 러시아어로 편찬하고자 하였다.[337] 이를 위하여 권업회에서는 1913년 12월 18일 포드스타빈 교수[338] 집에서 Н.С. 최, 이종호, Н.И. 김, М.П. 띰(ТИМ) 등이 모인 가운데 논집을 만드는 문제를 논의하였다. 여기에서 논문 작성은 포드스타빈에게 위임하기로 하고 책은 기념행사에 참여한 사람들에게 제공하기로 하였다. 아울러 논문 작성을 위한 자료

수집을 위해 관계기관, 직원, 고노(考老)들에게 서류, 사진, 회고록 등을 제출하도록 하였다.[339]

한편 축제일에는 연해주 곤다찌 총독을 위시하여 이 지역의 주요 인사들을 초대하기로 하였으며 그 식순은 다음과 같이 하기로 하였다. 1. 개회 2. 황제폐하에 대한 충성의 표현 3. 축사 4. 역사논집 낭독 5. 행사기관의 위원회 성립 공시 6. 존경하는 시민에게 역사논집의 견본 증정 7. 축전, 축하편지 등의 낭독 8. 러시아 국가 제창 9. 폐회 후 손님들에게 차 대접 10. 피로연 개최 등이다. 여기서 주목되는 것은 러시아의 공식 인가를 받은 권업회 주체이므로 러시아 황제에 대한 충성, 그리고 러시아 국가 제창 등이 행해진다는 점이다.[340]

권업회에서는 기념회 경비를 총 38,700루블로 예상하고, 이를 한인들의 의연금으로 충당하고자 하였다. 지출 예정 비용은 기념비 3,000루블, 기념연비 3,000루블, 역사출간비 1,500루블, 학생 내왕비 1,000루블, 정교교가 연습비 200루블, 노령한인 교육비 3만 루블 등이었다. 권업회에서는 이 가운데 일부 또는 여기서 남는 비용 등을 군자금으로 활용하고자 하였다.

권업회에서는 오십주년 기념회의 명예회장에 포드스타빈 박사를 추천하였으며, 한인 아령 이주 오십년 기념회의 회장은 최재형이, 서기는 김기룡이, 재무는 한세인이 각각 담당하였다.[341]

이렇게 성대하게 준비했던 이 행사는 앞서 언급했듯이 제1차 세계대전의 발발로 개최될 수 없었다.[342]

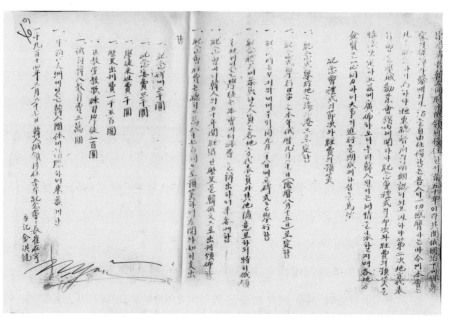

한인 노령이주50주년기념절차등

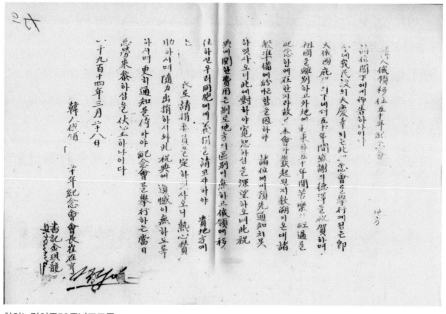

한인노령이주50주년포고문

4. 일제가 표적으로 삼은 최재형 시대의 인물들

1914년 제1차 세계대전 개전 이후 러시아와 일본이 동맹국이 되자, 일본은 러시아 지역 한인 독립운동을 말살할 수 있는 절호의 기회로 삼아 적극 활용하고자 하였다. 이에 따라 상트페테르부르크의 일본 대사관은 제정 러시아 정부에 한인 독립운동가들에 관한 활동 자료(뒤에서 언급)를 제출하고, 1915년 12월에는 이들을 통제할 수 있는 방안을 러시아 측에 적극 요청하였다.

이에 대해 러시아 외무성은 러시아 국적을 가진 한국인들을 일본으로 인도하는 것은 불가능하며, 러시아 당국이 취할 수 있는 유일한 조처는 일본이 지명한 한국인들을 러시아 안에서 이주시키는 것이라고 답변했다. 예컨대 이르쿠츠크의 서쪽으로 이주시켜 한인 독립운동가들을 경찰의 감시하에 두는 등의 방법이다. 반면, 러시아 국적을 갖고 있지 않은 한국인에 대해서는 1911년 6월 1일 러시아와 일본 간에 체결된 비밀조약에 의거, 범죄 행위의 정치적 성격을 고려하여 한인 독립운동가들을 러시아 경계 밖으로 추방할 수 있다고 말하였다.

일본 정부는 러시아 외무성의 성의 있는 태도에 감사를 표하는 한편 러시아 지역에서 활동하고 있던 대표적인 한국인 항일 독립운동가 명단 및 국적, 거주지, 나이 등을 분류한 신상자료를 러시아 측에 제공하였다. 그 대표적 명단들은 다음과 같다.

이동휘/ 일본인/ 블라디보스토크 또는 샹펭고(동녕현 삼차구-필자 주)/

강순기/ 일본인/ 니콜라에프스크(Nicolaevsk-니코리스크로 판단됨, 필자 주)/ 46세

조창호/ 일본인/ 블라디보스토크/ 39세

조장원/ 일본인/ 블라디보스토크/ 35세

윤해/ 일본인/ 블라디보스토크 또는 샹펭고(San-phen-gao)/ 31세

허근/ 일본인/ 블라디보스토크/ 52세

계봉우/ 일본인/ 블라디보스토크 또는 하마탕/ 36세

오주혁/ 일본인/ 블라디보스토크/ 49세

김하구/ 일본인/ 블라디보스토크/31세

이갑/ 일본인/ 니콜라에프스크(Nicolaevsk)/ 38세

이범윤/ 일본인/ 노보키예프스크(Novo-georgievsk)/ 60세

이동녕/ 일본인/ 니콜라에프스크(Nicolaevsk)/ 53세

이종호/ 일본인/ 샹펭고(San-phen-gao)/ 29세

이종만/ 러시아인/ 샹펭고/ 24세

이현재/ 러시아인/ 샹펭고/ 59세

김도여/ 러시아인/ 블라디보스토크/ 48세

안정근/ 러시아인/ 니콜라에프스크/ 28세

안공근/ 러시아인/ 니콜라에프스크/ 24세

정재관/ 러시아인/ 노보키예프스크/ 38세

이위종/ 러시아인/ 상트페테르부르크/ 33세

김성립/ 러시아인/ 하얼빈/ 31세

김성백/ 러시아인/ 하얼빈/ 39세

최재형/ 러시아인/ 니콜라에프스크/ 61세

김진/ 일본인/ 블라디보스토크/ 22세

이강/ 일본인/ 치타/ 35세

엄인섭/ 일본인/ 블라디보스토크/ 39세

이상설/ 일본인/ 하바로프스크(Khabalovsk)/ 48세

홍범도/ 일본인/ 블라디보스토크 또는 샹펭고/ 50세

이병휘/ 일본인/ 블라디보스토크/ 34세

유상돈/ 일본인/ 이르쿠츠크

위에 언급된 약 30명의 인사들은 1915년 당시 러시아에서 활동하고 있던 대표적

인 한인 독립운동가들 중 일본 측이 요주의 인물로 보고 있던 사람들이었다. 이 가운데는 러시아에 귀화한 인물은 러시아인, 러시아에 귀화하지 않은 인물은 일본인이라고 표시하고 있다. 활동 지역은 블라디보스토크, 하바로프스크, 이르쿠츠크, 상트페테르부르크, 하얼빈 등 러시아 전역 및 만주 지역 중 하얼빈 같은 러시아 조차지, 그리고 만주와 러시아 연해주 국경지역인 동녕현 삼차구 등 광범한 지역을 언급하고 있다.

한편 상트페테르부르크에 있는 일본 대사관은 1915년 10월 16, 29일에 다음과 같은 첨부 문서를 러시아 외무성에 제공한 바 있다. 이는 러시아 지역에서 활동하고 있는 한인 독립운동가들의 활동 내역을 간단히 서술한 것이다. 이를 보면 다음과 같다.

1) 이동휘

한국의 독립을 회복하기 위하여, 그의 동포들과 함께 반일 선전 활동에 헌신하였다. 1914년 8월, 반일적 성향의 한국인들에 대한 러시아 정부의 감시가 강화됨에 따라, 삼차구(三岔口)로 이주하여, 일본에 반대하는 음모들을 계속 조직하였다. 블라디보스토크에 1914년 3월에 있을 때에는, 일본 정부에 반대하는 반란을 조장하는 노래를 작곡하여 모든 한국인 학교들에 퍼지게 하였다.

이동휘

2) 이병휘(李炳徽)

1914년 8월 1일 비참하게 죽은 금란계(金蘭契)가 조직한 독립운동단체의 구성원

3) 강순기(姜順琦)

이등박문(伊藤博文)의 암살을 안중근(安重根) 등과 결심한 사람들 중의 한명이다.

4) 조창호(趙昌浩)

이범윤(李範允)의 비서관이자 고문관으로 다양한 조직의 조력자로 활동하였다. 계태랑(桂太郞)의 (러시아) 방문 시의 예방조치에 따라 블라디보스토크 경찰서에 소환되었다. 일본 밀정으로 지목된 사람들을 조장원(趙璋元)과 함께, 체포 심문하였다.

5) 조장원(趙璋元)

이등박문(伊藤博文)의 암살범 안중근(安重根)의 친한 친구로 다양한 조직들의 조력자로 활동하였다. 1910년 10월, 블라디보스토크에서 매우 과격한 연설을 행하였다. 계태랑(桂太郞)의 방문 시에 예방조치에 따라 블라디보스토크 경찰서에 소환되었다. 일본 밀정으로 지목된 사람들도 조창호(趙昌浩)와 함께, 체포 심문하였다.

6) 윤해(尹海)

지속적으로 대변인 역할을 하였고, 학교의 우두머리로 활동하였다. 블라디보스토크에 거주한 이래로 한국 언론매체를 통하여 매우 과격한 반일적인 선전활동을 벌였다. 계태랑(桂太郞)의 방문 시에 예방조치에 따라 블라디보스토크 경찰서에 소환되었다.

7) 허근(許謹)

폭동의 오래된 지도자로서, 이동휘 등과 함께 한국의 독립 회복을 지속적으로 희망하였고, 이러한 목적을 달성하기 위하여 반란을 조직하였고, 유능한 총수(銃手)였다.

8) 계봉우

계봉우

지속적으로 학교의 선생으로 활동하였고, 목사였으며, 간도에서 발간된 잡지의 작가였다. 블라디보스토크의 한 잡지에, 1914년 6월 이등박문(伊藤博文)의 암살범 안중근(安重根)에 대한 변호의 글을 끼워 넣은 바 있다. 올해 3월 이래로, 고인이 된 안중근(安重根)의 전기를 저술하였다. 같은 시기에 그는 이봉우(李鳳雨)와 함께 기독교 모임의 강당을 마련하기 위하여 노력하였으며, 하마탕의 초등학교 건립을 위하여 노력하였다.

9) 오주혁(吳周爀)

다양한 반일 조직의 가입자였으며, 블라디보스토크의 한국인 학교 교장이었다. 1912년에 체포되어 한국에 2년간 구금되었다. 형(刑)의 만기가 지나자 블라디보스토크로 돌아 왔다. 1914년 8월에 발행된 그의 [기초 인문 지리(Géographie élémentaire)]안에는 "일본 도적떼"라는 말이 수록되어 있다. 중국인 상사(商社) 외무사원의 암살 혐의로 중국 정부에 의해 체포되었으나, 보석으로 풀려났다.

10) 김하구(金河球)

지적이고 해로운 인물로서, 러시아어·영어·독일어·중국어를 할 줄 안다. 지속적으로 학교의 우두머리 역할을 하였으며, 언론인으로 반일적인 선전활동에 몰두하였다. 러시아 정부의 감시가 강화되려 할 때에 미국으로 이주하려 하였으나, 여행 경비의 부족으로 포기하여야 하였다.

11) 이갑(李甲)

이갑

1910년 8월 2일, 샌프란시스코(San Francisco)에 있는 한국인 중앙조직(대한국민의회-필자주)의 연결망에 가입하기 위하여 간도에서 블라디보스토크로 거주지를 옮겼으며, 반일 선전활동을 지휘하였다.

12) 이범윤(李範允)

다양한 조직의 의장 혹은 부의장을 지냈다. 러일전쟁 시에 한국의 북쪽에서 조선 동포들을 결합하여, 일본 군인들의 진군을 막기 위한 총수(銃手) 파견대를 모아서 군대의 우두머리가 되었고, 러시아 영토 니콜스크(Nicolsk)로 망명하여 이위종(李緯鐘) 등과 연합하여 한국의 북부를 침투할 기회를 노렸다. 1908년 7월, 200여 명 폭도들의 우두머리가 되어 한국의 북부 지역을 공격하였다. 1910년 8월, 블라디보스토크에서 조직을 결성하여, 러시아에 있는 한국인들에게 일본에 대한 저항을 고무하는 공문(또는 회람장)을 발표하였다. 같은 해 10월 24일, 러시아 정부에 체포되어, 12월 7일 이르쿠츠크로 압송되었지만, 다음 해 7월 5일 자유의 몸이 되었다. 그러나 그 이후에도 하바로프스크와 간도 등지에서 한국의 독립 회복을 소망하기를 멈추지 않았으며, 이상설(李相卨), 엄인섭(嚴仁燮) 등과 함께 반란을 획책하기를 멈추지 않았다.

13) 이동녕(李東寧), 이의용(李義鎔)

한일합방 당시에 남작의 지위에 있었으나, 명예를 거부하고 간도에 거주하면서, 그가 기독교인들과 함께 창설한 조직의 의장이 되었다. 이민 한국인들의 상호 구조(救助)를 명목으로, 반일 선전에 헌신하였다. 하와이에서 발간된 한국신문을 구하여, 그의 동료와 동포들에게 볼 수 있게 하였다. 1월 29일 블라디보스토크에서 간도의 서쪽으로 다시 돌아와서, 반일 성향의 주요 한국인들을 집회에 초청하였고, 일본에 대한 적대 감정을 고양시키기 위하여 러시아에 거주하는 동포들의 행동의 중요성을 강조하는 연설을 하였다.

이동녕

14) 이종호(李鐘浩)

일본의 한국 합병에 반대하여 1910년 9월 러시아로 망명, 다양한 조직의 구성원이 되었고, 1914년 8월 하바로프스크로 이주하여, 거기에서 이상설과 함께 일본의 속박 하에서의 굴욕을 전 세계에 알리기 위하여 한국인들의 폭동을 공모하였다. 같은 해 8월, 일본 정부의 요청에 응하여, 블라디보스토크의 러시아 지휘관은 이종호를 영토 밖으로 추방할 것을 명령하였다. 그 후, 잡지의 발행을 블라고베시첸스크에서 계획하여 여론을 조성하였지만 인가(認可) 거부로 포기하여야만 하였다. 그 후로도 이동휘 등과 폭동을 획책하기를 멈추지 않고 있다.

이종호

15) 이종만(李鐘萬)

그의 형 이종호(李鐘浩)를 도와 반일 선전에 주력하였다.

16) 이현재(李賢在)

오래된 지방 관리

17) 김도여(金道汝)

다양한 조직의 의장 또는 구성원

18) 안정근(安定根)

이등박문(伊藤博文)의 암살범인 안중근(安重根)과 형제이다. 니콜스크(Nicolsk)에 거주할 때, 가끔씩 블라디보스토크로 가서 그 지역의 불온한 사람들과 함께 반일 선전에 주력하였다. 1914년, 그가 소매업을 하며 살게 되는 니콜스크로 이주한다. 같은 해 8월 10일 블라디보스토크로 가서, 그의 형 안중근의 전기에 관련된 자료들을 계봉우에게 넘겨준 듯하다.

19) 안공근(安恭根)

안정근(安定根)의 동생으로 카톨릭 교도였다.

20) 정재관(鄭載寬, 鄭在寬))

지속적으로 한국인 신문의 조력자로 활동하였고, 다양한 반일 모임들의 가입자였다. 하얼빈에 반일학교를 설립하였다. 그 후 치타에 가서 한국인 신문의 편집인이

되었다. 이갑, 안창호 등과 함께 "사회주의자(Socialiste)"라
는 조직을 창설하여, 한국의 독립을 회복하기 위한 음모를
꾀하였다. 1914년 11월, 반대파들에 의하여 일본 밀정으로
고발되었고 블라고베시첸스크(Blagoestchensk)의 러시아
경찰에 소환되기도 하였으나 두 주일 후에 석방된다. 같은
해 11월 치타에서 매우 과격한 계획을 세우지만, 한국의
독립을 회복하기 위한 기반을 마련하기 위한 자금을 만든

정재관

다는 구실로 기부금을 모으려고 노력하는 야비한 사기꾼으로 고발당하여, 이강 등
과 함께 러시아 헌병에 의하여 체포되었다가 1915년 1월 22일 석방된다.

21) 이위종(李緯鐘, 李瑋鍾)

프랑스 유학에서 공부할 때 받은 훈련의 상처가 몸에 남아 있다. 러시아 한국 공
사관의 오래된 고문관이었다. 한국 공사관 철수 때에 그의 아버지와 함께 상트페테
르부르크를 떠나지 않았다. 1907년, 이상설 등과 함께 헤이그로 비밀스런 사명을 띠
고 간다. 1908년, 10,000루블을 수중에 지니고, 이범윤, 엄인섭 등과 함께 조직을 설
립하여 우두머리가 되었고, 반일 성향의 한국인들의 폭동을 고양하였다.

22) 엄인섭(嚴仁燮)

암살까지도 주저하지 않고 행할 사람이다. 특별할 만큼 힘이 있고, 총술(銃術)에
도 능하였다. 1908년 4월, 니콜스크(Nicolsk)에서 이위종, 이범윤 등과 함께 조직을
결성하였다. 같은 해 6월에 이범윤의 지휘 하에 약 360명의 폭도들의 우두머리가 되
어 한국의 북부 지방을 공격한다. 다양한 반일 조직들의 구성원으로 활동하였다.

23) 이상설(李相卨)

1905년, 한국의 병합에 강한 불만을 품고 미국으로 갔으나, 블라디보스토크로 돌아왔다. 헤이그 평화회담에서 비밀스런 임무를 수행하였다. 1910년 8월, 블라디보스토크의 한국 학교에서 반일적인 연설을 하였다. 다양한 반일 조직의 중요한 구성원이자 창시자이다. 반일 선전으로 인하여 러시아 지방정부에 의하여 발행이 금지된 권업신문의 수석 편집인이었다. 1914년 7월까지 블라디보스토크의 한국인 학교의 장학사였던 그는, 현재 하바로프스크에 있다.

이상설

24) 홍범도(洪範圖)

한국의 독립을 회복하기 위한 목적으로 획책된 음모의 가입자들 중 한 사람이다. 1908년 4월, 폭도들의 우두머리로 한국의 북부 지역에서 말썽을 일으킨 바 있다. 1909년, 새로이 폭도들을 규합하는 데 실패하자 반일 선전활동에 주력하였다. 1911년 11월, 100명의 한국인 폭도들의 군사훈련을 지휘하였다. 1912년 니콜스크에서 어업을 통하여 번 돈을 가지고, 치타에서 반일 성향의 정기 간행물의 발행을 계획하였다. 1914년 12월, 한국의 영토를 습격하려고 시도하였다.

홍범도

25) 유상돈(劉尙敦)

일본 제국 정부는 러시아 정부에게 유상돈의 (범죄인) 인도를 요구한 바 있다. 러시아 정부가, 이 도망자의 거주지를 찾지 못한 관계로, 그의 인도는 아직까지 실현되지 못하고 있다. 그는 한국의 독립을 회복하기 위한 모임의 가입자들 중 한 명이다. 혹자는, 그가 보다이아(Bodaïa)의 금광에서 현재 일하고 있다고 하고, 혹자는 독립된 한국 정부를 위한 비용 마련을 목적으로 한국인 각자에게 10루블씩을 요구하며 니콜스크에 현재 거주하고 있다고 한다.

26) 김진(金震)

1911년 7월, 블라디보스토크에서 권업회라는 조직의 비서관으로, 그리고 학교의 교장으로 활동하였다. 계태랑(桂太郞)의 방문 시 예방 조치에 의하여 블라디보스토크 경찰서로 소환되었다. 이 때 여장(女裝)을 하였고, 음모자로 의심받았다.

27) 이강(李剛)

안중근의 친한 친구로, 한 때 블라디보스토크의 한국인 신문의 조력자였으며, 그 후 치타에서 수석편집인으로 "대한인정교보(大韓人正敎報)"를 발행하였다. 미친 척하고, 반일 선전에 주력하였다. 1914년 11월에, 러시아 헌병에 체포되지만, 1915년 1월 9~22일에 풀려났다.

28) 최재형

니콜스크(Nicolsk) 거주 한국인들의 대표위원이며, 일본에 반대하는 폭동을 위하여 15,000루블을 기증한 반일 조직 창시자 중 한 사람이다. 권업회의 회장이었고, 한국의 독립을 회복할 수 있게 되기를 늘 꿈꾸고 있다.

29) 김성립(金成立)

러일전쟁 이전에 그의 형 김성백(金成伯)과 함께 하얼빈에 살면서, 일본에 대한 강한 증오를 가지고 있다. 이등박문(伊藤博文)의 암살과 계태랑(桂太郎)에 대한 음모의 가입자로 그의 형과 함께 지목되고 있다. 러시아 국적을 가지고 있음을 이용하여 대담하게 행동한다. 안중근을 존경하여 자신이 안중근 2세라고 말하고 다닌다.

30) 김성백(金成伯)

김성립의 형이며 한국인 학교의 교장이다. 1908년 한국의 독립을 회복시키려는 목적으로 조직을 설립하여 대표가 되었다. 러시아 국적을 가지고 있는 점 때문에, 일본의 사법권이 미치지 못하는 곳에서 활동하며, 그의 부하들을 선동하여 일본 유명인사들의 암살을 부추기는 등의 대담한 행동을 보인다. 김성백을 하얼빈 밖으로 추방하라는 일본 의회의 러시아 정부에 대한 요구에 따라, 하얼빈에서 도망쳤다가 다시 그곳으로 돌아 왔다. 다양한 지역의 반일 조직과 비밀스럽게 연계하면서 일본에 저항하는 다양한 음모에 몰두하고 있다.

위에서 보는 바와 같이, 일본은 최재형을 권업회 회장으로서 한국의 독립을 위해 투쟁하는 대표적 인물 가운데 한 인물로 평가하고 있다. 이처럼 제1차 세계대전 발발 이후에는 일본과 러시아의 친선관계로 러시아 지역에서의 한인 독립운동은 다음을 기약할 수밖에 없었다.

결국 1917년 러시아혁명의 발발은 러시아 지역에서의 한인 독립운동의 활성화 계기를 마련해 주었다. 그러나 일면 러시아혁명의 발발은 한인 독립운동의 성격 변화를 초래하였으며, 최재형 역시 자신의 운동 노선에 대하여 심각한 고민을 하게 된다. 결국 최재형은 기업가로서, 러시아에 일찍 귀화한 귀화한인으로서 그들과 같은 노선을 걸으면서도 새로운 변화에 적극적으로 대처하는 방향으로 자기의 노선을 선택해 가는 것이 아닌가 생각된다.

[더 보기]

◆ 최 올가의 기록: 1910년대 최재형과 집안의 삶

최올가의 기록에서는 1910년 최재형이 슬라비얀카로 이주하여 식료품 상점을 운영한 점, 1916년 봄 러시아당국에 체포되었다가 석방된 일, 최올가의 우수리스크에서의 학교생활 등을 보여주고 있다.

슬라비얀카 마을

1910년 아버지는 모든 집과 재산을 큰아들인 최 표트르 페트로비치(1남, Цой Пётр Петрович/П.П.Цой)에게 남겨주었다. 당시 큰아들은 가정을 꾸리고 있었다. 우리 가족은 슬라비얀카로 이사를 갔다. 그곳에서 나는 학교를 다니기 시작했다.

우리는 최 표트르 페트로비치의 한인 친구의 건물에서 살았다. 집은 길거리에 있었고, 주변에는 나란히 강이 흐르고 있었다. 우리는 강가로 놀러 다녔고, 그곳에서 기저귀나 기타 소소한 것들을 빨거나 닦았다. 나는 강에서 물장난하는 것을 좋아했다. 때로는 모래가 들어있는 제대로 헹구어 지지 않은 속옷을 가져오기도 했는데,

최재형가족(슬라비얀카, 1910)

슬라비얀카

물론 그 때문에 엄마로부터 혼나기도 했다.

아버지는 가족을 먹여 살리기 위해서, 살고 있던 건물에 식료품 상점을 열었다. 아버지는 상품을 구입하기 위해 블라디보스토크를 왕래하셨다. 시골에서 온 한 친척이 우리 집에서 살며 점원으로 일했다. 우리들은 조심조심 창고 쪽에서 상점으로 들어가곤 했다. 그곳에서 우리는 상자들을 열고 벗겨먹는 씨앗이나 호두를 주머니에 담기도 했고, 귤(지금은 만다린이라 부른다)을 꺼내오기도 했다.

마을에는 문화시설은 말할 것도 없고 생활 편의시설을 위한 아무런 기업체도 없었다. 우리 가정은 대가족이었는데, 집에서 모두를 씻긴다는 것은 어려운 일이었다. 통으로 집에 물을 길어와야 했고, 사용한 물은 다시 버려야 했다. 결국 아버지는 목욕탕을 세우기로 마음먹었다. 나는 큰 울타리가 쳐진 마당이 딸린 흰색 1층 (목욕탕) 건물을 기억하고 있다. 우리는 가족 단위로 그 건물에 다녔다. 아버지는 엄마가 아이들을 씻기는 일을 도왔다. 목욕탕에서는 세탁부터 시작해서 타지에서 온 손님들을 받기도 했다. 목욕탕은 모든 사람들이 좋아하는 장소가 되었다.

이 글을 쓰면서, 슬라비얀카만 바다와 폭포가 있고, 주변에는 아름다운 산들과 숲과 꽃들이 있었던 과거 살던 주변 지역들의 멋진 자연환경을 회상해 본다. 우리가 살던 슬라비얀카만으로 블라디보스토크에서 출발한 거대한 여객선들이 들어왔고, 이후 여객선들은 이곳에서 더 멀리 포시에트 항으로 왕래를 했다. 마을에서 아주 가까운 숲에는 야생 포도, 삼나무 열매와 야생 호도가 자라고 있었고, 산비탈에는 작약(芍藥)꽃이나 커다란 은방울꽃이 매우 많이 피었다.

베드로의 날(5월 1일)이나 파벨의 날(6월 29일), 혹은 그 밖의 휴일 기간에 아버지는 야외 소풍을 준비하시곤 했다. 남자들은 배를 타고 슬라비얀카만을 건너다녔고, 엄마와 우리는 마차를 타고 소풍을 즐겼다. 슬라비얀카만의 다른 쪽 해안에는 폭포가 있었는데, 폭포는 산의 높은 곳에 근원지를 두고 있었다. 폭포에서는 깨끗하고 맛있는 물이 떨어졌다. (아버지와 손위 남자형제들은) 바다에서 그물로 고기를 잡았고, (어린) 아이들은 해안가에서 작은 물고기나 개구리를 잡았다.

우리 가족은 잘 살았고, 모두가 학교를 다녔으며, 많은 책을 읽었고, 집에서는 일을 도와주었다. 어린 우리들은 모든 것을 할 줄 알았다. 왜냐하면 우리 가정은 대가족이고 집이 컸기 때문에 청소나 빨래 등의 일들이 많았다. 우리들은 일찍부터 바느질을 배웠다. 처음에는 인형의 옷가지들을 떴고, 나중에는 본인의 옷가지들을 떠서 입었다.

당시 도시와 큰 마을들에는 독일 기업가의 '쿤스트와 알베르스(Кунст и Альберс)' 상점이 운영되고 있었다. 이 상점들에는 털에서 실에 이르기까지 원하는 것은 무엇이든지 모든 것이 갖추어져 있었다. 한번은 엄마가 긴 양말용 실을 사도록 돈을 주신 적이 있다. 나는 실을 사러 상점에 가서 점원에게 필요한 물품에 대해 어렵게 설명을 한 후 실을 구입한 적이 있다. 나는 가늘고 검은, 부드러운 실을 집으로 가져온 후 양말 1개를 떴다. 이후 일 년 내내 양말을 떴는데, 두 번째 양말의 절반을 떴을 때쯤에 이미 첫 번째 양말은 나에게 작아져 있었다. 8-9세 때에 나는 이렇게 뜨개질하는 사람이었다. 당시 학교에서도 또한 우리들에게 뜨개질이나 여러 가지 손노동에 대해서 가르쳐 주었는데, 오늘날 학교에서 가르쳐주는 것보다 훨씬 더 많이 가르쳐 주었다. 나는 1915년에 초등학교를 졸업했는데, 살던 마을에는 다른 (상급)

학교가 없었기 때문에 3학년을 1년 더 다녔다.

1916년 봄에 러시아 당국은 아버지를 체포했다. 이때 일본은 러시아 당국에 항일 운동가인 아버지를 자신들에게 넘겨줄 것을 요구했다. 하지만 러시아 당국은 아버지를 니콜스크-우수리스크(현재 연해주의 제2도시인 우수리스크는 с.Никольское(1866), г.Никольск(1898), г.Никольск-Уссурийск(1926), г.Ворошилов(1935), г.Уссурийск(1957) 순으로 시기를 두고 명칭이 변경되어 왔다.)로 이송해 갔다.

그곳에는 첫 번째 부인의 소생인 큰딸 베라 페트로브나(1녀, Цой(Ким) Вера Петровна/В.П.Цой(Ким))가 살고 있었다. 그녀의 남편은 전직 교사인 김 야코프 안드레예비치(Ким Яков Андреевич)인데, 아버지의의 도움을 받은 초기 양육자들 중의 한 명이다. 당시 그는 이미 그곳에서 일을 하고 있었고, 자신의 집을 갖고 있었다. 그는 또한 당시의 '상류사회'를 출입하고 있었고, 상류사회 사람들과 카드놀이를 즐길 줄 알았다. 아마도 그는 아버지가 석방되도록 도왔던 것 같다. 왜냐하면 얼마 지나지 않아 그는 머리를 깍은 채 집으로 돌아왔기 때문이다.

지금도 엄마가 첫 딸기를 수확하시던 때를 기억한다. 엄마는 직접 딸기 모종을 심으시고 기르셨으며(엄마는 모종을 이웃집에서 얻어 오셨는데, 이웃사람들은 돈을 번 후에 오래 전에 어느 도시인가로 이사를 갔다), 나중에 수확 후에 열매를 아버지에게 대접하셨다.   아버지는 시내에서 학업 중이던 베라 집을 왕래하셨다. 그녀의 가족은 자나드보로프스카야 거리(ул.Занадворовская)에 있는 큰 집에서 살고 있었는데, 마당에 있는 작은 건물에서는 큰 아들인 표트르(1남, П.П.Цой)의 아내(며느리)가 4명의 아들과 함께 살고 있었다. 당시 큰 아들은 전선에 있었다. 아마도 그때 아버지는 내가 도시에서 공부하기 위해 기숙할 만한 집이 없다고 표트르의 아내에게 말을 한 것 같다.

큰 아들 표트르의 아내 예카테리나 드미트리예브나(Екатерина Дмитриевна)는 내가 도시에서 공부할 수 있도록 자신의 가정에 나를 받아 주는 것에 동의를 했다. 아버지는 이 제의를 하락해 주셨고, 내가 계속 공부할 수 있게 된 것에 만족해 하셨다. 부모님은 내가 니콜스크-우수리스크에서 공부할 수 있도록 준비를 해주셨다. 나에게는 따뜻한 외투가 없었는데, 엄마는 류바(3녀, Цой(Ни) Любовь Петровна/ Л.П.Цой(Ни)) 언니의 오래된 짧은 외투를 골라 소매의 길이를 줄인 후 김나지야(гимназия)로 공부하러 가는데 입을 수 있도록 나에게 주셨다.

나는 야코프 안드레예비치의 딸들이 다니는 갈색 건물 김나지야를 들어가지 못하고 2단계 (과정) 김나지야(гимназия Ⅱ ступени)를 들어갔다. 나는 공부를 잘했고, 노력을 많이 했다. 날씨가 쌀쌀해지면 나는 허벅지에 허리부분이 걸치는 '겨울' 외투를 입었다. 나는 모두에게 우스운 모습으로 비쳐졌다. 시간이 날 때는 학교 운동장에서 멋진 옷을 입고 있는 부유한 집 아이들과 놀았다. 물론 그들의 어머니는 몰골사나운 계집아이(나)를 보았을 것이다. 하지만 자기 딸들이 입던 낡은 외투조차도 내가 입도록 주지 않았다. 같이 놀던 친구들 중 두 명은 나보다 나이가 많았는데, 그들은 계절별로 두 벌씩(외출복과 일상복)의 외투를 갖고 있었다.

시내에는 큰 중국 극장이 있었다. 나는 예카테리나 드미트리예브나(큰올케, Екатерина Дмитриевна)의 집에서 살고 있었는데, 이 집의 나머지 절반 공간에서는 중국인 가족이 살고 있었다. 그 중국인은 우리가 사는 건물 너머에 있는 여인숙의 주인이었다. 그의 아내는 일을 하지 않았는데, 때때로 중국인 주인이 직접 다른 건물의 주방에서 쟁반에 음식을 담아 아내에게 가져다주었다. 중국인 아내는 러시아어를 잘 하지 못했다. 그녀는 불구가 된 작은 다리로 힘겹게 걸어 다녔고, 종종 나에게 불만을 하소연했다: "올가, 볼리나" (올가, 아프다).

나는 그녀와 몇 차례 중국 극장에 간 적이 있다. 나는 극장 측에서 손잡이가 없는 넓은 찻잔에 차를 담아 관객들에게 대접하는 것이 흥미로웠다. 하지만 우리는 마시지 않았다. 두 명의 사람이 있었는데, 그 중에서 한 명은 물이 담긴 대야를 들고 있었고, 다른 한명은 수건을 빨아 물을 짠 다음 관객 중에서 땀에 젖어 시원하게 닦아내고 싶은 사람에게 수건을 던져 주었다. 나는 이러한 행위가 마음에 들지 않았다.

극장 안은 매우 컸고, 무대 또한 매우 컸다. 물론 영화가 어떻게 진행이 되었는지 아무 것도 이해할 수는 없었지만, 나의 이웃(중국인 여자)이 공연을 매우 기쁘게 관람한 것이 나는 만족스러웠다. 그녀 스스로는 극장에 다녀오지 못했을 것이고, 그래서 그녀는 나에게 고마워했다. 나는 그녀에 대한 좋은 기억들을 갖고 있다. 그녀는 항상 단정하게 옷을 입고 있었고 머리 또한 단정하게 빗고 있었다. 그녀에게 이발사가 다녀가곤 했는데, 일주일에 한번 그녀는 머리를 단정하게 손질했다. 이발사는 그녀의 머리카락을 무언가로 감겼으며, 또한 머리카락에 무언가를 발랐다. 그녀는 남편-근로자의 삶을 장식해주며 살아가고 있다.

이듬해에 예카테리나 드미트리예브나(큰 올케, Екатерина Дмитриевна)는 3명의 아이들을 데리고 우리 부모님들이 살고 계시는 슬라비얀카로 갔다. 큰 딸 지나(Зина/ЦойЗинаида Петровна)는 나와 함께 남겨두었다. 당시 나는 11세였고, 지나는 8세였다. 이후 지나는 김나지야 준비학급에 들어갔다. 우리는 길 건너 한인들이 사는 건물에서 지내기 시작했다. 우리 둘은 힘들게 생활을 했는데, 당시 나는 음식을 잘 만들지 못했고, 그래서 지나는 자주 올케(자신의 엄마)에게 달려갔다. 물론 그곳에서 올케는 지나를 잘 먹였고, 하지만 나를 부르지는 않았다. 나에게까지는 먹일 여유가 없었던 것이다.

2개월 정도 지나서 우리를 슬라비얀카로 보냈다. 나는 노보키예프스크 마을로 가야했고, 그곳에서 상급초등학교 2학년에 들어갔다. 그 학교에서는 친언니 소냐(4녀, С.П.Цой)와 사촌 언니 마리나(Марина)가 공부하고 있었다. 소냐는 아침에 나를 데리러 다녔고, 우리는 같이 학교를 다녔다. 마리나는 나보다 4살이 많았고, 그래서 나는 그녀에게 친구가 되지는 못했다.

◆ 3남 최 발렌틴(1908년생)의 〈우리 가족에 대한 짧은 수기〉(1990년 6월. 알마티).

최발렌틴도 슬랴비안카의 생활을 기록하고 있다. 그러나 그의 기록은 최올가의 기록보다 구체적이어서 사실적인 측면에서 많은 도움을 준다.

우리 가족은 대 가족이었다. 아버지-최 표트르 세묘노비치(최재형-Цой Пётр Се

мёнович/П.С.Цой), 어머니-최 엘레나 페트로브나(Цой Елена Петровна/Е.П.Цой), 4명의 남자형제, 7명의 여자 형제들과 배우자들(사위들). 나는 능력이 닿는 범위 내에서 각각의 가족구성원을 보여주는 것을 과제로 삼겠다.

나는 1908년 5월 2일 포시에트 지구(Посьетский район, 포시에트군, 현재 하산군) 노보키예프스크(с.Новокиевск, 현재 크라스키노) 마을의 농민 가정에서 출생했다. 우리 가족은 슬라비얀카(с.Славянка) 마을로 이사를 했는데, 이 마을은 노보키예프스크에서 56km 떨어진 곳에 있었다. 아버지는 큰 아들인 표트르(1남, Цой Пётр Петрович/П.П.Цой) 가족에게 적은 규모의 농업시설과 15데샤티나(десятина, 미터법 이전의 러시아의 지적 단위, 1데샤티나-1.092헥타르)의 토지를 할당해 주었다.

1910년 일본은 완전히 한반도를 병합(강제병탄)시켰고, 일본은 러시아와 영국, 미국 정부당국으로부터 이러한 사실에 대한 인정을 받게 되었다. 이로 인해서 일본이 주인 행세를 하고 있는 한반도 국경과 가까운 곳에서 사는 것은 가족에게 위험하다고 여겨졌고, 따라서 우리는 1910년 슬라비얀카(Славянка)로 이사하게 되었다. 슬라비얀카 마을은 동일한 명칭의 슬라비얀카만 기슭에 위치하고 있는데, 거의 주변이 산들로 둘러싸여 있다. 그리고 슬라비얀카만의 입구는 넓이가 1km에 이르고, 열려져 있는 대양의 멋진 모습을 보여주고 있다.

우리 가족은 출납국 직원인 최 니콜라이(Цой Николай)의 아파트에서 거주했다. 아파트 건물에는 부속건물과 텃밭이 딸려있었다. 슬라비얀카 마을은 크림(Крым)과 동일한 위도 상에 위치하고 있어서 이곳에는 온화한 기후의 멋진 자연환경이 펼쳐져 있다. 또한 영하 10도 이하는 드물게 발생한다. 슬라비얀카 만의 해안은 깨끗한 모래와 갈매기가 있는 천연해변을 이루고 있다. 숲에는 많은 야생 유실수인 배와 야생 사과, 서양 호두, 개암나무-열매, 자두, 포도, 들장미 등이 자랐다. 우리가 거주하고 있던 아파트의 한 편에서는 슬라비얀카만의 전경이 다 보였다. 여름에는 보통 슬라비얀카 만에 수뢰정이나 순양함 등의 전함이 떠 있었다. 어느 날 저녁인가 슬라비얀카만 전체가 불빛에 휩싸였던 적이 있었다. 나중에 알고 보니 그 날 저녁에 로마노프 왕조 제위 300주년(1613-1913) 기념행사가 진행되고 있었던 것이다.

이를 기려서 함선에는 꽃불이 달린 아주 멋진 전기 장식이 만들어졌다. 마치 하늘에 천연색 불꽃이 매달려 있는 것처럼 보였다. 1914년 여름에 4번째 아들이자 11번째 식구가 된 비켄티(4남, Цой Викентий Петрович/В.П.Цой)가 세례를 받았다. 가정의 식구들은 정교회 신자들로서 태어나는 아이들은 정교회 세례를 받도록 했다. 집에서 나는 최초로 7살에 학교에 들어갔다. 나는 지금도 부모님들이 나를 학교에 넣던 때를 기억하고 있다. 학교는 나에게 특별한 인상을 심어주지 못했다.

1915년 봄에 우리 가족은 큰 5층 건물로 이사를 갔다. 건물은 우리가 살고 있는 거리를 가로지르는 거리에 위치하고 있었다. 살림살이는 짐마차에 실어 왔고, 작은 물건들은 인접해 있는 텃밭을 지나 손으로 날랐다. 우리 집이 속해 있는 건물은 김 표트르 니콜라에비치의 소유였다. 그는 블라디보스토크에 살고 있었다. 이사 온 건물의 택지 내에는 딸기과 관목들이 들어서 있는 잘 가꾸어진 과수원과 텃밭, 농업용 부속건물들이 들어서 있었다. 마당 사이에는 수동펌프용 우물(샘)이 놓여있었다. 이 수동펌프용 우물은 당시에는 신발명품이었다.

당시 나는 가정에서 아이들 중에 가장 많이였다. 누나들인 올가(5녀, Цой Ольга Петровна/О.П.Цой)와 소냐(4녀, Цой София Петровна/С.П.Цой)는 노보키예프스크(현재 크라스키노)에서 공부를 하고 있었고, 둘째 형 파벨(2남, Цой Павел Петрович/П.П.Цой)은 블라디보스토크 상업학교(Владивостокское городское коммерческое училище)에서, 그리고 셋째 누나 류바(3녀, Цой(Ни) Любовь Петровна/Л.П.Цой(Ни))는 니콜스크-우수리스크(현재 우수리스크)에 있는 여자세미너리(Женская семинария)에서 공부를 하고 있었다. 큰형 표트르(1남, П.П.Цой)의 아내(형수) 카챠(Катя)와 그 조가들도 함께 우리와 함께 살고 있었다. 또한 첫째 누나 베라(1녀, Цой(Ким) Вера Петровна/В.П.Цой(Ким))와 둘째 누나 나쟈(2녀, Цой Надежда Петровна/Н.П.Цой)는 출가한 상태로 독립적으로 살아가고 있었다. 나는 형 표트르가 장교 군사학교를 마치고 집에 왔을 때 그를 마지막으로 보았다. 그는 독일에 맞서 전선에 파견되기 전에 집에 들렀었다.

여름에는 일반적으로 방학을 이용하여 모든 학생들과 가족들이 모였다. 큰 과수원과 텃밭을 일구고 돌보는 데에는 일손이 많이 필요했다. 과수원과 텃밭에서 거둬들인 수확물의 절반은 바레니예(잼)와 절임채소 등의 가공된 형태로 슬라비얀카 만에 정박 중인 함선에서 근무하는 해군장교들에게 판매했다.

겨울에 나는 왼손 가운데 손가락에 타박상을 입었다. 나는 이튿날 손가락에 붕대를 감기 위해서 지역에 있는 간호사에게 다녀온 일을 기억하고 있다. 조치를 취했는데도 불구하고 일주일 후에 손가락은 많이 아팠고, 파랗게 되어 있었다. 그래서 아버지는 나를 군사구역-병원으로 데려가셨다. 병원에서 의사는 강한 염증의 부스럼이라고 진단을 내렸고, 손가락을 절단해야 한다고 말했다. 아버지는 수술에 동의하지 않으셨고, 나의 손가락을 치료하기 시작하셨다. 아버지가 상처를 닦아내고, 연필 길이만한 심지를 손가락의 속으로 밀어 넣을 때 무척이나 아팠다. 모든 과정은 순조롭게 끝이 났고, 나는 결국 손가락을 유지할 수 있게 되었다.

이른 봄에 아버지는 학교가 들어서 있는 부지에 약 1.5-2.0헥타르 규모의 과수공원 토대를 닦아 놓으셨다. 나는 아버지와 함께 과수공원의 정문에서 왼쪽으로부터 첫 줄과 두 번째 줄에 최초의 두 그루의 나무를 심었다. 그런데 여름에 아버지에게 좋지 않은 문제가 발생하게 되었다. 지역 당국에서 아버지에게 일본의 스파이 혐의를 두고 체포해 연행해 간 것이다. 지역 당국은 정기 운행하는 배편을 기다리면서 아버지를 3-4일 동안 군사구역에 있는 군 영창에 감금해 두었다. 다행히 블라디보스토크에 있는 군 고위지도부는 현명하게 판정을 내렸고, 그들은 아버지를 석방했다. 일주일 후 아버지는 집으로 돌아오셨다. 나중에 알고 보니 지역 경찰당국은 여러 차례 일본 첩보기관의 유혹에 말려들었다고 한다. 일본 첩보기관은 아버지의 명예를 훼손시키는 거짓 소문을 유포해 왔던 것이다.

가을에 나는 심하게 몸살을 앓은 적이 있었다. 아마도 바닷물에 물놀이를 해서 감기에 걸린 것 같았다. 처음에 나는 기침을 많이 했고, 이후에는 호흡이 힘들어지고 숨쉬기가 어려웠다. 새벽에는 숨을 쉬기 어렵게 되었고, 숨을 쉴 때 목구멍에서 소리가 났다. 알고 보니 천식이 생긴 것이었다. 천식은 이후 5년 이상 나를 괴롭혔다.

대한민국임시정부의
재무총장

1. 러시아혁명기, 한인사회 보전에 총력

1) 노령 한인협회와 고려족 중앙총회 결성

2월혁명 이후 언론·집회·결사·신앙·교육의 자유가 확대되면서 확대된 활동공간에서 한인사회의 조직화에 나선 것은 원호인(러시아 국적 취득자)들, 특히 원호인 2세들이었다. 이들이 한민족으로서 독립적인 단체를 결성하기로 한 것은 한인으로서의 자치권을 도모하고 러시아인과 동일한 권리를 확보하기 위함이었다.

1917년 4월에 개최된 니콜스크-우수리스크군 집행위원회 창립대회에서 다수의 한인위원들(45명 가운데 5명)이 선출되고, 한인들이 집중적으로 거주하고 있던 두만강으로부터 니콜스크-우수리스크 지방에 이르는 남부 연해주 일대 각지의 공안위원회(公安委員會)에서도 입적 한인들이 우세를 점하게 되었다. 젬스트보(Zemstvo)나 공안위원회 등 민주적인 지방자치 조직들에서 다수 원호 한인들이 중요한 직책을 차지하게 된 것에 놀란 러시아인들은 젬스트보와 공안위원회로부터 한인들을 축출하기로 결의하였다. 이에 맞서 한인들이 동등한 권리를 주장하였지만 대적할 수 없었다. 그리하여 분개한 한인들은 마침내 한국민족 단위의 '독립단'을 결성하고자 한인 대표자대회를 개최하게 되었다.

원호인들이 한인 중앙조직 건설에 나선 것은 이처럼 연해주 지역에서 러시아인들의 차별적 조치에 대응하기 위한 목적이 강했다. 한인 조직을 발기한 인물은 김 야고프 안드레예비치, 한 안드레이 아브라모비치(한명세)등 5명으로 이들은 1917년 4월 니콜스크-우수리스크군 집행위원회의 위원으로 선출된 한인위원(保安會의 회원)들이었다. 이들의 주도로 5월 3일 블라디보스토크의 신한촌 한민학교에서 개최된 발기회에서 다음과 같이 결정되었다. 이때 최재형은 임시회장으로 활동하였다.

우스리스크 전경

① '노령한인협회' 발기회 임원 : 회장 한 안드레이, 부회장 김 와실리, 노문露文-러시아어 서기
　김기룡, 한문韓文-한글서기 고진화이며, 의사원은 김치보·최재형·문창범·김 니콜라이·김 야
　고프 안드레예비치 등 5명(총회 소집일까지)

② 발기회의 비용은 발기인들로 128루블 50카페이카를 출연하여 이로써 충용한다.

③ 러시아 각지로부터 총대總代를 선정 소집하여 한인협회를 조직하는 것으로 결정

④ 지방총대의 집회 위치는 니콜스크-우수리스크로 결정한다.

⑤ 발기회 임시사무소는 블라디보스토크에 둔다.

　같은 날 저녁 발기회 의사원들이 블라디보스토크의 발기회 부회장인 김 와실리
집에서 회장, 부회장, 의사원, 서기 등이 의사회를 개최하고 다음과 같이 '노령 한인
협회' 창립을 위한 대회 관련 사항을 결정했다.

①총대 소집대회의 일시는 6월 3일, 러시아력 5월 21일로 정하고 그 위치는 니콜스크-우수리스크 코르사코프카야 15호로 정한다.

②지방에서 총대를 선정하는 방법은 50호 이상 100호까지의 지방에서 1명을 선정하되, 남녀를 물론하고 18세 이상의 자로 한다. 지방총대는 그 지방인민의 증명서를 조직회에 제출한 후 참석케 한다.

③지방에서 파송한 총대의 경비는 각각 그 지방에서 부담하여 총대의 왕복 여비 및 니콜스크에서의 5일간의 체류 비용에 충당한다.

④지방총대는 무릇 그 지방 인구를 조사 보고할 것. 단 입적한 사람 및 입적하지 않고 5년 이상 거주한 한인만으로 한다.

⑤지방총대는 무릇 그 지방에 필요한 교육 토지 산림 영업, 노동 및 기타 한민족에게 커다란 행복한 문제를 제출한다.

⑥총대 외에 참여하려고 하는 사람은 의견 진술을 할 수 있지만 가부의 결정권이 없다.

아울러 발기회 의사회는 대회 조직회가 의결할 문제의 순서를 결정했다. 조직회가 의결할 예정 문제의 순서는 ① 취지 설명, ② 발기회로부터 제출한 문제가 한인에 필요한가 여부, ③ 임원 선정, ④ 국회에 한인 대의사를 파견하는 권리의 획득, ⑤ 회의 사무정리의 방침, ⑥ 회의 유지비용 모집 문제, ⑦ 노동 및 식물 문제, ⑧ 토지 문제, ⑨ 산림과 실업 문제, ⑩ 결항(缺項), ⑪ 신문 간행 문제 ㉠ 비용 모집 방법, ㉡ 신문사의 성질, ㉢ 신문사의 위치, ⑫ 한인교육 문제 ㉠ 한인 자제 교육의 자치, ㉡ 학과 담당교사, ㉢ 한인학교의 아어(俄語) 문제, ㉣ 학생 구제, ⑬ 입적하지 않고 농사에 종사하는 한인을 구제하고 보호하는 일, ⑭ 한인 촌락 및 구정부 시대의 공평하지 않은 사실 문제, ⑮ 사회의민단(社會義民團) 혁명파와 시베리아의 사계동맹파(社界同盟派)를 보호하는 일, ⑯ 각 지방으로부터 제출된 문제, ⑰ 각 지방에서 처결한 문제 등이었다.

'노령 한인협회 발기회'는 그동안의 경과와 결정사항을 정리한 4종의 문건인 「노령 한인협회 발기회 통고서」·「노령에 있는 동포제군에 고한다」·「발기회에서 처리한 사상 제1호」·「조직회가 의결할 예정 문제의 순서」 등을 작성하여 각지 한인들에게 배포하였다.

같은 날짜로 된 발기회 명의의 「노령에 있는 동포제군에 고한다」는 노령 한인협회 조직대회에서 논의할 사항을 구체적으로 제시하였다. 즉, 새로이 구성될 국회에의 대의원 선거·언론·출판의 자유를 이용한 동포 일반의 편리 도모 등 사업을 추진하고 이를 위한 연락 집회 기관으로서 노령 한인협회를 조직하고 한글신문을 창간하는 문제를 논의할 것이며, 이를 위해 의연금 모집을 시작한다고 하였다.

마침내 1917년 6월 3일, 니콜스크-우수리스크에서 이르쿠츠크 이동(以東)의 각지 대표 96명이 참가한 가운데 제1회 전로 한족대표자회의 러시아 한족 임시대표자회가 개최되었다. 대회장은 최만학(崔萬學), 최 레프 표트로비치였는데 그는 바로 최재형의 조카였다. 대회의 주도자들은 각지에 보낸 전보와 통지서에서 "아령 전체 한인의 일대단체一大團體를 조직"하고 "신문 기타 각 기관을 협동하자"는 취지와 함께 지방대표들을 선출 파송할 것을 촉구하였다.

대회 참가 대표들은 사회공안위원회·농민동맹·국민회에 소속된 인물들이 많았다. 그러나 에스 알(SR), 사회혁명당 계열의 원호인 지식인들이 주도한 대회는 여호인(러시아 국적을 취득하지 않은 한인) 농민대표들과 국민회 대표들에게는 결의권을 부여하지 않았으며, 치타시 대표로 온 국민회의 이강은 입적한 지 1년밖에 안되고, 또 대회에서 항일적 주장을 할 우려가 있다고 하여 대회 참여가 거부되었다.

이처럼 대회 참가자들이 거의 대부분 입적 한인들이었고, 비입적 한인들은 참가가 거의 불가능하였던 때문에 사실상 입적 한인들의 대회였다. 이러한 대회의 성격은 대회의 결정과 결의사항에서 그대로 반영되었다. 대회는 러시아 임시정부 지지를 결정하고, 임시정부에 축전을 보내는 한편, 임시정부의 정책인 "승전할 때까지 전쟁 지속"을 지지하였던 것이다.

1917년 6월 3일부터 12일까지 9일에 걸쳐 개최된 제1회 전로 한족대표자회는 ① 원호인은 헌법제정의회에 대표를 파견할 것, ② 원호인에 의한 한족대표회의 조직, ③ 농업용 토지 문제를 요구할 것, ④ 교회로부터 학교를 독립시킬 것, ⑤ 정기간행물을 출판할 것, 니콜스크-우수리스크에 『청구신보』, 블라디보스토크에 『한인신보』, ⑥ 촌자치회의 제도는 원래 러시아 제도를 모방할 것이지만 구한국의 제도도 참작할 것 등이 결의되었다. 대회 결의안에는 원호인들의 정치적 사회경제적 문화적 지위와 권리 향상에 치중되었고, 항일적 주장은 전략상 전혀 포함되지 않았다.

결국 이 대회에서는 다수파인 원호인 70여 명과 소수파인 여호인 30여 명 대표들 간에 합동이 이루어지지 못함으로써, 대회의 취지였던 '한인의 일대단체'의 조직에 실패하고, 원호인만으로 니콜스크-우수리스크에 본부를 둔 고려족중앙총회를 조직하는 데 머물렀다. 대회의 결의에 따라 조직된 '상설대표자회,' 즉 고려족중앙총회 초대회장에는 김 야고프 안드레예비치가 선출되었고, 부회장에는 연추 국경사무관의 통역으로서 아지미면 집행위원회 회장으로 선출된 바 있는 김만겸이 고려족중앙총회 기관지 『청구신보』의 주필 겸 고려족중앙총회 부회장으로 선출되었다. 김만겸은 『청구신보』 주필과 고려족중앙총회 부회장에 전념하기 위하여 연추 국경사무관직을 그만두고 니콜스크-우수리스크로 왔다.

최재형 등 고려족중앙총회의 주도 인물들은 정치적으로는 온건사회주의 계열의 에스 알사회혁명당과 관계가 깊었고 러시아 고등교육을 받은 지식인들이 많았다. 이들은 니콜스크-우수리스크의 한인사회를 기반으로 한인사회의 주도권을 장악하였다. 결국 고려족중앙총회에서 배제된 여호인 망명가들이 반발하였고, 이에 여호인 빈농들이 동조하였다. 이들은 정치적으로는 볼쉐비키 세력을 지지하였으며 토

청구신보

한인신보

지 문제 등에서 볼쉐비키 정부의 정책을 환영했다. 이처럼 최재형 등 대회의 주도인물들은 당시 항일운동의 과제보다는 노령 한인사회의 민족적 권리 신장이라는 과제를 우선시하였다.

2월혁명 이후 러시아 한인사회를 최재형 등 원호인들이 주도함에 따라, 항일적인 이슈가 뒷전에 밀려나 있었는데, 그것은 제1차 세계대전 기간 동안에 반일적 민족운동이 철저하게 탄압을 받았을 뿐만 아니라, 2월혁명 이후에도 유력한 반일 민족운동 지도자들이 사망하였거나 투옥되어 있었던 사정과 밀접한 관련이 있었다.

일단 항일적 이슈가 소홀히 다루어졌다는 한계에도 불구하고 제1회 전로 한족대표자회의는 '노령 한인협회' 발기회에서 가장 중요한 현안 문제로 인식했던 한글신문의 발간을 결의한 점에서 그 의의를 찾을 수 있다. 블라디보스토크 신한촌민회의 기관지로 『한인신보』와 니콜스크-우수리스크의 고려족 중앙총회의 기관지 『청구신보』 발행을 결의하게 된 것이었다.

2월혁명 이후 한인사회를 주도하고 있던 최재형 등 원호인들의 민족자치 우선의 입장은 중앙의 케렌스키 정권이 붕괴된 10월혁명까지도 지속되었다. 6월의 대회에서 노령 전체 '한인의 일대단체'로서 조직된 고려족 중앙총회는 10월혁명 후인 1917년 11월 25~27일에 실시될 헌법제정의회 국민대의회의원 선거에서 반볼쉐비키적인 시베리아 독립정부 지지 입장을 채택했던 것이다.

즉 6월 대회의 결의에 따라 '헌법제정의회 의석 배당 위원회'에 1개의 한인 의석을 신청했다가 거부됨에 따라, 고려족 중앙총회는 연해주 지역 4개 의석을 두고 입후보한 원동 러시아지역 9개 당파 가운데 ① 시베리아 정부의 독립 지지, ② 시베리아 독립시 선거에 한족대표 두 사람 참여, ③ 입적 비입적 불문하고 5년 이상 거주 한족에 대한 토지소유권의 인정 등 세 가지 조건을 수락한 '연해주촌민회·연해주농민회·연해주농민대표회·연해주농민당' 후보2호 지지 운동을 전개하여 당선시키는 데 성공하였다.[343]

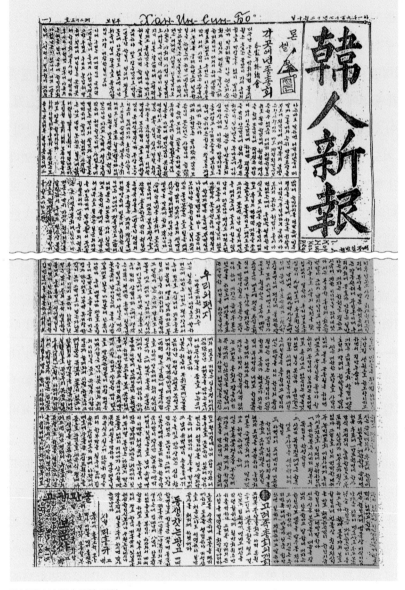

한인신보 1917년 12월 23일

2) 최재형의 『한인신보』와의 인터뷰 기사

한편, 최재형의 연해주 촌민회 지지 입장은 『한인신보』(23호, 1917년 12월 23일) <최씨의 본사 방문>에 잘 나타나 있다. 기사 내용을 그대로 옮겨보면 다음과 같다.

연추 남도소 사장 최재형이 한인신문사를 방문하여 시국에 대한 대담을 하였는데 기사는 다음과 같다.

1. 우리 남도소는 입적이 900여 호에 투표권 있는 것이 남녀 2,995명인데 금번 투표한 수가 1,833명이며, 전쟁에 출정한 장정이 모두 600여 명이요, 군인가족으로 월급 받는 호수가 4백오십 호, 매호가 평균 53원. 금년에 농사가 잘되었으므로 민간생활은 풍족한 모양이다.

2. 기자: 선거는 어느 당을 하였으며, 여자들 투표는 상당한 자격을 찾았습니까.

   답: 투표는 여러 당으로 하였으며, 여자들은 뒷집 아버님이나 앞집 생원으로 한 모양이라고 하면서 절반 웃슴

3. 고려족 총회의 창립에 관한 효력과 장래에 힘쓸 일:

   답: 씨는 개탄한 모양으로 사람이 없다, 물론 공동 일을 하려면 배고프고 등 시린 줄 몰라야 할 터인데 돈 있는 자는 돈 더 벌려고 욕심내고, 없는 자는 먹을 것이 없어 일을 못한다. 우리 늙은 사람은 시대에 뒤진 사람이라 새 일은 새 인물을 요구한다고 말이다. 씨는 또 말을 이어 한인의 중심 될 만한 지방은 소왕영이다. 지금 한인의 호수가 천여 호가 되니 한 집에 두 어량 씩 내어도 한인교육은 염려가 없다고 한다.

4. 기자는 아령의 한인 중심적 단체는 고려족 총회로 잡을 터인즉 끝까지 힘쓰는 것을 말함에

   답: 일 볼 사람이 없는 것을 근심하면서 오는 연종 총회에 참석할 것을 기약한다.

   씨는 금번 대의사 투표에 한인 대표가 없는 것을 개탄한다. 금번 연해주 투표에 1만 5천명에 한 사람 식 피선되니 우리 한인으로 투표권이 있는 자가 이 수효가 될 수 없다. 그럼으로 임의 연약한 연해주 농민대표회 대의사에 우리가 세 조건으로 일전에 부탁하였다.

   1. 우리 한족은 시비리 정부의 독립을 찬성할 일

   2. 시비리 독립되는 때에는 한족 대표 2사람을 선거 참여케 할 일

   3. 아령에서 5개년 이상 거주한 한인에게는 입적 비입적을 물론하고 토지소유권을 가질 일

   세 가지 조건으로 부탁하여 농민회 대표는 금번 국회에 가서 말하겠다고 허락하였다고

하며, 씨는 본촌 교육 정도를 물음에 기자는 세 학교의 관계와 학생의 수효를 말하였다. 씨는 학교에서 아무리 잘 가르쳐도 가명의 감독이 없으면 어린아이들에게 별 효력이 없다고 한다. 씨는 한인 가운데 법률상 지식인 있는 자를 가리어 변호사를 두고 모든 일을 처리하는 것이 좋다고 한다. 첫째 노동자를 보호할 일이며, 법률상 횡침된 사정을 바로 처리하는 것이 한인의 급한 일이라고 연방 말한다. 씨는 지금은 우리 민족에게 자유가 있으니 힘만 쓰면 일하기 편리하다고 말한다

위의 기사에서 볼 수 있듯이, 최재형은 기자의 "선거는 어느 당을 하였으며, 여자들 투표는 상당한 자격을 찾았습니까"라는 질문에 대하여 "여자들은 뒷집 아버님이나 앞집 생원으로 한 모양이라고 하면서 절반 웃음"이라고 하여 아직까지 여성들의 인권이나 투표권에 대한 인식까지는 나아가지 못한 느낌을 갖게 한다.

아울러 최재형은 기자의 <3. 고려족 총회의 창립에 관한 효력과 장래에 힘쓸 일>에 대한 질문에 대하여 다음과 같이 답변하고 있다.

답: 씨는 개탄한 모양으로 사람이 없다, 물론 공동 일을 하려면 배고프고 등 시린 줄 몰라야 할 터인데 돈 있는 자는 돈 더 벌려고 욕심내고, 없는 자는 먹을 것이 없어 일을 못한다. 우리 늙은 사람은 시대에 뒤진 사람이라 새 일은 새 인물을 요구한다고 말이다. 씨는 또 말을 이어 한인의 중심 될 만한 지방은 소왕영이다. 지금 한인의 호수가 천여 호가 되니 한 집에 두어량씩 내어도 한인교육은 염려가 없다고 한다.

이처럼 최재형은 일을 추진할 인재가 없음을 안타까워하고 있다. 아울러 이제는 재러 한인사회의 중심은 연추가 아니라 소왕령, 즉 한인들이 다수 거주하고 있는 우수리스크임을 강조하고 있다. 특히 최재형이 " 한인 가운데 법률상 지식인 있는 자를 가리어 변호사를 두고 모든 일을 처리 하는 것이 좋다. 첫째 노동자를 보호할 일이며, 법률상 횡침된 사정을 바로 처리하는 것이 한인의 급한 일이라고 연방 말

한" 점에서 그가 근대적 사고를 갖고 한인 노동자를 보호하고자 하며, 그리고 한국인의 의견을 대표할 대표를 선출의 중요성을 인식하고 있음을 짐작해 볼 수 있다.

3) 한족대표자대회에서 명예회장으로 추대

전로한족회중앙총회 회의장소

고려족 중앙총회는 10월혁명 이후에도 반볼쉐비키적인 입장 즉 친시베리아정부-친사회혁명당에스 알인 입장을 견지하고 있었다. 즉, 1918년 1월 10일에 28명의 대의원이 참가한 지방 대의원회가 개최되었는데, '시베리아독립회의'에 최재형과 대학생 이모(李某)를 파견하기로 하고 후보자로 김기룡 김 니콜라이 이바노비치와 김츄프로프를 선출하였던 것이다.

최재형은 원호인 중심의 고려족 중앙총회에 참여하였지만 반볼쉐비키적 입장을 내면적으로 지지하고 있지는 않았던 것 같다. 대한신민단 단장을 역임하고 볼쉐비키적 입장을 지지했던 유명한 항일 독립운동가인 김규면은 자신의 비망록『老兵 金規勉의 備忘錄』에서 자신을 포함한 31명의 항일운동가에 대하여 기록하면서, 최재형을 첫 번째 거명하며 그에 대하여 다음과 같이 평가하고 있다.

최재형은 북조선 함북 경원군 출생인데 농노의 아들이다. 8세 시에 자기 부친과 함께 연해주 보세트 구역에 망명하여 왔다. 이것은 19세기-60년대이다. 부친과 함께 농업도 하며, 어업도 하며, 부두 건축 노동도 하다가 장성한 후 로서아(러시아) 입적민이 되어서 다른 고려인들과 같이 부락생활 하였다. 점점 고려인 망명 이주민이 증가되어 아즈미, 씌즈미, 연추, 마라바스, 살라반스크, 두 세 구역에 고려인 촌락이 수천 호였다.

최재형은 도소회장(면장)으로 수십 년 일하는데 신망이 많았고 남도소 개척 사업과 교육 사업에 로서아(러시아) 문화교육에 주창자이고, 청년교양 사업과 봉건사회 구습 풍습을 폐지하고 문명 사업에 선진자였다.

짤시애에 원동 고려인 대표로 니콜라이 제오 대관식에 참여했고, 일본에 망명한 고려 혁명자들을 방문하였고, 또는 1906. 7. 8 북선 의병운동에 적극적으로 후원하였고, 17년 2월 혁명 후 즉시로 연해주 거류 고려족 연합총회를 소집하여 고려족 총회를 창립하고, 총회장은 최재형이 피선되었다.

그래 붉은 주권 밑에서 연해주 고려인민은 통일적, 조직적으로 잘 준비하여 진행하는 중에 1918년 말 1919년 초의 연해주 북도소 니콜리스크 아편장사 구룹빠(그룹) 거두들이 고려족 총회를 점령하고 총회장은 문창범 아편대왕을 선거하고 부회장 기타 주요 임원은 다 투기업 영웅들이었다.

최재형은 김좌두 등과 같이 빨치산 조직운동에 연락 방조 후원하고, 고려족 총회 행동을 조종하지 못하였다. 최재형은 소비에트와 조선의 애국자이고, 진정한 혁명자이고, 원동 고려인에게 혁명적 선진적 인물이다. 붉은 주권의 적극 지지자이었다. 그래 일본 정탐국은 언제나 비혁명자와 혁명자를 똑바로 정탐하여 아는 것이다. 1920년 4월 정변 날에 최재형이를 붙잡아다가 학살하였다. 일본 제국주의자는 악독하고도 영리한 것이다. 아편 장사꾼들은 매수할 수 있지만, 최재형 같은 애국지사들은 매수할 수는 없으니 학살당하는 것이다.

최빠사는 최재형의 둘째 아들이다. 원동 빨치산 운동에 조맹선, 박그레고리와 같이 독립단 군대 영솔하고 빨치산 전쟁에 참가하다가, 원동해방 후로 해군함대 포병대장으로 근무하였다.

1918년 6월 13일부터 23일까지 우수리스크에서 제2회 전국 한족대표자대회가 개최되자, 러시아 각 지역의 대표 129명이 참여한 가운데 개최된 이 회의에서 최재형은 이동휘와 함께 명예회장으로 추대되었다. 그리고 6월 22일, 23일에 간부 선거에서 최재형은 이동휘와 함께 고문으로 선출되어 한인의 대표적인 지도자로서의 위상을 보여주고 있다. 여기서 최재형은 러시아에 귀화한 한인의 대표로, 이동휘는 러시아에 귀화하지 않은 한인의 대표임을 짐작해볼 수 있다.

한편 최재형은 1918년 8월, 한인 장교 원 미하일이 체코군 사령관 가이다와 호르바트의 후원으로 하얼빈에 한인 특별대대를 조직하자, 이 부대의 장정 모집을 후원하기도 하였다. 최재형이 이처럼 한인 특별대대 조직에 적극 나선 것은 호르바트의 약속, 즉 백위파가 소비에트 정부를 전복하게 되면 한인 청년들에게 무기를 공급하여 한인 독립운동을 지원하겠다는 약속에 기대를 걸었기 때문이었다.

2. 종전 이후 국제사회를 통한 독립 노력

1) 1919년 1월 니콜스크 한족 회의와 만세운동

제1차 세계대전이 종전되면서 윌슨에 의하여 전후 처리의 기본 원칙으로 민족자결주의가 발표되자 약소국 지도자들은 이를 크게 환영하였다. 그리하여 파리강화회의에 크게 주목하는 한편 1918년 12월 초순부터 뉴욕에서 세계 약소민족 동맹회의 제2차 연례총회를 개최하여 약소민족자결주의 원칙에 따라 파리 강화회의에서 약소민족을 독립시켜야 한다고 결의하고자 하였다.

이 소식에 접한 미주 지역의 동포사회에서는 파리 강화회의와 세계 약소민족 동맹회의에 대표를 파견하여 조선의 자주 독립을 주장하고자 하였다. 이에 1918년 11월 25일 대한인국민회 중앙총회장 안창호는 임원을 소집하여 이승만, 민찬호(閔讚鎬), 정한경(鄭翰景) 등을 소약속국 동맹회의(小弱屬國同盟會議) 참석자로 지명하고 정한경, 이승만을 파리행 대표로 임명하였다.[344] 또한 뉴욕에 근거지를 두고 있던 金憲植은 1918년 11월 30일 비밀리에 신한회 총회를 개최하고 미국 대통령과 국무부, 그리고 상하원에 제출할 결의 선언문을 작성하였다.[345]

그러나 이승만, 정한경 등 파리대표 파견은 여권이 발급되지 못하여 실패로 돌아가고 말았으며,[346] 다만 제2차 소약속국 동맹회의에만 대표를 파견할 수 있었다. 즉 1918년 12월 4일 오후 뉴욕 맥알파인 호텔에서 열린 제2차 소약속국 동맹회의에 신한회에서 김헌식이, 그리고 대한인국민회에서 민찬호, 정한경 등 2명이 참석하였던 것이다.[347]

한편 미국에서 재미 동포들의 활동이 활발해질 무렵인 1918년 11월 경 러시아 지역에 있는 동포들의 상황은 그리 원만하지 못하였다. 1918년 8월 이후 일본을 비롯한 연합국의 러시아혁명에 대한 무력개입으로 백위파 정권이 득세하게 됨으로써 한인 민족운동은 침체기에 빠져들게 되었기 때문이었다. 이에 러시아에서의 한인 대표기관인 전로 한족회중앙총회는 콜챠크가 시베리아에 대한 통치권을 장악하게 되는 1918년 11월에는 중앙체제를 변경하여 지방연합회 대표로 구성되는 한족상설의회(韓族常設議會)를 설치하였다.[348]

이러한 시기에 미국에서 활발한 활동을 전개하고 있던 미주 대한인국민회 중앙총회는 이승만, 안창호 등 대한인국민회 대표를 파리로 파견한다는 내용을 한족

상설의회에 전달하는 동시에 파리에도 러시아 지역 대표를 파견할 것을 요청하였다.[349] 이에 한족 상설의회에서는 파리 강화회의에 한인 대표를 파견하기로 하였다.

특히 주목되는 것은 한족 상설의회에서 중국과 노령 지역이 연합하여 대표를 파견하고자 하였던 점이다. 즉 미국에서 이 소식을 접한 한족 상설의회는 12월 상순 중국과 노령이 연합하여 대표를 파리 강화회의에 보내어 독립을 요구하자는 통첩을 북간도에 보냈던 것이다. 이에 북간도에서는 장동에서 비밀회의를 개최하고, 한족 상설의회의 통첩에 동정을 표하고, 대표의 여비를 비밀히 모집하였다.[350]

미주에서 한인들의 활동과 당시 국제정세에 고무된 한인들은 니콜스크 한족회 주관으로 1919년 1월 초순 노령과 동청철도 연선 지방에 거주하는 동포 200여 명이 참석한 가운데 대규모 한인대회를 개최하였다. 이 모임에 참여한 중심인물로는 문창범(니콜스크 한족회 회장), 한영준(韓永俊, 러시아 육군 장교 출신, 니콜스크), 안정근(니콜스크), 원미항(元美恒, 러시아 육군 장교 출신, 연추), 안장근(安莊根, 穆陵縣), 박산우(朴山友, 스파스크) 등을 들 수 있다.[351]

문창범은 주지하는 바와 같이 한족 상설의회와 니콜스크 한족회의 중심인물이고, 안정근은 안중근의 동생이며, 안장근은 안중근의 아버지인 안태훈(安泰勳)의 형인 안태진(安泰鎭)의 둘째아들이다. 즉 니콜스크, 스파스크, 연추 등 러시아 지역 대표와 만주의 목릉현 대표들이 그 중심을 이루고 있으며, 그 중에서도 니콜스크 세력이 중심을 이루었다고 할 수 있다. 다만 여기에 지역적으로도 가까운 블라디보스토크 신한촌 민회 세력이 참여하고 있지 않은 것이 주목된다.

니콜스크 모임에 참석한 대표들은 미국에서 재미 교포들의 활동에 대한 보고를 들은 뒤 니콜스크에서 비밀회의를 갖고 노령 재류 선인의 대표자를 프랑스로 파견할 것을 결정하였다. 즉, 시베리아 귀화인 대표로 연추 한족회 회장 최재형을 선출하였고, 아울러 전 노령 조선인 대표자로 이동휘를, 그리고 재동청철도 연선 지방

대표로 백순(白純)을, 그리고 조선 국내 대표로 상해에 있는 이용(李鏞)을 각각 선정하였다. 아울러 수행원으로 박상환(朴商煥)을 결정하였다. 그는 간도 명동소학교 교사 출신으로 불어에 능통한 인물이었기 때문이다[352]

이 가운데 최재형이 추대된 것은 전 시베리아에 거주하는 귀화인들의 중심인물이기 때문일 것이다. [353] 즉 이 모임의 중심인물인 러시아 육군 장교 출신인 귀화 한인, 한영준, 원 미하일 등이 주장하였을 것으로 생각된다.

한편 최재형 등 니콜스크에 모인 한인들은 시국에 대한 협의를 마친 후 한족대운동회(韓族大運動會)라는 명의하에 태극기를 앞세우고 니콜스크 전역을 돌아다니며, 조선의 독립을 촉구하였다. 이에 놀란 일본 군대는 이를 전원 해산시키는 한편 태극기를 몰수하였다. 그러자 한인들은 미군 군헌들에 교섭하여 태극기를 반환받게 되었다. 이러한 일이 있게 되자 미국에 대한 기대감은 더욱 고조되었으며, 파리강회회의에서 민족자결주의에 의해 독립될 수 있다는 확신을 갖게 되었고, 또 이러한 말들을 동포들에게 선전하는 데 열중하게 되었다.[354]

2) 파리강화회의 대표 선임과 변경에 이르기까지

사태가 여기에 이르자 1918년 8월 이후 동부 시베리아 지역에 백계파가 우세하여 한때 침체기에 들어갔던 러시아 지역의 한인 독립운동 세력은 다시 적극적으로 독립운동을 전개하고자 하였다. 특히 재러 동포들은 미국 동포들과의 통신을 통하여 빈번한 연락관계를 맺고 활동하고 있었다. 즉 재러 동포들은 재미 동포들의 요청 및 투쟁 방략에 따라 일본에 대한 투쟁을 전개하고자 하였다.

미주 동포들은 "재러 동포들이 시베리아 방면에서 일본군과 충돌해야 하며, 이때 동포 중의 일부는 비참한 최후를 맞이해야 한다. 그리고 이것으로써 미국 군대 내에 동정을 일으켜 파리 강화회의에서 이 문제가 제기되어야 한다. 이를 위하여 재러 동

독립선언 1주년 기념행사(신한촌).

신한촌 독립문

포들은 분발해야 한다"고 촉구하였다.

아울러 재러 동포들은 시베리아에 주둔하고 있는 미군들에게 종종 한인들의 절박하고 애처로운 사연을 말하여 미군들의 동정을 일으키고자 하였다.[355] 또한 니콜스크 한족회는 미군 육군 장교를 비밀고문으로 하여 각 지방회와 연락하여 세력을 증대시키고자 하였다. 또한 일본과 미국과의 개전설을 퍼뜨려 미국에 대한 강한 기대감을 드러냈다.[356]

한편 1919년 1월 초순의 니콜스크 대회 이후 노령 지역에 살고 있는 동포들은 미국에 대한 강한 기대감과 더불어 파리 강회회의에서 한국은 반드시 독립할 것이라는 생각을 갖게 되었다. 이에 1919년 1월 12일에 발간된 한인신보에서 김하구(金河球)는 「자유의 신년」이라는 제목하에 평화회의에서 한국이 독립할 것임을 주창하였다.[357]

니콜스크 한족 상설의회의 중심인물인 문창범 등은 그 후 파리 강화회의에서 러시아 한인 대표의 위상에 대하여 재검토하게 되었던 것 같다. 그들은 곧 파리 파견 대표를 윤해(尹海)와 고창일(高昌一)로 변경하였다. 그것은 파리에 도착할 경우 윤해 등에게 평화회의, 국제연맹, 소약국 민족회의에 참여하되, 각처에서 온 국민대표와 합동 동작하라는 출발 당시의 명령[358]을 통하여도 짐작해 볼 수 있다. 즉 문창범 등은 파리 강화회의에 각 지역에서 많은 조선인 대표들이 참석할 것이며, 그 한 일원으로서 러시아 지역의 대표가 활동하는 것으로 인식하였던 것이다. 그리하여 문창범 등은 1919년 1월 15일 윤해와 고창일에게 규정된 서류와 여비를 주고 아울러 파리 강화회의에 참석할 방도는 대표단이 상황에 따라 처신할 것을 통고하였던 것이다.[359]

니콜스크 한족 상설위원회에서는 1월 29일 상설위원회를 개최하고 파리 강화회의 대표를 최종적으로 확정하고자 하였다. 1월 초순 비밀리에 이동휘, 최재형 등을 선출한 후에 신한촌 민회로부터 최재형, 이동휘, 김보, 한용헌, 최만학, 서오성 등 중에 대표로 선정하자는 의뢰가 있었기 때문이었다. 그러나 상설위원회에서는 최재형과 이동휘, 유동열 등을 파견 대표로 우선적으로 고려하였다.[360]

젊은 사람은 일본 측이 거금으로 매수할 경우 매수당할 가능성이 크므로 항일 경력도 있고 연배도 있는 사람이 바람직하다는 견해가 우세하였기 때문이었다. 그러나 이들이 대체로 함경도 출신이므로 평안도파인 안정근은 평안도파 1인을 더 선정하자고 주장하였다. 이에 문창범과 안정근 사이에 논전이 벌어지자 최재형이 이를 적극 중재하여 이 건은 원만히 해결되는 듯하였다.[361]

그러나 사실 1919년 1월 15일경 파리 강화회의 대표에는 윤해와 고창일 등 함경도파가 선출되었으며, 2월 5일 이전에 이미 파견된 상태였다.[362] 윤해는 함남 영흥(永興) 출신으로[363] 1910년 초에 러시아 연해주로 망명하여 권업회 총무로 일한 인물이며, 1917년 3월에는 니콜스크로 이주하여 한족중앙회 위원과 그 기관지 청구신보의 주필로 활동한 인물이다.[364] 고창일은 원적이 함북 경원(慶源)이며, 러시아에서 출생한 한인 2세이다. 1918년부터 니콜스크 한족중앙회 부회장으로 일하고 있던 인물이다.[365]

이들을 파리 대표로 선정함에 있어서 한족중앙회 상설위원회의 중심인물인 최재형이 같은 함경도 출신인 문창범 등과 함께 평안도파들에게 이 사실을 알리지 않고 비밀리에 파리 대표를 선정하고 파견하였던 것이다.[366] 이 사실을 우연히 알게 된 안정근은 2월 5일 최재형을 만나 이에 항의하였다.[367] 이 사건으로 인하여 최재형 중심의 함북파와 안정근 등 중심의 평안도파 사이에 갈등은 더욱 깊어졌을 것으로 추정된다.

이러한 사태의 발생은 니콜스크 한족상설회가 대표 선출 문제를 비밀리에 신중에 신중을 기하여 추진하였기 때문이었다. 당시 신한촌을 중심으로 한 러시아 지역 한인 독립운동계가 얼마나 살얼음판이었는가를 단적으로 보여주는 사례가 아닌가 한다.

그렇다면 니콜스크 한족상설회가 최재형, 이동휘 등 대신 윤해, 고창일 등을 파견한 이유는 무엇일까. 물론 이것은 파리 강화회의에 대한 전망과 관련이 있는 것 같다.[368]

전로 한족회 중앙총회회장이었던 문창범의 언급에서 알 수 있는 바와 같이 당시 파리에는 세계 각 지역에서 조선인 대표를 파견하고 있는 상황이었기 때문에 러시아에서의 파견자도 그들과 함께 일을 할 수 있는 능력이 있는 인물이어야 한다는 것이었다. 그러므로 겉으로 내세운 항일 경력이나 나이 등보다는 영어와 불어 등 외국어를 해득하고 다소 교육이 있어 세계정세에 능한 인물을 선택하고자 하였던 것이다.[369]

최재형, 문창범 등 니콜스크 한족회의 중심인물인 함북파의 이러한 인식은 당시 러시아에서 간행되는 각종 신문들과 미주 동포들과의 교신 등에서 얻은 정보에 바탕을 둔 것으로 보인다. 이러한 가운데 1월 20일 상해를 출발하여 연해주에 온 신한청년당의 여운형(呂運亨)을 통하여[370] 그러한 인식은 더욱 굳어졌던 것으로 추측된다. 여운형은 김규식(金奎植)을 파리 강화회의에 파견하였음을 문창범 등에게 언급하였고, 파견 비용과 상해에서 독립운동 전개를 위한 자금의 제공을 요청한 일이 있기 때문이었다.[371] 아울러 최재형, 이동휘 등은 나이도 있고 거물급 인사라 너무 알려져 체포의 위험이 있기 때문일 것으로 추정된다.[372]

3. 시베리아 현장에서 끝까지 투쟁하다

1) 두 개의 임시정부와 최재형

제1차 세계대전이 연합국의 승리로 기울고 세계정세가 식민지 국가의 독립을 가능하게 하는 쪽으로 변해가면서 일제 강점하의 암흑기를 견뎠던 조선에도 희망이 싹트기 시작했다. 특히 해외로 나가 있던 수많은 독립운동가들 사이에서 향후 독립 이후 이 나라를 어떻게 구성하고 이끌어갈지에 대한 구체적인 논의가 이루어지기 시작했다. 불과 얼마 전까지도 상상할 수 없었던 변혁의 시기가 찾아오고 있었다.

그러한 흐름 속에서 가장 먼저 그 움직임을 시작한 것은 러시아에 있던 독립운동가 그룹이었다. 제1차 세계대전이 진행되던 중 자국 내에 혁명이 진행되면서 러시아에 있던 한인들은, 재러 한인들의 지위 보전과 자치권 확보 문제에 촉각을 세우면서도 마음속에 품고 있던 조국 독립의 의지를 숨기지 않았다. 그것은 재러 한인들의 힘을 결집시켜 궁극적으로 조국 독립의 힘으로 전환하는 것이었다.

그 결과, 앞 절에서 언급했듯이 볼셰비키 혁명 직후인 1917년 말에 전로한족회중앙회의가 결성되었고, 1918년 6월에는 니콜스크에서 제2차 전로한족회중앙회의가 개최되었으며, 1919년 1월에는 니콜스크에서 대규모 한인대회를 열어 태극기를 흔들고 조선의 독립을 촉구하였다. 이어 2월에는 전로한족회중앙총회를 확대 개편하는 형식으로 대한국민의회를 조직하였다. 대한국민의회는 향후 조선 독립에 대비하여 정부 형태의 조직을 구체적으로 구상했다는 점에서, 한반도 밖에서 구성된 최초의 임시정부라는 중요한 의미를 갖는다.

최재형은 대한국민의회가 발족되기까지 연해주 한인의 실질적인 최고지도자로서 막후 지원과 역할을 다했을 뿐만 아니라, 외교부장으로 선임되어 미래 독립 한국의 외교 일반을 담당하라는 중책을 떠안았다. 그러나 연해주 한인들을 기반으로 하고 있던 대한국민의회는 당시의 시점에서는, 임시정부로서의 대표성과 통합성에서 주요 대안 중의 하나라는 제약을 갖고 있었다.

한편 얼마 후인 1919년 4월에는 또 하나의 임시정부로 상해에서 대한민국 임시정부가 발족되었는데, 여기에서 최재형은 초대 재무총장으로 선임되었다. 상해 임시정부에는 대한국민의회에 참여한 주요 인사로 문창범, 이동휘 등이 함께 각료로 포함되었다. 그러나 최재형은 상해로 가지 않았다. 그는 시베리아 현장에 남아 지속으로 항일투쟁을 전개하고자 하였던 것이다.

이처럼 양대 임시정부 내에서 인적 구성의 중첩은 향후 통합 임시정부의 구성에 있어, 주도 세력에 따라 각각의 노선과 지향점의 차이가 적지 않을 것임을 시사하는 대목이었다. 조국 독립 열망을 간직한 수십 만 명의 이주 한인들을 저변에 갖고 있던 대한국민의회가 무력적인 국권 탈환의 뜻을 여전히 유지하고 있었던 반면, 외교적 노력을 통해 국권을 회복하겠다는 명망가 중심의 초기 상해 임시정부의 노선 사이에는 상당한 간극이 있었다.

국제적인 정세 변화로 찾아온 임시정부 논의는 미래의 권력이나 자리를 논하기에는 시기상조였다. 어려서 러시아에 건너와 온갖 간난신고를 거치며 사업가로서 성공을 거두고, 조국 독립을 위해서라면 상황에 적절한 강온 전략을 선택하면서 자신의 모든 것을 던졌던 애국지사이자 현실주의자였던 그에게 당시 닥쳤던 임시정부 구상들은 아주 먼 미래를 향한 또 다른 첫걸음에 불과했을 것이다.

그럼에도 불구하고 향후의 독립된 한국을 구성하기 위한 양대 임시정부의 구상속에서 당시의 핵심 인사들에게 최재형은 빠져서는 안 될 인물이었음은 그에 대한 기대와 위상을 말해준다.

2) 대한국민의회에서 외교부장으로 선임

1919년 2월 25일 개최된 대한국민의회 창립대회에서 상설위원장 원세훈은[373] 취지서를 발표하였다.[374] 중앙총회 상설위원 15명으로 장래 한국이 독립할 것에 대비하여 임시 대통령의 선거, 대외 문제 등 일반의 정무를 장악할 기관으로 대한국민의회를 설립한다는 취지였다.[375] 즉, 본 회의에서는 현재 여러 사정에 따라 전 국민을 대표하는 국민의회를 조직할 수 없으므로 상설위원회를 임시 국민의회로 하기로 한 것이다.

그리고 이 임시 국민의회의 역할은 장래 한국이 독립하는 날에 대비하여 임시 대통령을 선출하고 대외의 문제, 기타 내정, 외교의 일반을 장리(掌理)할 임시정부로 하는 데 있다고 하였다. 이러한 국민의회의 설립 계획은 앞서 언급한 바와 같이 파리 강회회의 대표로 파견되는 윤해와 미리 상의되었던 부분이었다. 그리고 그 중심적인 생각은 윤해에 의해 작성되었으며, 윤해는 이를 상설위원장 원세훈에게 의탁하였던 것이다.[376]

전로 국내조선인회의는 블라디보스토크에서 모여 국내외 국민들로부터 지지를 받는 임시정부적인 중앙기관을 니콜스크에 창설하는 한편 정부 당국자를 인선하고자 하였다. 아울러 그들의 이름으로 일본 정부에 한국독립 승인의 최후통첩을 발송하고자 하였다. 그리고 만약 하등의 회답을 얻지 못할 경우 중국령 및 노령에 재주하는 조선인, 그리고 조선 내지에 있는 조선인 일반의 명의로 영구적인 혈전을 선언할 것을 결정하였다.[377]

또한 전로 국내조선인회의에서는 중앙기관을 설치하는 전후에 독립운동가들의 발기에 따라 블라디보스토크에서 일대 시위운동을 전개하고자 계획하였다. 즉, 니콜스크 및 블라디보스토크의 보이스카우트들이 독립기를 앞세우고 시중의 중요한 도로를 돌아다니며, 연합국 인사의 면전에서 한국인의 의기를 보임으로써 연합국의 공감을 구하고자 하였던 것이다.

이 시위운동 당일에는 조선인 상점 및 학교가 모두 휴업할 예정이며, 니콜스크에서 300명, 블라디보스토크에서 약 200명의 보이스카우트가 참여할 예정이었다. 이 일을 추진하기 위하여 2월 24일 니콜스크에서 동 지역의 보이스카우트를 대표하여 김 아파나시가 블라디보스토크로 가서 블라디보스토크 청년 대표자와 협의하였다. 그리고 시위운동에 참가하는 청년은 이날 몸을 희생하여 한국독립을 위해 진력할 것을 맹세하였다.[378]

니콜스크에서는 군부(軍部)를 중앙위원회 내에 조직하고, 집행위원을 선정하여 독립군을 편성하려고 하였다. 그런데 독립군 조직을 둘러싸고 중앙위원회 간부들 사이에 의견이 둘로 나뉘었다. 하나는 미하일 원(元)의 조선인 특별대대에 병합시켜야 한다는 것이고, 하나는 미하일 원의 부대와는 전혀 별개의 편성을 해야 한다는 주장이었다. 이 두 가지 주장 외에 일부 독립운동가들은 군대 조직은 불가능한 일이라고 하고 오히려 다수의 선발대를 조선 국내에 파견하여 분쟁을 야기하여 평화회의의 주의를 야기하느니만 못하다는 논의를 제시하는 인사들도 있었다.[379]

한편 3월 초순 서울에서 노령으로 온 김하석은 블라디보스토크 및 니콜스크 한족회와 상호 연결하여 한족 독립기성회라는 것을 조직하고, 한족 독립운동 계획을 수립하였다. 그 계획안은 노령 동청철도연선 지방, 간도 훈춘 및 서간도 지방에 산재한 동지 중에서 1만 명을 모집하여 조선 국내로 진공작전을 전개하여 무력 시위운동을 개시한다는 것이었다. 그리고 한국민의 자결운동을 프랑스에서 개최되는 만국강화회의의 의제로 삼고자 하였다.

아울러 김하석은 무력 시위운동을 전개할 방법으로 2가지 안을 제시하였다. 첫째는, 모집한 일만 명의 동지를 두 부대로 나누어 제1대 5천명을 선발대로 하되, 무기는 휴대하지 말고, 도문강 국경에서 함경북도로 침입하여 각자 태극기를 흔들며 만세를 고창하면서, 서울로 진출하는 도중에 일본 관헌에게 저지당하고 체포 혹은 구속당하는 자는 그대로 두고, 그 나머지는 경성을 향해 매진한다. 일면 후방 제2대 5

천명은 무기를 휴대하고 간도 및 훈춘 각 지방에서 함경북도 국경지대를 습격하여 한 지점을 점령하고 한족 공화 임시정부의 소재지로 하든가, 혹은 간도에 임시정부를 조직하는 방안이다.

두 번째는, 동지 1만 명이 일단이 되어 무기를 휴대하고 함경북도를 습격하여 한 지점을 점령하고 한족 공화정부를 설치하는 동시에 조선 각지에서 의병을 봉기시켜 일본 군경과 대항하는 것이다. 제1설과 2설의 목적은 기본적으로 승패에 구애됨이 없이 조선 각지를 병란지로 만들어 미국, 기타 열강의 간섭을 유치함으로써 한족 자결문제를 강화회의의 의제로 상정하는 데 있었다.[380]

김하석은 서울에서 노령으로 동행한 수 명의 동지와 함께 노령 한족회와 협력하여 이 계획을 수행하기 위해 의병 규합, 의연금 모집 및 무기류 모집에 진력하였다. 그 중 노령 귀화 조선인 군인파 규합은 연추 거주 최재형 및 하바롭스크 거주 김인수(金仁洙) 등이 담당하도록 하였다. 최재형이 귀화 한인들 사이에 큰 영향력이 있었던 점을 고려한 것이었다. 그리고 노령 거주 한인들은 대대적으로 군자금 모집 및 총기 모집에 노력하였고 총기는 1호에 총 1자루씩을 제공하고자 하였다.

의병들의 규합은 이범윤이 담당하였다. 그는 훈춘 및 안도현(安圖縣), 무송현(撫松縣) 방면으로 밀사를 파견하여 옛 부하의 규합에 노력하였다. 김약연은 한 알렉산드르, 최 니콜라이 양인을 대동하고 간도로 돌아와 간도 동지와의 연락, 독립군 규합 등의 임무를 띠었다. 국자가(연길)의 이홍준(李弘俊)은 나자구 및 무산, 간도 방면으로 가서 독립군 모집에 노력하였다.[381]

한편 대한국민의회는 대한국민의회라는 정식 명칭으로 회장에 문창범, 부회장에 김철훈, 서기에 오창환 등의 명의로 3월 17일 독립선언서를 배포하였다.[382] 또한 3월 중순,

문창범

국민의회는 최재형을 외교부장에, 이동휘를 선전부장에, 김립(金立)을 이동휘의 부관에 선임해서 이동휘를 간도 방면에 파견해서 독립운동의 선전 선동에 종사하게 하였다.[383] 최재형을 외교부장에 임명한 것은, 그의 탁월한 러시아어 실력과 러시아인들과 대인관계, 귀화 한인들과의 관계 등을 전체적으로 고려하였기 때문일 것이다.

3) 상해 임시정부 재무총장 선임

1919년 4월 중국 상해에서 신규식·이동녕·이시영 등을 비롯한 많은 애국지사들이 대한민국 임시정부 조직을 논의하였다. 그리고 4월 10일 상해 프랑스 조계의 김신부로에서 이동녕이 의장으로 하는 제1회 의정원회의가 개회되었는데, 이 회의에서 국호를 대한민국으로 정하고 국무위원을 선출하였다. 이때 최재형은 초대 재무총장으로 선출되었다. 최재형이 재무총장에 임명된 것은 한국독립운동선상에서 그가 차지하는 위상을 단적으로 보여주는 것이라고 할 수 있다. 최재형은 구한말부터 1910년대까지 러시아지역의 항일운동의 대부로서, 나아가 한국독립운동계 전체의 항일운동에서 그가 차지하는 재정적 역할을 그 누구도 무시할 수 없었던 것이다. 이 점이 바로 최재형이 임시정부에서 장관으로 임명된 직접적인 계기가 아니었나 한다. 하지만 최재형은 취임은 하지 않았다. 이에 대하여 공산주의자 이인섭은 자신의 기록에서 최재형이 다음과 같이 언급하고 있다고 하고 있다.

"조선해방은 임시정부를 조직하는 데 있는 것이 아니라, 조선인 해방군대를 조직 양성하는데 있는 것이다. 나는 본시 조선의병대에 종사하였고, 지금도 종사하고 있다. 만일 상해로 가는 여비가 있다면, 나는 그 돈을 총을 사서 우리 독립군대로 보내겠다"고 하였다. 이 얼마나 가짜 애국자들이 허영에 취해서 상해로, 이르크추크로들이 뛰고, 내뛰면서 빨치산운동과는 본체만체하는 판국에 진정한 고백이 아닌가 말이다.

위의 내용을 통하여 최재형이 얼마나 실무적이고 현실적인 항일투사인가를 짐작해 볼 수 있다.

최재형이 상해 임시정부의 재무총장 선임을 거절한 것은 독립운동의 방식을 둘러싼 대한국민의회와 상해 임시정부 사이의 노선 차이가 작용했다고 볼 수 있다.

국권을 상실하기 전의 국토와 맞닿은 곳에서 여전히 독립 의지가 뜨거웠던 수많은 한인들과 함께 하던 연해주와 만주 중심의 애국지사들은 기본적으로 일제와 싸워 두만강과 압록강을 건너 본토로 들어간다는 생각을 갖고 있었다. 반면 좀 더 냉철한 인식으로 국제정세의 변화를 활용해야 한다는 생각을 갖고 있던 엘리트 중심의 초기 상해 임정 인사들의 관점은 이들과 상당한 간극이 있었다.

그렇다고 하여 최재형이 오로지 무력을 통한 독립만을 주장하는 강경주의자는 아니었다. 오히려 반대로 최재형은 온건주의 노선에 가까웠다. 최재형은 의병운동을 후원하며 연해주 의병 세력의 국내 진공작전에 전력투구한 경험도 갖고 있었지만, 그러한 방식으로는 부작용만 있을 뿐 독립은 요원하다는 자기반성을 하던 사람이었다. 그래서 그 후에는 경거망동 하지 말고, 교육과 실업 장려로 민족의 힘을 키운 뒤 독립을 쟁취해야 한다는 현실주의적 노선에서 크게 벗어나지 않았다.

일제의 정보기관 역시 최재형에 대해 "그는 다른 조선인들이 대부분 사회혁명당(社會革命黨)에 속하여 극히 좌(左) 쪽으로 편향되어 과격파에게 공감을 갖고 있는 경향임에 반해, 최재형(崔才亨)은 매우 우(右) 쪽으로 편향되어 차라리 제정파(帝政派)에 가까운 자이다"라고 평가할 정도였다.

그러나 당시 최재형의 개인 의중이 어떠했느냐와는 별개로 그와 함께 하던 세력들의 전반적인 분위기는 충분히 짐작할 수 있다. 독립된 조국을 만들기 위한 임시정부 구성에 있어, 당시 대한국민의회와 상해 임시정부의 분립은 당연히 빠른 시간에 극복해야 할 문제였지만 여기에는 시간과 과정이 필요했다. 다만 당시의 시점에서 영토도 없고 국민도 없는, 중국 상해의 조계지라는 안전지대에서 소수의 인사들이 벌이는 임시정부 구상에 대해 최재형이 선뜻 동의하기는 어려웠을 것이다.

아래는 상해 임시정부 구성에 관한 훗날의 독립신문 기사 내용이다. 초대 각료와 주요 인물들 속에는 대한국민의회의 최재형을 비롯한 문창범, 이동휘, 그리고 윤해 등의 이름이 올라와 있다.

『獨立新聞』 1919. 9. 4

俄領(러시아)事件, 漢城政府

俄領(러시아)에 在한 韓人은 國民議會(국민의회)를 組織하고 三月 十七日에 宣員書를 發布하다.
原三月 二十三日 漢城에 各道의 國民代表가 會集하여 臨時政府를 組織發布하니 그 閣員은 下
와 如하다.

臨時政府閣員

執政官總裁 李承晩(이승만)

國務總理 李東暉(이동휘)

外務部總長 朴容萬(박용만)

內務部總長 李東暉(이동휘)

軍務部總長 盧伯麟(노백린)

財務部總長 李始榮(이시영)

法務部總長 申奎植(신규식)

學務部總長 金奎植(김규식)

交通部總長 文昌範(문창범)

勞動局總裁 安昌浩(안창호)

參謀部總長 柳東說(류동열)

參謀部次長 李世榮(이세영)

評政官

趙鼎九(조정구) 朴殷相(박은상) 玄尙健(현상건) 韓南洙(한남수) 孫晉衡(손진형) 申采浩(신채호)

鄭良弼(정양필) 玄楯(현순) 孫貞道(손정도) 鄭鉉隄(정현제) 金晉鏞(김진용) 曺成煥(조성환)

李圭豊(이규풍) 朴景鍾(박경종) 朴瓚翊(박찬익) 李範元(이범원) 李奎申(이규신) 尹解(윤해)

臨時議政院

先是에 韓人政治家들은 많이 上海에 會集하여 臨時事務所를 法(프랑스)界에 設하고 獨立運動의 進行을 計劃하여 오다, 四月 十一日에 各 地方代表會를 開하고 臨時議政院(임시의정원)을 設置하다, 先日에 宣布된 官制를 改하여 執政官을 廢하고 憲法을 多少改正하여 國務員을 內地本部와 合議 選擧 頒布하니

國務總理 李承晩(이승만)

內務總長 安昌浩(안창호)

外務總長 金奎植(김규식)

法務總長 李始榮(이시영)

財務總長 崔在亨(최재형)

軍務總長 李東暉(이동휘)

交通總長 文昌範(문창범)

이라. 臨時政府를 上海에 置하고 政府成立을 中外에 公布하다.

대한국민의회 독립선언서

[더 보기]

◆ 일본 측의 정보 기록을 통해본 이동휘와 최재형

1919년 4월 23일 접수

외무대신 자작(子爵) 내전강재(內田康哉) 전(殿)

1919년 4월 17일

재 블라디보스토크(浦潮斯德) 총영사 국지의랑(菊池義郎)

불령(不逞) 조선인의 동정(動靜)에 관한 건

불령 조선인의 최근 동정은 다음과 같다.

1. 이동휘(李東輝)에 관한 건

이동휘(李東輝)는 나재거우(羅子溝)로 향했다는 설이 있다. 폭동 준비 때문인지 의심된다.

이동휘는 이미 보고한 바와 같이 니콜스크에 있었는데, 국민의회(國民議會)에서 선전부장에 선임되어 부관(副官)인 김립(金立) 이하 소위 막료들과 함께 나재거우로 향했다는 설이 있다. 선전부장은, 혹은 첩자가 잘못 들어서 선전부장이라고 보증할 수는 없지만, 즉 3월 17일(시위운동 당일) 살포된 독립선언서 및 동경(東京) 유학생의 독립선언서 결의문의 마지막 조항인 "파리평화회의(巴里平和會義)에서 한국의 독립을 인정하지 않으면 한민족은 일본에 대해 영구적 혈전(血戰)을 포고하고 그 책임을 짊어진다" 운운한 문언(文言)에 비추어 보면, 맹동(盲動)을 일삼는 저들로서는 이른바 국민의회의 결의 및 임명에 기초하여 일본에 대한 영구적 혈전의 선전부장으로 이동휘를 임명했고, 이동휘는 나재거우로 가서 부하를 구합(鳩合)하여 만일의 경우 즉 파리평화회의(巴里平和會義)의 결과가 만약 그들의 기대대로 공상(空想)으로 끝난다면 폭동을 일으키려고 기도하지 않을지 의심스럽다.

처음에 국민의회 측에서는 이범윤을 일으켜 옛 부하들을 소집하여 일을 담당하게 한다는 논의도 있었으나, 75세 노령인 이범윤은 도저히 이번에 활동무대에 설기력이 없어서, 협의한 결과 이범윤, 홍범도 등의 옛 부하를 소집하여 이동휘가 지휘하기로 결정했다고 한다. 이범윤, 홍범도의 부하들 사이에는 한글의 '범' 자를 부적처럼 지니고 있어서, 이를 차고 있는 자는 어떠한 장해도 없이 의병으로 채용한다고 한다.

4월 5일 이동휘가 블라디보스토크를 출발할 때 김립을 동반한 사실은 있으나, 하등 다른 저명한 인물을 동반한 형적(形迹)은 없다. 나재거우는 작년에 이른바 무관학교가 생긴 곳으로서, 이동휘가 우리 관헌의 체포를 벗어나 노령으로 탈주했던 곳 또한 그 지역이다.

2. 최재형(崔才亨)

이번의 독립운동에 대해서는 내심 도저히 어떠한 성과도 거둘 수 없음을 알고 평생의 주장인 조선인의 교육과 실업 장려에 노력하고 있다.

최재형은 그 조카 엄인섭의 3남 김봉(金鳳)의 결혼피로연에 참석하기 위해 4월 12일 니콜스크에서 블라디보스토크로 왔다. 엄인섭(嚴仁燮) 집에서 2박하고, 그 처의 형인 김 콘스탄틴 집에서 1박한 후 15일 정오 열차로 돌아갔다고 한다.

블라디보스토크 체제 중 최재형의 언동에 대해 밀정이 전한 바에 따르면, 앞의 엄인섭 집에서의 연회 석상에서는 이른바 유지(有志) 신사(紳士) 등을 위해 마련된 특별석 내객(內客) 40여 명의 좌장으로서 접대하는 역할을 담당했다. 연소하고 날렵한 청년들에게는 크게 그 원래의 뜻을 고무 장려한 바가 있었다.

출발 전 밤에 엄인섭 집에서 정현설(鄭鉉卨), 엄인섭 외 1, 2명이 있는 석상에서 서로 교류하는 간담을 열었다. 먼저 일의 성부(成否)를 계획하지는 않고 단지 경거망동해서는 안 되는 까닭을 역설했고, 나아가 이동휘 무리가 이른바 의병이라는 것을 조직하여 폭거를 기도하는 것 따위는 단지 무고한 양민을 힘들게 하고 살상하는 것일 뿐 하등 국사(國事)에 이익이 되지 않음은, 과거에 이범윤, 엄인섭 등이 의병을 일으켜 한반도 북부지방으로 진입한 결과 어떠한 이득이 없었고 도리어 지방의 양민을 살상하고 재산에 손해를 입히는 외에 하등 이익이 없었던 것이 바로 이를 입증하는 것이라고 설명했다.

오늘날 진실로 한국을 위하는 선비(士)는 반드시 먼저 국민의 지식을 키우고 부를 증진시켜 일반 한국국민의 수준을 수십 년간 향상시킨 후에 비로소 국권 회복 등을 논의해야 하며, 따라서 오늘날 우리가 주력해야 하는 것은 재 니콜스크의 조선인 사이에서 학교를 경영 유지하는 것이라고 운운했다.

또한 일전에 개최되었던 니콜스크 우수리스크 군(郡) 자치회의 실상을 설명하여 말하였다. 동 회에 출석해야 할 대표자는 동 군 내 러시아인 조선인(露 鮮人) 부락을 통해 모두 62명인데 출석자는 32명으로서 그 중 5명의 조선인이 있었다. 의장 이하 역원(役員)을 선거할 때 의장에 최재형을, 부의장에 한(韓) 안드레이 아브라모비치를, 서기에 모 조선인을 천거했으나, 최재형은 일단 이를 사양하면서 우리 조선인만 무거운 짐을 짊어지지는 말자고 했다.

일반 러시아인 등은 억지로 취직을 권유하여 말하기를, "우리 러시아인은 모두 교육을 받지 못해 어떠한 사무도 이해할 수 없다. 그대들은 교육도 받고 경험도 있으니 다행히 우리를 지도해 달라"고 했다. 조선인은 모두 취직되었으니 이를 보더라도 무엇보다도 교육이 중요함을 알아야 한다.

동 회에서는 남우수리(南烏蘇里) 지방의 양봉업(養蜂業) 장려안을 통과시켜, 전년(前年)에 유럽 러시아(歐 露, 우랄산맥 서쪽의 러시아)에 있는 모 농업학교에서 공부했던 최재형의 조카(甥) 채(蔡) 모를 순회교사로 초빙하는 안(案) 및 재 니콜스크 조선인 사이의 학교에 대해서는 교원 봉급으로 월 500루블(留), 유지비로 월 500루블, 즉 1년에 1만 2천 루블을 군에서 보조하는 안을 통과시켰다.

또 우리 조선인의 지식 정도가 저들 러시아인보다 우월하니 이들 사업을 돌아보면 적어도 러시아령 내에서는 우리 한민족이 이른바 민족자결주의에 기초하여 다른 민족과 동등한 자주 자유를 얻는 것은 결코 어려운 일이 아니다. 이러한 실례(實

例)만 보더라도 우리 한국의 독립도 무지한 군중이 단지 경거망동하여 성취되지는 않는다. 반드시 앞서 말한 것처럼 민족의 지식과 부(富)의 정도를 향상시킨 후에는 저절로 독립의 기회가 올 것이다 운운.

또한 최재형은 엄인섭을 돌아보며 다시 전년에 힘들었던 경험도 있으니 반드시 폭도들의 무모한 경거(輕擧)에 참여하지 말라. 오직 진면목으로 실업에 힘쓰라 운운했다. 최재형은 최만학(崔萬學)에게 "다시는 내 가족이라고 동정을 베풀지는 않을 것이다. 내 가족의 생활을 원조할 비용을 돌려서 니콜스크 조선인 사이의 학교 유지비로 쓸 것이다"라고 말했다. 최만학(레프토로치 최)은 이를 듣고 곧바로 5천 루블을 기부했다고 한다.

이상 설명한 바와 같이, 최재형은 겉으로는 일반의 의향에 반대하여 독립운동에 역행하는 것 같아도, 내심으로는 지금의 운동력으로는 도저히 어떠한 성과도 거둘 수 없을 뿐만 아니라 도리어 장래에도 유해하다는 생각을 버리지는 않을 것이라 확신한다. 그의 평생의 주의(主義)는 조선인의 교육 실업 장려로서 일반의 민도(民度)를 향상시키는 것이 한국독립의 최 첩경이라고 생각하고 있는 것 같다.

게다가 그는 "전(前) 흑룡연도(黑龍沿道, 아무르연도) 총독 고니다치[현(現) 동청철도(東淸鐵道) 토지부장]는 일찍부터 내무대신에 비견되는데 그가 과연 동직(同職)에 취임하면 우리 귀화 조선인을 위해서는 대대한 편의를 받을 수 있을 것"이라고 했다. 우리 밀정은 최재형을 "그는 다른 조선인들이 대부분 사회혁명당(社會革命黨)에 속하여 극히 좌(左) 쪽으로 편향되어 과격파에게 공감을 갖고 있는 경향임에 반해, 최재형은 매우 우(右) 쪽으로 편향되어 차라리 제정파(帝政派)에 가까운 자이다"라고 평가했다.

최재형은 재정이 넉넉지는 않아서 최만학 등 가까운 친척의 도움으로 가계를 지탱해가고 있는 상황이다. 조만간 구두방(靴製造所)을 설치할 뜻이 있어서 그 자금 조달 방법을 연구 중이라고 한다.(불령(不逞) 조선인의 동정에 관한 건(국사편찬위원회, 『한국독립운동사』 3, 1919. 4. 17)

[더 보기]

◆ 최 올가의 회상

최올가는 그의 회상에서, 러시아 혁명기 최재형이 얀치헤읍 집행위원회 위원장이었던 점, 집안의 우수리스크로의 이사 등에 대하여 간단히 소개하고 있다.

격동의 러시아혁명기에

1917년 혁명이 시작되는 무렵에 아버지는 얀치헤 읍집행위원회 위원장이었다. 1918년에 일본 간섭군들이 슬라비얀카로 들어오기 시작했다. 당시 아버지는 블라디보스토크에 있었다. 일본 당국과의 조우를 피해서 그는 가족들을 데리러 갈 수가 없었고, 그래서 엄마가 직접 아이들을 데리고 약간의 옷가지들과 잠자리, 그리고 귀중품이 든 작은 함을 챙겨서 블라디보스토크로 옮겨갔다. 모든 재산과 도서들은 집에 남겨진 상태였다.

남겨진 물건들은 어떻게 되었을까? 나는 지금까지 응접실 책장 속에 있는 금테두리가 입혀진 아름다운 서적들과 창고에 있던 많은 책 상자들을 기억하고 있다. 오랫동안 아버지는 부록과 함께 잡지 『니바』를 주문해서 읽으셨고, 그래서 항상 잡지와 함께 책들이 배달이 되었다. 우리 형제들은 책을 읽을 줄 아는 사람은 상자들을 열고 집으로 책을 가져가 읽었다. 당시에는 슬라비얀카 마을에 라디오나 TV, 키노(영화), 클럽, 극장 등이 없었기 때문에 우리들은 책을 많이 읽었다. 엄마는 "또 책을 붙들고 앉아있다"며 질책하시곤 했다. 물론 우리 가정은 대가족이었고, 어린 아이들도 있었기에 엄마는 큰 딸들의 도움이 필요했던 것이다.

그 후 우리 가족은 슬라비얀카에서 니콜스크-우수리스크로 이사를 했다. 이때 아버지는 니콜스크-우수리스크 군자치단체(군참사회, Уездная Земская Управа) 부의장으로 활동하셨다. 우리는 아버지의 옛 친구들이 큰 도시로 떠나면서 남겨 둔 집에서 살았다. 아버지의 옛 친구들은 중국 하얼빈이나 기타 도시들로 들어갔다.

하지만 니콜스크-우수리스크에서 조용히 살아가는 것도 잠시였다. 집에는 5명의 학생들이 있었고, 가장 어린 아이가 6세였다. 일본군들은 니콜스크-우수리스크로 진군해오기 시작했다. 1920년 4월 4일 아침에 아버지와 오빠 파벨(2남, Цой Павел Петрович/П.П.Цой)은 우리와 작별을 나누고 떠났다. 그들은 일본군들로부터 몸을 피하기 위해 집을 떠났다. 남은 우리 가족 모두는 걱정을 했다. 하지만 우리는 그렇게 하는 것이 그들에게 더 나은 것이라는 것을 알았다.

◆ 최 발렌틴의 회고

최 발렌틴은 최올가에 비하여 러시아혁명기 전후 가족사와 최재형의 활동을 보다 상세히 기록하고 있다. 목욕탕 만든 이야기, 혁명이 잔잔하게 다가오는 이야기, 잠수함의 등장, 우수리스크에서의 학교생활 등이 전자에 대한 것이다. 후자에 대한 것으로는 가족들이 바라본 최재형의 활동, 우수리스크에서의 항일운동 등이 그것이다.

러시아혁명기의 아버지와 우리 가족

1918년 여름 우리 집안에서는 류바(3녀, Л.П.Цой(Ни))가 결혼식을 올렸다. 얼마 후 그녀는 남편과 함께 티진헤(Тизинхе, 지신허, 연해주 남부에 위치하고 있는 최초의 한인정착촌)로 떠났다. 그곳에서 그녀는 가을부터 학교 교사로서 자신의 생활을 시작했다. 류바의 결혼식은 우리 가정에서 내가 본 처음이자 마지막 결혼식이었다. 류바는 아디미(с.Адими) 교회에서 결혼식을 올렸다. 아디미 마을에는 활엽수림으로 둘러싸인 산등성이 비탈에 교회가 위치하고 있었다. 그런데 웬일인지 예배는 행해지지 않았다.

당시에는 마당에 목욕탕을 설치하는 경우는 없었다. 우리가 살았었던 택지 내에는 방이 많은 멋지고 좋은 주택들과 가축 및 가금류(家禽類)를 위한 부속건물들이 위치하고 있었다. 하지만 목욕탕은 어디에도 없었다. 그래서 부엌에서 씻어야 했고, 이는 매우 불편한 일이었다. 아무래도 아버지는 선원생활을 하는 동안에 익숙해져 있던 목욕탕이 없이 사는 것에 불편함을 느끼셨나 보다. 1917년 봄에 그는 15-20명이 동시에 씻으며 사용할 수 있는 공동목욕탕을 짓기 시작했다. 그해 여름이 끝날 무렵에 목욕탕 건설 작업은 종료되었다. 우리는 전 가족이 목욕탕을 잘 사용할 수 있도록 개수(改修)하러 다녔고, 작업 후에는 모두 몸을 씻었다.

어느 날 겨울에 마을의 모든 주민들이 큰 다리 옆에 모였다. 사람들은 러시아에서 일어난 어떤 사건에 대해서 흥분해서 논의를 했다. 이튿날 우리는 학교로 가지 않았고, 군사구역에 있는 교회로 갔다. 그 교회에는 우리 학생들뿐만 아니라 마을의 모든 주민들이 모여 있었다. 사제는 미하일 공후라는 분에 대해서 이야기를 해주었고, 미하일 공후의 장수를 기원하는 기도를 올렸다.

나중에서야 나는 이 사건이 1917년 2월 혁명이라는 것을 알게 되었다. 2월 혁명은 마을의 생활에 특별한 변화를 가져다주지는 않았다. 예전처럼 다리 옆에는 경찰이 서있었다. 아마도 10월 혁명 기간에는 교회에서 예배를 수행하지 않은 것 같다. 마을에서는 갖가지의 이유로 회의와 모임이 자주 이루어졌고, 따라서 이 중요한 사건은 나의 기억 속에 어떤 흔적을 남겨놓을 사이도 없이 지나가버렸다(혁명에 대한 기억이 별로 없다). 여름에 아버지는 다시 볼로스치(волость/읍,邑) 책임자로 선출이 되었고, 이후에는 볼로스치집행위원회 위원장으로 선출되었다.

한편으로 전선에서는 병사들-한인들이 귀환하기 시작했는데, 그들은 독일전선에 배치되어 있던 병사들이었다. 1917년 여름에 우리는 새로운 집으로 이사를 갔다. 그 집은 한 엘리세이 루키치의 소유였다. 그는 나중에 중국으로 들어갔다.

모든 이사는 새로운 상황에 대한 어떤 흥미를 유발시켰다. 하지만 아직까지도 비밀로 남아있다. 왜 우리가 그렇게 자주 이 집에서 저 집으로 이사를 다녀야 했는지 말이다.

1918년 어느 여름날 나는 아이들과 바닷가에 물놀이를 하고 있었다. 그런데 갑자기 누군가가 "얘들아, 저기에 떠다니는 것이 무엇이지"라고 소리를 질렀다. 얼마 안 있어 잠수함이 떠올랐고, 뒤를 이어서 수뢰정이 나타났다. 이어서 우리는 일본군들이 보트를 타고 해안가 쪽으로 상륙해 들어가는 것을 보았다. 우리는 모두 집으로 흩어져 달려갔다. 일본군들과 해병들은 얼마 동안 해안가 주변에서 머물렀으며, 그들이 타고 왔던 군함은 다시 바다로 출항했다. 이는 1918년 여름에 있었던 일인데,

즉 일본의 극동지역에 대한 간섭이 시작된 것이었다. 이윽고 일본군에 이어 미군, 영국군, 프랑스군, 그리고 중국군 등의 간섭이 시작되었다.

나는 가을에 학교에 가지를 못했다. 나의 건강이 나빠졌기 때문이다. 새 학년이 시작될 때까지 아버지는 나를 블라디보스토크로 데리고 다니셨다. 블라디보스토크에서 우리는 김 콘스탄틴 페트로비치의 집에서 머물렀다. 그는 엄마의 친동생(외삼촌)이었다. 그는 그 무렵 블라디보스토크 남자 김나지야(мужская гимназия, 남자 중학교)의 교사로 활동하고 있었다. 아버지가 블라디보스토크로 들어간 이유는 내 병 때문이 아니었다. 나중에 알게 된 것이지만 그 이유는 일본군들이 우리 가족이 살던 마을에 들어왔기 때문이었다. 물론 일본군들은 1906-1911년 시기에 자신들에 대항해서 빨치산들과 함께 작전을 수행했던 아버지를 잊지 않고 있었다.

의병활동과 관련해서는 나중에 상세하게 기술하도록 하겠다. 외삼촌댁은 11명의 식구로 구성된 대가족이었다. 나는 외삼촌댁에 머물면서 12번째 식구가 되는 셈이었다. 외삼촌은 홀로 일을 해서 가족을 부양하고 있었고, 아이들은 학교를 다니고 있었다. 아버지는 의사의 진찰을 받기 위해서 나를 데리러 오시곤 하셨다. 나는 일주일에 2-3차례씩 아버지와 만났다. 겨울 초에는 엄마께서 남동생 비카(4남, В.П.Цой), 여동생들인 리자(7녀, Цой Елизавета Петровна/Е.П.Цой), 밀라(6녀, Цой Людмила Петровна/Л.П.Цой)와 함께 나에게 왔다. 그들은 당시 각각 4살, 6살, 8살이었다.

얼마 지나지 않아서 아버지는 니콜스크-우수리스크로 들어가셨다. 이후 그는 1919년 초가 되어서야 우리 가족을 데리러 오셨다. 우리 가족 전체가 니콜스크-우수리스크에 도착한 것은 1919년 1-2월경이었다. 또 남편과 함께 류바(3녀, Л.П.Цой(Ни)), 그리고 소냐(4녀, С.П.Цой), 올가(5녀, О.П.Цой)도 우리가 있는 곳으로 들어왔다. 형 파샤(2남, П.П.Цой)는 이미 그곳에 있는 레알노예 학교(Реальное училище)에서 공부하고 있었다. 파샤는 봄에 그 학교를 졸업했다. 파샤와 류바 가족은 우리와 떨어져서 생활했고, 자주 엄마가 계신 우리 집에 들렀다.

아버지는 아마도 일본 당국 측의 탄압을 우려했던 것 같다. 그래서 그는 모든 식구들을 불러 모으셨다. 그는 드물게 집에서 생활하셨고, 항상 늦게 집으로 돌아오

섰다. 파샤는 졸업 후에 신문 편집국에서 일을 하기 시작했고, 청년조직에서 활동하기 시작했다. 우리는 드랴모프의 2층짜리 건물에서 살았는데, 우리 가족은 1층을 차지하고 살았다. 나는 당시 항일운동이나 빨치산운동이라는 말이 무엇을 의미하는지를 몰랐다. 하지만 나는 자주 이러한 주제로 아버지와 찾아온 한인들이 나누는 대화를 듣게 되었다. 이들 한인들은 러시아의 다른 도시들이나 마을들에서 찾아왔고, 때로는 국경 너머에서 찾아오는 경우도 있었다. 찾아온 이들 한인들은 자주 우리 집에서 머물렀다. 이 무렵 도시 내에는 일본군, 중국군 등 제국주의 열강들의 점령군 부대들이 주둔하고 있었다. 동시에 도시 내에는 (반볼쉐비키 세력인) 33보병연대(33-й пехотный стрелковый полк)와 기병연대(конно-егерский полк) 등의 백위파(белогвардеец) 군대도 주둔하고 있었다.

봄에 파샤(2남, П.П.Цой)는 흥분해서 블라디보스토크에서 일어났던 어떤 사건에 대해서 아버지께 이야기를 해드렸다. 나중에 알고 보니 그는 블라디보스토크의 한인 젊은이들이 일본에 대항해 일어섰던 3·1봉기 사건(3·1운동)에 대해서 이야기를 했던 것이었다. 그는 그곳에 일부러 다녀왔다.

아버지는 내가 레알노예 학교에서 공부를 해야 한다고 판단하셨다. 그는 가을에 있는 나의 입학시험을 준비하는 데 류바(3녀, Л.П.Цой(Ни))가 도와주도록 위임했다. 입학시험 공부는 매일 1-2시간씩 진행되었다. 나는 가을에 성공적으로 입학시험을 치렀고, 마침내 레알노예 학교 1학년에 진학했다. 나는 학교의 교복을 입지 않아도 되었는데, 이는 교복입기 규정을 폐지했기 때문이다.

매일 월요일 아침마다 수업 전에 전교생이 교회에 모였다. 첫 줄에는 전체 1학년 학생들이 섰고, 우리 뒤에는 전체 2학년 학생들이 서는 식으로 전교생이 줄을 섰다. 그렇게 모인 가운데 2-3회의 기도가 행해졌고, 이후 학년별로 흩어졌다. 니콜스크-우수리스크와 니콜스크-우수리스크군 전체에는 7-8만 명의 인구가 살고 있었다. 니콜스크-우수리스크 내에는 남자 김나지야, 갈색과 녹색 빛깔의 여자 김나지야, 레알노예 학교, 그리고 누나 류바가 한때 다녔던 여자교사 세미너리(Женская учительская семинария, 여자교사 양성학교)가 있었다. 그 밖에도 도시에는 한인(한국어) 세미너리(Корейская семинария)가 개설되었다. 학교에서 수업은 러시아어로 진행되었고, 한인 학생들에게 있어서는 한국어는 필수과목이었다. 이 학교에서 누나 소냐(4녀, С.П.Цой)와 올가(5녀, О.П.Цой)도 공부를 했다.

레알노예 학교와 나란히 공공단체인 멋진 공원이 딸린 인민궁전(Народный дом)이 있었다. 이 건물은 사각의 한 구역을 차지하고 있었다. 니콜스크-우수리스크는 철로 상에 위치하고 있는 도시이다. 또한 이 도시는 블라디보스토크, 스파스크(Спаск), 이만(Иман), 그리고 우리 도시에서 100베르스타(верста, 미터법 시행 전의 러시아의 거리단위, 1베르스타-1,067m) 떨어진 곳에 있는 동청철도(КВЖД, Китайско-Восточная Железная Дорога) 상에 있는 그로데코보(ст.Гродеково)역과 연결되어 있었다. 그 역에는 큰 철도차고가 있었다. 도시에는 상업망이 아주 잘 구축되어 있었는데, 주로 중국인들의 수중에 놓여 있었다. 또한 도시에는 '쿤스트와 알베르스(Кунст и Альберс)', '미추린(Мичурин)', '퍈코프(Пьянков)' 등의 종합상점들이 있었고, 이발소, 세탁소, 제화 제작소, 재단소, 대장간, 착유기(교유기) 등과 관련된 업종별 사업망이 잘 발달되어 있었다.

하지만 니콜스크-우수리스크는 전력 공급 상황은 좋지 못했는데, 도시는 자주 전기 공급을 받지 못한 상태에 놓여 있곤 했다. 도시의 중앙공원에는 아름다운 정교회 성당이 서 있었다. 이 성당은 1925년에 폭파되었고, 폭파된 성당의 잔해는 내가 마지막으로 방문했던 1932년까지 남아있었다. 나는 이후에 그 자리에 어떤 건물이 들어섰는지는 모른다. 이 성당 이외에도 시 외곽에는 두 번째 교회가 있었는데, 그곳에서 예배가 계속 진행되었다. 도시의 모든 거리에는 관상용 나무들로 심어져 있었다. 또한 정교회의 궁전 내에는 아름답게 손질이 잘 된 공원이 있었다.

니콜스크-우수리스크에는 또한 시푸틴카 강의 한 섬에 만들어진 멋진 공원이 있었다. 이 강은 도시를 두 부분으로 나누며 관통해서 흐르고 있었다. 이 보다 더 큰 수이푼 강은 도시에서 1km 떨어져서 흐르고 있었다. 시푸틴카 강의 섬에 만들어진 공원은 '녹색 섬'이라고 불렸고, 그곳에는 설비가 갖추어진 자전거 경기장과 축구장, 잘 손질된 운동장이 마련되어 있었다. 이 뿐만 아니라 그곳에는 잘 꾸며진 멋진 무대도 있었다. 이 섬은 도시민들에게 있어서는 휴식하고 즐길 수 있는 사랑받는 장소의 역할을 했다. 자신의 집을 소유하고 있는 대부분의 사람들은 시 주변에 위치하고 있는 들에서 농업에 종사했다. 거의 모든 집에는 젖소가 사육되고 있었다.

이 무렵 아버지는 니콜스크-우수리스크 군 자치단체(군참사회) 의원이자 감사위원회 (볼쉐비키화된) 위원장으로 활동하고 있었다. 당시 군 자치단체의 역할과 의미에 대해서는 다음의 구절에서 아주 잘 나타나고 있다: "군 자치단체 정부는 있을 수도 있는 일본의 도발행위로부터 자신을 보호하기 위해서 일본 간섭군들과 임시적인 강화조약을 체결해야 했다. 어떻게든 어려운 조건들이 없도록 그들과 조약에 서명할 것을 제안합니다- 주집행위원회 위원장들의 의견교환이 있은 후 쿰나로프 (Кумнаров)가 말했다. 예. 우리는 그렇게 해야 합니다. 우리는 무슨 수를 써서라도 시간을 벌어야 합니다- 라조(Лазо Сергей)도 동의했다." (엠. 구벨만(М.Губельман), 『라조』, 1956, TsKVA KCM 출판사; 『청년근위대』, 253쪽.).

본질적으로 니콜스크-우수리스 군 자치단체는 1919년 연해주에서 소비에트 권력의 회복을 위해 투쟁해 나갔던 지하단체였다고 볼 수 있다. 아버지는 연해주 한인의 대표로 있으면서 한인 빨치산 부대를 조직하고, 그들을 무장시키기 위한 큰 사업들을 수행해 나갔다. 그러한 중요한 사업들을 수행해 나가기 위해서 그는 자신이 1906-1911년 시기에 이끌었던 의병부대 출신의 많은 동지들을 규합했다. 지하활동가로서 그는 동향인 한 예고르(Хан Егор)의 담배공장 노동자로 숨어 지냈다. 나는 당시 청소년기에 있었고, 군 자치단체 내에서 일어나고 있는 많은 일들을 분명하게 이해하지 못하고 있었기 때문에 그 당시의 일을 더 자세하게 설명할 수가 없다.

1919년 가을에 나는 레알노예 학교의 1학년에 들어갔다. 2층 건물로 된 이 학교는 수하노프스카야 거리와 바라노프스카야 거리가 교차하는 십자로에 있었다. 우리 반은 동시에 학교의 교회 역할도 했던 큰 홀에 자리 잡고 있었다. 큰 홀 안의 교회 제단(강단)은 조립식 칸막이로 둘러쳐져 있었다. 이 교회에서는 우리 학교의 학생들 외에도 갈색 건물의 여자 김나지야 학생들도 예배를 드렸다. 나는 학업에서는 특별한 재능을 발휘하지 못했고, 그래서 학교에서는 부모님께 전해주도록 자주 나에게 '통지서'를 건네주었다.

1919년 12월에 붉은빨치산 부대(красный партизанский отряд)가 니콜스크-우수리스크에 진입해 들어왔다. 아마도 이는 일본군과의 협정의 결과로 이루어진 것 같았다. 그래서 일본군들은 저항을 하지 않았다. 도시에 남아있던 33보병연대와 기병연대로 구성된 백위파 연대들은 저항 없이 빨치산-볼쉐비키 측으로 넘어왔다.

집에서는 점차 질서가 잡혀져 가고 체계가 세워졌다. 슬라비얀카에서 갑작스런 이사로 인해서 집안이 어수선한 상태에 있었다. 가을에는 미추린스카야 거리로 이사를 했는데, 그곳에서 3-4개월을 살았다. 1920년 1-2월쯤에는 알렉산드로프스카야 거리에 있는 인민궁전 맞은편에 있는 새 아파트로 이사를 했다. 얼마 안 있어 우리가 있는 곳으로 누나 류바(3녀, Л.П.Цой(Ни))가 남편, 딸과 함께 이사를 왔다. 그리고 봄에 레알노예 학교를 졸업한 알렉세이의 동생 티모샤도 우리 쪽으로 이사를 왔다. 이때 형수인 카챠(Катя)가 아이들과 함께 우리가 있는 곳으로 들어왔다. 형 페챠(1남, П.П.Цой)의 소식은 알 수 없었다. 얼마 안 있어 카챠는 아이들과 함께 노보키예프스크로 떠났다. 그곳에는 텃밭이 딸린 작은 집이 있었다.

시베리아 쪽과의 관계가 구축이 되었고, 점차 그곳으로부터 사람들이 들어오기 시작했다. 어느 날 아직 카챠가 있었을 때 두 명의 군인들이 문을 두드렸다. 그들은 페챠의 군대 동료들이었고, 형의 전사 소식을 알려주기 위해 온 살아있는 증인들이었다.

이 비극적인 사건은 1918년 이르쿠츠크에서 가까운 곳에서 발생했다. 백위파 군대를 상대로 한 한 전투에서 형 페챠는 중상을 입었고, 이후 그는 병원에서 숨을 거두었다. 형의 동료들은 카챠에게 형의 개인 물건들과 지폐가 들어있는 꾸러미를 전해주었다. 꾸러미에 들어 있던 돈의 액수는 적지 않은 것 같았다. 하지만 시베리아 돈의 낮은 가치를 고려해 보면 받은 돈의 가치는 적었다. 지폐는 노란빛을 띠고 있었고, 크기는 일반적인 서화용지의 1/2 크기였다. 또한 가장자리에는 동일한 표시와 함께 많은 숫자의 '0'이 인쇄되어 있었다. 아마도 백만 루블이 조금 넘어 보였다.

형 페챠(1남, П.П.Цой)는 신학 세미너리(신학교)를 다녔었다. 하지만 그는 자유사상을 품고 있었다는 이유로 마지막 학년에 제적을 당했다. 고향으로 돌아 온 그는 교사활동을 했다. 자신의 활동 속에서 그는 진보적인 사람으로서 비쳐지게 되었고, 이후 그는 인민교육 감독관으로 임명되어 니콜라예프스크-나-아무레(г.Николаевск-на-Амуре)로 파견되었다. 독일과의 전쟁이 시작된 이후 페챠는 징집이 되어 군사학교에 보내졌다. 1915년 여름에 군사학교를 졸업한 그는 서부전선으로 파견되었다. 그 후 1917년 봄에 힘들고 계속된 전투 이후에 페챠가 소속된 연대는 인원 보충을 위해 스몰렌스크 주의 로슬라블로 이동했다. 그해 2월 혁명 이후에 그는 연대 내에서 연대병사위원회 위원장으로 선출되었다.

(1917년) 10월 혁명 이후에 형 페챠는 연대장으로 승진되었고, 로슬라블 노동자, 농민, 병사 대의원 소비에트의 대표위원으로 선출되었다. 그는 그렇게 볼쉐비키 공산당원이 되었고, 소비에트 내에서는 병사분과 책임자가 되었다. 1918년 4월에 그는 연대와 함께 백위파 군대에 대항해 동부전선으로 이동되었고, 1919년에 그는 그곳에서 사망했다. 형 표트르(1남, П.П.Цой)의 운명은 그랬다. 그는 우리 가정에서 소비에트 권력을 위해 투쟁하다 죽은 첫 번째 사람이었다.

도시의 삶은 불안에 휩싸여 있었다. 일본 군부의 무장 진입이 우려되고 있었기 때문이었다. 이 제국주의 군대는 당시에 체계적이고 기강이 잘 잡혀있었다. 중요한 것은 더 좋은 군 장비와 무기를 잘 갖추고 있었다는 점이다. 일본군들은 빨치산 부대들은 갖추고 있지 못하던 탱크와 장갑차, 비행기, 자동차 등을 보유하고 있었다. 게다가 빨치산 부대들은 주로 젊은 노동자나 농민들로 구성이 되었고, 따라서 일본군들에게 있어서 제대로 군사교육을 받지 못한 빨치산들은 위협적인 저항자가 되지 못했다.

나는 학교와 가까운 거리에서 살고 있었다. 우리 집과 학교 사이에는 공원이 딸린 인민궁전이 있었다. 이러한 점은 건강이 좋지 못했던 나에게는 중요한 부분이었다. 아버지께서는 집에서 우리와는 드물게 생활을 하셨다. 그는 이른 아침부터 저녁 늦게까지 일로 인해 바쁘셨기 때문이다. 나는 몸이 아픈 상태로 지내면서 한 번도 아버지의 직장에 가본 적이 없다. 그래서 나는 어디에 시 자치단체(군 자치단체)가 위치하고 있었는지 알지를 못한다.

제
6
장

4월참변과 순국,
그리고 추모

1920년4월5일(스파스크)

스파스크에서 희생된 한인들

1. 최재형의 최후의 날

1) 니항사건과 4월참변

1917년 러시아에 볼셰비키 혁명이 일어나자 러시아 내에는 레닌의 볼셰비키파와 반볼셰비키 백위파 사이에 내전 상황이 벌어졌다. 수십 만 명의 한인들이 거주하고 있던 연해주 지역 역시 이 혼돈을 피하기 어려웠다. 1918년 4월 일본은 러시아 내의 자국민을 보호한다는 명목으로 블라디보스토크 항구에 군함을 상륙시켜 시베리아 출정을 단행했다. 일본의 숨겨진 의도는 이 군대를 통해 백위파 군대를 지원하여 시베리아 극동 지역에 대한 장악력을 확고히 하겠다는 것이었다.

일본 군대가 출병한 만큼 무력 충돌은 불가피한 상황이 되었다. 만주와 연해주 및 조선의 국경지대에서 활동하던 한인 무장 빨치산들은 볼셰비키파의 러시아 빨치산 부대와 연합하여 일본 및 백위파 군대들을 상대로 끈질긴 투쟁을 전개했다. 이 과정에서 1920년 3월 5일 아무르 강 하구인 니콜라예프스크(니항, 尼港)에서 한 러 빨치산 연합부대가 일본군을 섬멸하고, 일본 영사 등을 살해하는 소위 '니항사건'이 발생했다.

이 사건은 시베리아를 장악하려는 일본 내 강경파에게 본격적인 군대 증파를 위한 좋은 구실을 제공하였다. 일본은 연해주에 즉각 군대를 증파하는 한편, 블라디보스토크, 하바로프스크, 기타 연해주 도시에 있는 적위군 빨치산 부대에 대한 전면 공세를 준비하도록 비밀리에 명령하였다. 그리고 1920년 3월 31일 일본 정부 명의로 "일본 신민의 생명 재산에 대한 위협"과 "만주 및 조선에 대한 위협"이 엄존한다는 내용의 성명서를 발표하였다. 본격적인 공격 개시를 위한 대외적인 명분 쌓기이자 임박한 보복의 신호였다. 문제는 일본군의 보복 대상이 그들을 공격했던 빨치

니항

산 부대에 국한되지 않고, 재러 한인사회에 대한 무차별적 학살과 파괴를 목적으로
하고 있다는 점이었다.

마침내 4월 4일이 되었다. 그날 밤 일본군 블라디보스토크 주재 사령관 촌전(村
田信乃) 소장은 대정((大井) 군사령관의 지시를 받아 블라디보스토크의 혁명군(연
해주 정부군이라고 칭한다)에 대해서 무장해제를 단행하고, 또 5일 새벽에 군사령
관은 제13, 14 사단장, 남부우수리(南部烏蘇里) 파견대장에게 각지의 혁명군 무장
해제를 명령했다. 우수리철도 연선(沿線)을 중심으로 일본군 주둔 지점에서 총공격
을 행하였다. 일본군의 전투 행동은 4일 밤에 시작해서 5일, 6일, 스파스크의 경우
는 8일까지 계속되었다.

일본군은 블라디보스토크의 신한촌(新韓村)을 기습하여 한민학교(韓民學校)
와 한민보관(韓民報館) 등 주요 건물을 불태우고 무고한 한인을 학살하는 한편, 우
수리스크와 스파스크 등지에서 학살과 검거를 자행하였다. 정작 그들이 척결 대상
으로 내세웠던 빨치산 대원들은 산에 들어가 있었지만 일본군의 소탕 대상은 민간
인 주거지역, 특히 한인들의 촌락에 집중되었다. 한인 학교들을 보이는 대로 불질러

블라디보스토크의 한인들을 학살한 일본군(1920.4)

일본군포대

오이장군(4월참변주도)

일본군함

버리고 교사들을 잡히는 대로 살해하거나 구금했다는 점에 비춰볼 때, 이들의 작전 계획에는 본래부터 향후 조선 독립의 근거지가 될 수 있는 연해주 한인세력을 이번 기회에 뿌리를 뽑겠다는 의도가 명백히 깔려있었다고 할 수 있다.

최재형이 거주하고 있던 우수리스크의 경우, 일본 헌병대는 보병 1개 소대의 후원을 받아 4월 5일과 6일에 걸쳐서 독립운동가 집에 대해 가택수색하고, 76명을 체포했다. 최재형은 4월 5일 새벽 자택에서 일본군에 의해 체포되었다. 그 중 72명은 방면되었으나 최재형, 김이직, 엄주필, 황 카피톤, 이경수 등은 계속 구금되었다. 그리고 이들 독립운동가들의 운명은 일본군이 미리 계획하던 바에 따라 결정되었다.

일본 측이 남긴 기록에 의하면 최재형 등은 4월 7일 취조를 위해 압송 중, 탈출을 시도하다가 사살되었다[384]고 주장하며 살해의 불가피성을 강조하고 있지만, 이는 그대로 받아들이기 어려운 사실이다. 최재형 등이 어떤 과정을 거쳐 살해되었는지에 대해서는 그 후에도 정확히 알려지지 않았다. 훗날 최재형의 유족들이 유해라도 돌

일본군(1918)

려받길 여러 차례에 걸쳐 요청했지만 일본 측은 여러 이유를 들어 이를 끝내 거절하였다. 매장 장소 역시 끝내 알려지지 않았다. 최재형을 비롯한 이들 독립운동가들이 맞은 최후의 시간은 가장 비인간적인 방식으로 함부로 처리되었음을 추정할 수밖에 없는 일이 되어버렸다.

이렇게 최재형은 조국 독립의 뜻을 꺾인 채 순국하였다. 두만강 너머 이국 땅 러시아로 건너온 이래 수십 년 동안, 재러 한인들의 기둥이 되어 자립역량을 키우고 언젠가는 이루어질 독립 조국의 꿈을 놓지 않으며 혼신의 힘을 다했던 연해주의 큰 별 최재형은 사라졌다. 소위 '4월참변'이라 일컬어지는 연해주 한인에 대한 토벌은 그해 5월까지 계속되었다. 일제의 보복은 집요했고, 최재형을 비롯한 독립운동가들이 목숨을 다해 이루지 못했던 조선 독립의 꿈은 그 후로도 이십여 년이 더 지나야 했다.

2) 4월참변에 관한 다양한 기록들

당시의 참상에 대하여 대한신민단 단장을 역임한 독립운동가 김규면은 자신의 비망록 『老兵 金規勉의 備忘錄』에서 다음과 같이 서술하고 있다.

김규면

1920년 4월 4~5일, 일본 침략군대의 정변은 라조 동무의 희생을 준비하는 사변이었고 동시에 특별히 고려인에게 대하여서 참혹한 토벌과 박해를 주었다. 하바로프스크부터 포시에트 구역까지 도시와 도시 부근에 거주하는 고려인촌에 학교는 보는 대로 다 불 질러 버리고, 교사들은 붙드는 대로 학살하였고, 곳곳에 수백 인, 수십 인씩 붙잡아 놓고 며칠씩 구타하며, 볼셰비키, 빨치산과 연락하면 죽는다고 호통하는 일, 1) 포시에트 구역에서는 교사 세 사람을 죽이었고 수십 인을 구금하였으며 2) 쓰꼬따위에서는 빨치산 유여균 등 십여 인은 부상당하고 빨치산 이춘삼 동무는 총살당하였다. 3) 해삼위(블라디보스토크)에서는 신한촌을 포위하고 학교, 신문사, 구락부를 불 지르고 수삼백 호를 일시에 수색하였고, 삼사백여 명 사람을 체포하여 일본 헌병대로 끌려갔다. 그러나 그놈들의 말대로 『폭도를 붙잡자고 한 것인데, 양민들을 붙잡았다』왜냐하면 폭도들은 집에서 밤잠을 평안히 자는 사람들이 아니고, 산에서 사는 까닭에 그러하다. 신한촌을 뒤져서는 빨치산은 없다. 4) 니콜스크-우수리스크에서는 최재형, 김리직, 엄주필, 황 거삐똔 등을 일본 토벌군이 붙잡아 실어다가 학살하였다. 그뿐인가. 우리의 통신원 최위진도 죽였다. 5) 하바롭스크에서는 이경수 등 수십 인을 붙잡아 가두었다. 이경수는 다반 지방 빨치산 이성천의 부친이다.(한인사회당 군대)

김규면묘소

시베리아에 출병한 블라디보스토크 일본해군

연해주는 간접으로 조선 독립운동의 후비 지대이고, 직접으로 붉은 빨치산 활동 지대이기 때문에 일본 침략 정책은 연해주 고려인에게 한하여 그렇게 특별히 악독, 주밀하였다. 예를 들면 로서아(러시아)에 입적한 고려인 촌마다는 친목한다는 구실로 간화회를 설립하고, 생명재산을 보호한다는 구실로 지방 자위단 무장대를 설치하였고, 문화교육을 장려한다는 구실로 연해주『한인교육회』를 설립하였다. 이것은 회유정책, 다시 말하면 매수정책이었고, 다른 편으로, 소작인 고려 농촌들에는 마적(홍후적)들을 파견하여 농민 촌락들을 약탈, 파멸하게 하였다

김규면은 포시에트에서 하바로프스크에 이르는 4월참변의 피해를 서술하고 있다. 특히 포시에트, 쉬코토보, 블라디보스토크의 경우는 보다 구체적으로 적시하고 있다.

한편 일본 측은 최재형의 사망에 대하여 다음과 같이 구체적으로 기록하고 있다.

(金正明,『조선독립운동』3, 원서방, 일본, 1967, 482-483쪽) 1920년 5월 1일 고경 제 12829호, 국외정보, 노령 니콜리스크에 있어서 不逞鮮人의 상황(조선군사령부 통보 요지)

니콜스크 파견 足立 포병대위의 보고에 의하면, 동 지역 주둔의 우리 헌병은 수비보병대와 협력해서 4월 5일, 6일 양일에 걸쳐서 동지 주재 배일선인의 가택수색을 행하고, 최재형 이하 76명을 체포 취조함에 동인과 김이직, 황경섭, 엄주필 등 4명은 유력한 배일선인으로서, 즉, 일본측은 최재형을 "특히 최재형은 원래 상해 임시정부의 재무총장이었고, 또 니콜스크 부시장의 위치에 있는 것을 기화로 다른 3명과 모의해서, 혁명군 원조의 주모자가 되어서, 배일선인을 선동하고, 아군을 습격하는 등 무기를 가지고 반항적 행동을 하는 것으로 판단되어서"라고 하여 항일운동의 중심인물이어서 체포하였음을 밝히고 있다. 최재형이 러시아독립운동에서 차지하는 위상을 보여주는 부분이라고 생각된다. 전기 4명을 잡아 취조하고, 다른 사람들은 특히 체포할 근거가 없고, 또 유력자도 아니어서 장래를 엄히 경계해서 석방하였다. 그러다 우연히 동 지역 주둔 흑룡 헌병대본부와 니콜스크 헌병분대가 4월 7일 청사의 이전을 행하는 일을 하고, 동일 오후 6시경 전기 4명을 신청사로 호송 중 감수인의 틈을 엿보아 도주함에 있어서 헌병은 추적 체포하려고 노력하였으나 그들은 지역을 잘 알고 있어서 교묘히 질주를 계속해 사살했다.

4월참변시 수거한 독립군무기들

최재형의 순국은 동아일보 1920년 5월 7일자를 통하여 국내에도 전해졌다. 기사를 보면 다음과 같다.

> 향자 신한촌에 있는 일본을 배척하는 조선 사람의 부락이 일본 군사에게 점령되매, 그곳에서 다라난 조선인들은 니코리스크로 도망하여 그곳에 있는 조선 사람과 한 단체가 되어 불온한 상태가 있음으로 일본 군사는 헌병과 협력하여 수일 전에 그들 조선 사람의 근거지를 습격하고 원 상해 가정부 재무총장으로 작년 10월에 니코리스크에 와 있는 최재형 일명 최시형 이하 70명을 체포하여 취조한 결과 다른 사람은 다 방송시키고 두목된, 최재형 등 4명은 총살하였다더라.

최재형은 러시아 지역의 대표적인 의병조직인 동의회 총재, 대동공보 사장, 권업회 총재, 1918년 6월의 전로 한족대표자회의 제2회 총회에서 이동휘와 함께 동회의 명예회장으로 선출되었고, 상해 임시정부의 재무총장에 추천된 유력자였다.

3) 최재형의 딸 소피아의 분노

최재형이 순국하자 딸들은 3개월간 검은 옷을 입고 다녔다. 최재형의 아내는 1년간 검은 옷을 입었다. 딸 올가는 말할 수 없는 충격을 받았다.

일본 외무성 사료관에 연해주 한인사회에 관해 일본인과 한국인 밀정을 통해 수집한 자료가 44권 남아 있다. 이 자료를 보면, 일본 총영사관이 정보수집 뿐 아니라 독립투쟁 단체들의 분열, 독립투사 간의 이간, 러시아 정부에 대한 역정보 제공으로 러시아 정부가 독립투사를 불량분자로 체포케 하는 공작도 맡고 있었음을 알 수 있는데, 그 중에는 다음과 같은 편지도 들어 있다.

이 편지는 1920년 4월 5일 러시아 연해주 우수리스크에서 일본군에게 처형당한 대한민국 임시정부 초대 재무총장 최재형의 딸 최 소피아가 쓴 것이다. 편지의 내용에는 아버지를 죽인 원수 목등극기(木藤克己)에 대한 딸의 분노가 사실적으로 드

최소피아(제일 좌측)

러나 있다.

　1920년 당시 블라디보스토크 일본 총영사관에서 한국 사람을 주로 담당한 자가 바로 목등극기(木藤克己)였다. 그는 수많은 한국인들을 영어(囹圄)의 몸이 되게 하고 연해주 한인사회를 분열시키는 공작 책임자로 많은 밀정을 거느리고 있었는데, 어느 날 고등 밀정을 우수리스크에 있는 최재형의 딸 집에 밀파했다.

　그는 최재형의 4녀 최 소피아 페트로브나(1902-1993)의 집에서 3일 간이나 머물 수 있었을 만큼 집요하고 대단한 자로서, 묵고 있는 동안 틈을 타서 그녀의 수기를 발견하고 몰래 이를 필사하여 가져왔다. 이 밀정이 필사한 수기는 일본외무성 사료관에 소장되어 있는 <불령단 관계 잡건 조선인부 재시베리아>에 1920년 7월 13일부로 블라디보스토크 일본 총영사 국지의랑(菊池義郎)이 외무대신 내전강(內田康)에게 보낸 보고서에 첨부되어 있다.

경애하는 페챠!

참기 힘든 정을 억누르다 벌써 8월이 되었습니다.

이제는 더 참기 힘듭니다.

아버님께서는 낮이나 밤이나 저승에서

애비 죽인 놈은 살아서 활개를 치고 있는데

왜 원수를 갚지 못하느냐고 울고 계실 것만 같습니다.

악마같은 목등아!

사람 탈을 쓴 목등아!

너는 어찌하여 우리 아버지를 죽였느냐.

너는 어찌하여 죄 없는 한국 사람을 그렇게 많이 죽였느냐.

어떤 일이 있어도 네 죄는 용서할 수 없다.

네가 제 나라를 지킨다는 것이 지나쳐 불쌍한 한국 사람만 죽이고 있는 것이다.

이제 네 나라도 너를 못 지켜주게 되었다.

네가 좋아하는 한국 사람 죽이는 일도 마지막을 고한다.

네가 우리 동포를 지배하는 일도 끝이 난다.

네가 이 세상에서 더 살 수 있는 것도 막을 내린다.

목등아!

너 죽고 나죽자!

너 죽인 뒤에 나도 세상을 떠난다.

사람이 두 번 죽은 것 보았느냐.

사람 목숨은 한 번 밖에 없는 생명이다.

사랑하는 아버님!

당신의 딸을 잊지 마세요

당신의 열녀는 이제 아버지의 원수를 갚습니다.

잊지 마소서!

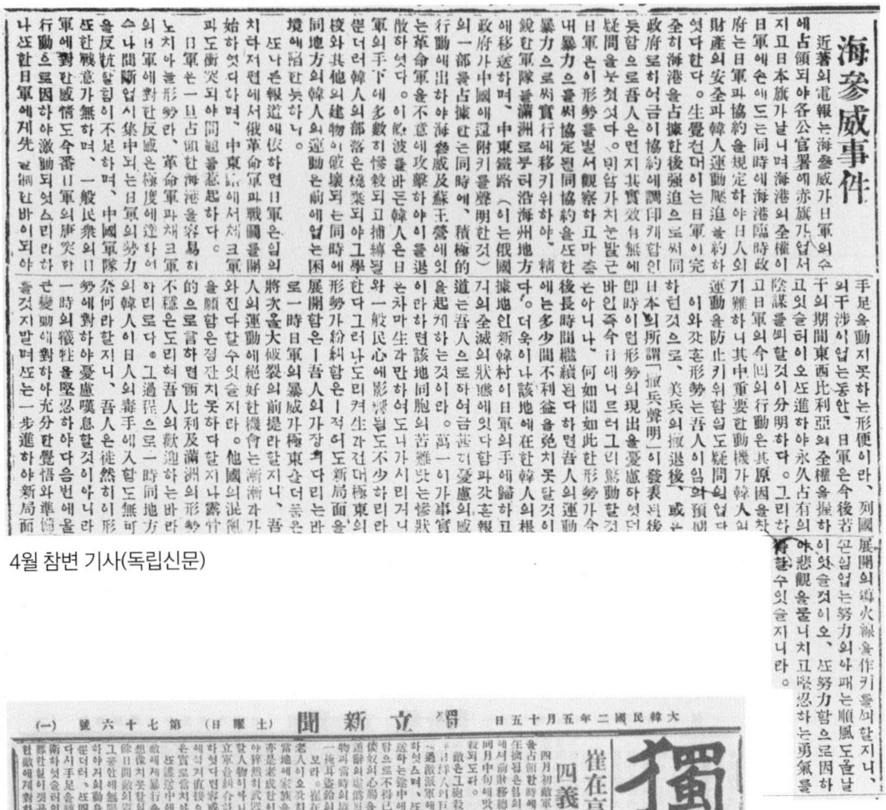

海參威事件

4월 참변 기사(독립신문)

獨立新聞

崔在亨先生以下
四義士를哭함

최재형 사망기사(독립신문)

2. 독립운동가들의 최재형에 대한 추모

최재형(崔才亨)은 일명 최재형(崔在亨)이라고도 하며, 그의 러시아 이름은 최 뾰또르 세메노비치이다. 그는 함경북도 경원(慶源)의 노비 출신으로 1860년대에 경제적인 이유로 러시아 연해주로 도주하여 1880년대 러시아에 귀화한 뒤, 그 지역의 도헌(都憲) 및 자산가로 성장하여 재러 한인사회를 이끈 대표적인 지도자였으며, 러시아 당국으로부터 가장 신망 받는 친러적인 인사였다.

그는 1905년 이후 적극적으로 항일투쟁에 참여하여 1920년에 시베리아에 출병한 일본군에게 처형될 때까지 독립운동을 전개하였다. 최재형은 1900년대 초반 러시아 지역의 가장 대표적인 의병조직인 동의회의 총재로서 뿐만 아니라, 블라디보스토크에서 발행된 민족언론인 『대동공보』와 『대양보』의 사장을 역임했으며, 1910

4월참변추도비(우수리스크)

년대 초반에는 권업회의 총재, 1919년 3·1운동 이후에는 대한국민의회의 명예회장으로 선임되는 등 1900년대부터 1920년까지 러시아 지역에서 조직된 주요 단체의 책임자로 막중한 역할을 다했다.

최재형은 3·1운동 이후 상해에서 성립된 대한민국 임시정부의 초대 재무총장에 임명될 정도로 독립운동사에 있어 중심적인 인물이었다. 그가 1920년 4월 연해주 우수리스크에서 일제에 의해 총살되자 한인사회당을 주도하고 대한민국 임시정부 국무총리였던 이동휘는 다음과 같이 그의 활동을 칭송하며 죽음을 슬퍼하였다.

> 상해 거류민단 주최로 고 최재형, 양한묵 양 선생 및 순국 제열사의 추도회가 지난 22일 오후 8시에 동단에서 거행되다. 고 최재형 씨의 역사를 이동휘 씨가 술하다.
>
> "최재형 선생의 역사를 말하자면 한이 없겠소. 선생은 원래 빈한한 집에 생하야 학교에 다닐 때는 설상에 맨발로 다닌 일까지 있소. 선생이 12세시에 기근으로 인하여 고향인 함경북도 경원에서 도아(渡俄)하야 사업에 착수하여 크게, 교육에 진력하였소. 학생에게 학비를 주며 유학생을 연연히 파견하였소. 선생은 실로 아령의 개척자이었소. 선생의 이름은 아국인(俄國人)이라도 모르는 자가 없었소.
> 또한 당시에 군자치회 부회장이 되며, 다대한 노력이 있었소. 또한 연전 한일조약의 수치를 참지 못하고 안중근 씨와 합력하야 한 단체를 조직해 가지고 희뢰 등지에서 왜적을 토벌한 사실이 있소. 그리고는 작년 3월 이후에 임시정부 재무총장에 피임되었었소.
> 여사(如斯)한 위대한 노력을 하다가 지난 4월 5일에 불행히 적에게 포박되어 적은 야만적 행동으로 공판도 없이 씨를 총살하였소.[385]

이동휘는 추도회에서, 최재형이 아령(俄領)의 개척자로서 항일투쟁에 적극 동참하였음을 밝히고 있다. 국내에서 발행되던 동아일보에서도 그의 죽음을 대서특필하였다. 동아일보 1920년 5월 9일자에는 다음과 같이 최재형의 죽음을 보도하고 있다.

지난 4월 4일에 해삼위에서 로군 군대와 일본 군대가 교전하게 된 이래로 신한촌에 있던 일본을 배척하는 조선 사람들은 형태가 위태함으로 니코리스크로 몸을 피하여 로서아 과격파와 연락을 하여 가지고 일본군에게 반항하다가 육십칠 명이 체포되어 그 중에 원 상해가정부 재무총장 최재형 외 3명은 일본군에게 총살당하였다 함은 작지에 이미 보도하였거니와 최재형은 금년 63세의 노인이요, 함북 경흥 태생이니 어려서부터 가세가 매우 곤궁하야 그가 열 살 되었을 때에 할 일 없이 그 부모를 따라 멀리 두만강을 건너 로시아 지방으로 건너가게 되었다.

그곳으로 건너간 뒤에도 몇 해 동안은 또한 로국인의 고용이 되어 그 주인에게 충실하게 뵈었음으로 열다섯 살 되는 봄에는 주인의 보조를 받아 소학교를 다니게 되었고, 재학 중에도 교장의 사랑을 받아서 졸업 후에는 로국 경무청 통역관이 되었는데, 원래 인격이 있음으로 만인이 신망하게 되어 25세 때에는 수백 호를 거느리는 노야라는 벼슬을 하게 되었고, 그는 다시 한푼 돈이라도 생기기만 하면 공익에 쓰고 사람을 사랑하므로 일반 인민의 신망은 나날이 두터워져 마침내 도노야(都老爺)로 승차하게 되야 수십 만인의 인민(로국인이 대부분)을 거느리게 되어 로국의 극동 정치에도 손을 내미러 적지 안이한 권리를 가지고 지냈다.

글하여 그는 마침내 로시아에 입적까지 하였었고, 작년에 과격파의 손에 총살당한 니콜라이 2세가 대관식을 거행할 때에 수십 만의 로국 인민을 대표하여 상트페트로그라드에 가서 황제가 하사하시는 화려한 예복까지 받은 석이 있으며, 리태왕 전하께서 을미년에 로국 영사관으로 파천하신 후 널리 로만국경에 정통한 인재를 가르실세 최씨가 뽑히어서 하루 빨리 귀국하여 국사를 도우시라는 조서가 수참차나 나리셨으나 무슨 생각이 있었던지 굳게 움직이지 아니하였으며, 이래로 그 지방에 있어서 배일사상을 선전하고 작년에 상해 가정부 재무총장까지 되었었는데, 이번에 총살을 당한 것이오.

이처럼 동아일보는 최재형이 어린 나이에 곤궁을 피해 러시아에 간 뒤 자수성가하여 자리를 잡고 돈 한푼이라도 생기면 공익을 위해 쓰면서 한인뿐만 아니라 러시아인들에게도 신망을 받는 인물이 되었고, 항일운동에 힘을 쏟아 대한민국 임시정부의 재무총장으로까지 올랐던 과정을 돌아보며 그의 죽음을 애도하고 있다.

또한 대표적인 민족주의사학자인 박은식도 그의 저서 『한국독립운동지혈사』에서[386] 특히 최재형의 교육활동과 의병활동을 높이 평가하고 있다. 박은식은 최재형이 러시아 국적을 갖기는 했으나 늘 조국을 그리워했고, 러시아의 글과 실정에 익숙하여 우리 동포 노동자들을 위해 많은 비호를 했음은 물론, 많은 동포 젊은이들을 유학시켜 인재 양성에 공로가 컸음을 돌아보았다. 아울러 연해주에서 두만강을 건너 국내 진공작전을 벌였던 의병투쟁의 후원자로서의 그의 발걸음을 의미 있게 평가하고, 상해 임시정부의 재무총장으로 임명된 사실과 그 이듬해 일제에 의해 체포되어 살해당한 독립운동가의 삶을 기록해 놓고 있다. 아래는 『한국독립운동지혈사』에 기록된 최재형 관련 내용이다.

최재형은 함경도 경원사람으로 9살 때에 러시아의 연추로 옮겨가서 살았다. 사람됨이 침착하고 강인하고 날쌔고 씩씩하여 모험을 감행하였다. 러시아의 글과 실정에 익숙하여 러시아 관원의 신임을 얻었으므로 우리 겨레의 노동자를 위하여 비호한 일이 매우 많았다. 두 번이나 러시아의 수도 페테르부르크에 가서 러시아 황제를 뵙고 훈장을 받고, 연추 도헌의 관직을 받으니 연봉이 3,000원이었다. 이것을 은행에 저축하여 두고 그 이자를 받아 해마다 학생 1명을 러시아의 서울에 보내어 유학하게 하였다. 우리 겨레 학생 중 러시아 유학 출신이 많은 것은 다 그의 힘이었다. 그는 비록 어린 나이로 떠돌아다니며 러시아의 국적을 갖기는 하였으나 조국을 그리워하였으며, 박영효를 만나보기 위하여 일본에 간 일도 있다.

1908년에 이범윤이 거의를 모의하고 최재형을 대장에 추대하니 주 러시아 공사 이범진이 3만원을 보내어 자금으로 삼게 하였다. 이에 안중근, 장봉한(張鳳翰), 최병준(崔丙俊), 강만국(姜晚菊), 조항식(曺恒植), 백규삼(白圭三), 오하영(吳河泳) 등이 군무를 분담하여, 그 해 7월에 군사를 거느리고 강을 건너 경원의 신안산(新牙山)에서 싸워 승리하였다. 전진하여 회령의 영산(永山)에서 크게 전투를 벌였으나 중과부적으로 패전하고 로령으로 돌아갔다. 오랜 후에 군자치회의 부회장이 되었으며, 맏아들 운학(雲鶴)은 러시아군의 장교가 되었다.

1919년 3월 1일 우리나라 국민들이 독립운동을 전개하여 임시정부를 수립하자 그는 재무총장에 임명되었으나 사퇴하고 취임하지 않았다. 이듬해 4월 일본병이 러시아의 신당과 싸워 쌍성(雙城)을 습격 파괴하고 죄 없는 수많은 우리 겨레들을 함부로 체포하였다. 그래서 최재형은 김이직(金理直), 황경섭(黃景燮), 엄주필(嚴柱弼) 등과 함께 모두 총에 맞아 사망하였다.

이동휘는 사회주의적 민족주의자의 대표이고, 박은식은 민족주의자의 대표라고 할 수 있다. 양진영 모두 최재형의 죽음을 애도하고 있음을 알 수 있다.

3. 공산주의자 이인섭의 최재형에 대한 기록

이인섭은 만주, 러시아에서 활동한 공산주의자이다. 그
런 그도 최재형에 대하여 높이 평가하고 있다. 이인섭의 4
월 참변 희생자 최재형, 엄주필, 김이직 등에 대한 기록은
당시 희생된 4월 참변의 내용과 희생자에 대하여 구체적
으로 살필 수 있는 귀중한 자료이다. 특히 이 기록에서 이
인섭은 최재형과 안중근의 상호관계에 대하여 언급하고
있어 주목된다. 단지 동맹의 장소가 최재형의 집 창고라는
점, 안중근의거의 재정, 권총, 기타가 모두 최재형에 의해

이인섭

이루어졌다고 적시하고 있다. 아울러 최재형의 임시정부에 대한 의견도 밝히고 있
다.

저명한 애국자들인 최재형, 김이직, 엄주필 동지들을 추억하면서

- 조선민족해방을 위하여 백절불구하고 투쟁하다가 왜적들에게 학살을 당한 40주년을 제하여
  (1920년-1960년)
- 소련 중아시아에서 이인섭 1960년 조선해방 15주년을 맞으면서

- 조선민족 해방투쟁에서 열렬한 애국 열사이던 김이직 최재형 엄주필 동지들을 추억하면서.
잔인무도하게 일본군벌들에게 그들이 학살당한 40주년을 제하여(1920-1960년)

I.

1917년 10월 25일 (양 11월 7일)에 소련 공산당 영도 하에서 위대한 사회주의 10월혁명이 성공되자 이 지도상에는 무산자 독재주권인 소비에트 국가가 성립되었다.

1918년 4월 5일이었다. 미제국주의자들을 선두로 한 영국 불란서(프랑스) 이태리(이탈리아) 일본 기타 외국 무장 간섭자들이 원동 해삼블라디보스토크)항을 강점함으로써 원동에서도 국민전쟁(러시아 내전)이 시작되었다.

제1차 세계 침략전쟁(제1차 세계대전) 당시에 러시아 군대들에게 포로 되었던 체코슬로바키아 군인들이 흰파[백파(백위파)]들과 같이 무기를 들고 소비에트 주권을 반하여서 외국 무장 간섭군 선두에서 왜군들과 같이 발악하여 나섰다.

볼셰비크당 호소에 응하여 노동자 농민 대중은 소비에트 조국을 옹호하기 위하여 적위군 대열에 자원적으로 참가하여 외국 무장 간섭자들과 반역적 흰파(백위파)들에 반항하여 싸우게 되어 국민전쟁(러시아 내전)이 시작되었다. 당시 소련지대에 거주하던 조선인 중국인 마쟈리인 셀비인 기타 소수민족들도 합동 민족부대를 조직하여 가지고 러시아 적위군들과 어깨를 같이 하고 우수리 전선에서 소비에트 주권을 옹호하여 전투에 참가하였다. 수효 상으로 많지 못하고 중앙과 연락을 잃은 우리 적위군들은 수효 상으로 초월한 적군들과 방어전을 계속하며 차츰 하바로프스크 방향으로 퇴각하게 되었다.

1918년 9월 5일이었다. 우리는 군사혁명위원회 명령에 의하여 빨치산 전투로 넘어갔다. 필자는 당시 원동 소비에트 인민위원회 외교부장이며 하바로프스크시 볼셰비크당 비서인 알렉산드라 페트로브나 김 스탄케비치 지도하에서 흑룡강 기선 "바론-코르프”에 당 정부 주요 문건을 가지고 블라고베쉔스크로 향하다가 중로에서 흰파(백위파)들에게 포로 되었다. 그러나 포로 시에 우리는 중요 문부들을 강물에 던지어서 원수들의 손에 아니 가게 되었다.

1918년 9월 25일 (음력 8월 15일)에 당 소비에트 기관 지도간부들은 흰파(백위파) 칼미코프 악당들에게 희생을 당하였는데 그 중에는 А.П.김 Стакевич(김 알렉산드라 페트로브나 스탄케비치)도 있다. 그는 당시 33년인 청춘 여사였다. 이 사변은 당시 러시아 볼셰비크당과 나 어린 한인사회당에 막대한 손실이었다.

이와 같은 만행으로써 외국 무장 간섭자들은 나 어린 소비에트 주권을 없애려고 공산주의를 무장으로 탄압하려고 망상하고 발광하였다. 그러나 미제국주의자들과 영·일(영국·일본) 기타 제국주의자들은 엄청나게도 오산하였었다. 공산당 지도 아래서 각 전선에서 공작하던 적위군들은 시비리(시베리아)와 원동 산간 계곡들을 차지하고 빨치산 요새를 창설하고 전투를 계속하였다. 처음 100명에 지나지 아니하게 우수리 전선에서 전투에 참여하였던 조선인 빨치산대들 외에도 연해주 수이푼 계곡, 수청 기타 지대에서 수많은 빨치산들이 공작하게 되었다.

1919년 3·1운동 후에 조선에서와 중령(중국령)에서 조선 애국자들이 찾아와서 어느 조선 빨치산부대에든지 조선과 중국에서 싸우는 빨치산들이 여러 천명으로 계산되었다. 원동과 시비리(시베리아) 방방곡곡에서는 밤이나 낮이나 전투가 맹렬히 계속되었다. 외국 무장 간섭자들과 흰파(백위파)들은 단지 철도변을 차지하였고 기타 지방 농촌, 삼림 계곡은 빨치산들이 비밀리에서 공작하는 군사혁명위원회 유일한 지시에 의하여 전투하였다.

1919년 11월 14일이었다. 시비리(시베리아) 옴스크 도시에 소위 중앙정부라고 자칭하던 흰파(백위파) 콜차크 무리는 외국 무장 간섭자들 총창에 의하여 잔인무도하게 발악하던 괴뢰가 붉은 군대 진공에 의하여 붕괴되고 옴스크는 해방되었다.

콜차크 대장은 달아나다가 1920년 초에 이르쿠츠크에서 우리 빨치산 부대들에게 포로가 되어서 혁명재판의 결정에 의하여 사형을 당함으로써 흰파(백위파) 콜차크 정부는 종말을 고하게 되었다.

이에 창황망조한 미국·영국·프랑스·이탈리아·캐나다 등 무장 간섭군들은 창피스럽게도 철병하기 시작하여서 1920년 1월에서 4월 7일까지 체코슬로바키아 포로병들을 포함하여서 모두 철병하여 달아나고 다만 왜병들만 남아있었다.

일본 군벌들은 "소비에트 주권은 공산주의니 원동에 그를 허용할 수 없어 아니 철병하겠다"고 선포하였다. 소련 공산당에서는 일본과 직접 전쟁을 회피하기 위하여서 원동공화국(완충정부)을 조직하고 일본과 강화조약을 체결하기로 착수하였다. 왜군 당국은 중립을 선언하였고, 우리 빨치산들은 각 도시에 들어와서 병영에 배치되었다. 왜군 당국은 강화조약에 서명하겠노라고 선언하였다.

II.

1920년 4월 5일이었다. 이 날은 원동에서 국민전쟁(러시아 내전)이 시작된 지 만 2주년이 되는 날이었고, 또는 왜적들이 강화조약에 서명하겠노라고 약속한 날이었다. 그래서 우리 당국에서는 놈들이 배신하고 반란을 하리라고 생각지 아니하고 안전 상태에 처하여 있었다.

아침 9시 30분에 왜병들은 대포 기관포로 도시를 향하여 사격을 시작하여 전 시가는 불에 타기 시작하였고, 노인이나 여자나 심지어 아이들까지도 집에서 밖으로 나오는 사람들은 왜군들 총창에 맞아 쓰러졌다. 감옥에 갇히었던 흰파(백위파) 반역자들은 모두 석방되어서 전 시가는 혼란 상태에 처하였다. 블라디보스토크 보로쉴로프(우수리스크-필자주), 스파스크, 이만, 하바로프스크 도시들에 거주하던 조선 남자들은 전부 왜놈들에게 체포되어 감옥에 차고 넘었다.

블라디보스토크 신한촌 한민학교는 불에 타서 재무지로 변하였는데, 그 가운데 는 수십 명 조선 빨치산들이 있었다. 체포되었던 조선인 애국지사들이나 놈들이 빨 치산이라고, 공산주의자라고, 반일 운동자라고 의심하는 인사들은 모두 비밀리에 서 잔인무도하게 학살을 당하였는데 그 가운데는 한 평생을 직업적으로 조선을 해 방하기 위하여 분투 공작하던 직업적 혁명 열사들인 최재형·엄주필·김이직 선진들 이 계신 것이다. 그리하여 왜병들은 연해주에서 1922년 10월까지 소비에트 주권에 반항하여 만행을 계속하여 무수한 혁명자를 계속 학살하였다. 그래서 4월 5일은 언 제든지 잊을 수 없는 날로 기억에 남아있다.

필자가 최재형·엄주필·김이직 선진을 직접 상대하여서 체험하던 사실, 그들의 친 족들과 친우들 회상기에서 수집한 자료들을 이에 간단히 기록하려고 한다.

최재형이 체포된 집과 안내현판

최재형

그는 조선 함경북도 온성군 오가인 부잣집
종의 가정에 탄생[387]하여 어려서부터 조선 봉
건사회 종의 가정에서 자라났다. 그는 차츰 자
라면서 자자손손이 남의 종노릇을 하면서 살
아갈 것을 알게 되자 하룻밤에는 자기 가솔을
데리고 도주하여 두만강을 건너서 원동 변강
당시 포시예트 연추지방에 와서 황무지를 개
간하고 생활을 시작하였다.

그는 차츰 러시아 말을 배우고 황제 러시아
에 입적하였다. 그는 러시아 황제 주권 군대에

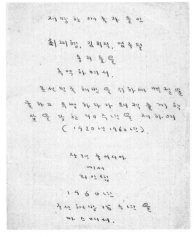

이인섭의 기록

소고기를 공급하는 일을 시작하여서 몇 해 어간에 조선 사람 가운데는 큰 부자가
되었고, 포시예트면 면장으로 사업하게 되어서 상당한 권리와 신임을 일반 군중에
게서 얻게 되었다.

최재형 그를 최동운[388]이라고 칭하고, 최도노예(면장이라는 뜻)라고도 하고, 최뼤
찌카라고 조선 사람들이 칭하였다. 러시아 당시 문부고에 있는 자료에는 최빠벨이
라고 기록되었다.

1904~1905년 로일전쟁(러일전쟁, 1904) 후 1905~1907년 러시아 제1차 혁명 영향
으로 원동에 거주하던 조선 노력자들 가운데는 조선에 침입하는 일본 군국주의를
반항하여 의병운동이 일어났다.

이때 의병운동에 최재형은 조직지도자로서 의병대를 조직하고 무기를 준비하는
데 열성으로 참가하였다. 당시 연해 변강에서 조직된 조선 의병들은 두만강을 건너
서 조선 땅에 나가서 왜적들에게 반항하여서 1909~1910년까지 전투를 계속하였다.
동시에 함경북도 회령에 살던 유지인 애국자 허영장(허재욱) 대장은 간도 방면에서 의병을 발기 조직하여 최재형 선진과 연계를 가지고서 계속 투쟁하여 최재형·허영장은 지금까지 조선 노력 군중에게 전설적 의병대 조직지도의 선진자로 된다.

최재형 선진께서는 단지 의병운동만 지도하였던 것이 아니라 다른 방면으로도 일본 침략자들을 살해하거나 박멸한다면 모두 실행하였다. 예하면 그 집 창고에서 8인 단지동맹을 하고서 떠난 안중근 의사는 합이빈(하얼빈) 정거장에서 일본 군벌의 시조인 이등박문(이토 히로부미)을 총살하여 세계 안목을 놀라게 하였다. 이 사변에 대한 재정 권총 기타가 모두 최재형의 재정이었다. 그 집에 몇 해를 두고 수많은 애국자들이 실행하는 경비는 모두 그가 지불한 것이었다.

조선 사람들 가운데서 제일 큰 부자라고 소문이 자자하던 그는 1917년 당시에는 온전한 집 한 채도 없는 빈천자였다. 이것은 그가 혁명사업에서 부자에서 빈천자로 되었다는 것을 넉넉히 말하여 주는 것이다.

그는 동시에 조선 인민들 가운데서 조선말로써 후진들을 교양하는 사업을 적극 지지하고 장려하였다. 지금도 그를 회상하는 당시 교육사업에 헌신하던 동지들은 이와 같은 사변들을 회상하고 있다. 당시 러시아에 입적한 조선 청년들 가운데는 조선말로 사립학교를 설하고 아동들을 모국어로 교육하는 것을 절대로 반대하고 억압하는 자들이 많아서 큰 곤란을 당하게 되었다.

그가 포시예트 면장으로 시무할 때였다. 어떤 얼마우재(입적자)가 와서 "우리 촌에는 조선 사람 교사가 와서 조선 학교를 설하고 아동들을 조선 글을 가르쳐 주어서 양서재(로어(러시아어)학교)에 방해되니, 그것을 금지하여 주오"하고 고발하면 그(최재형)는 별 말없이 그 얼마우재 귀쌈을 후려치면서 "야 이놈아! 너는 조선 놈이 아니고 마우재(러시아인)가 다 된 줄로 알고서 얼마우재 행세를 할 터이냐? 아무리 러시아에 입적하여서도 조선 민족이니 조선 말로 공부하여서 조선 예절, 조선 역사를 알아야 되고, 또한 러시아에 입적하였으니 러시아 공부도 하여야 되는 것이다. 그러니 다시는 집에 돌아가서 조선 사립학교를 반대하여 불량한 행동을 하지 말라"

고 하여서 얼마우재들을 훈계하였다.

그와 반대로 어느 농촌에서 조선 사립학교 교수로 사업하던 교원이 그 지방 얼마우재들한테서 괄시를 당하고 와서 "자기는 그 곳에서 교사 노릇을 할 수 없어 학교 문을 닫고 왔노라"고 말하면 그는 또한 그 청년교사의 뺨을 쥐여 부치고 책망하기를 "너는 소위 애국자노라고 하면서 그만한 난관도 극복하거나 참지 못하고 돌아다니는 처지에 독립을 어찌 할 수 있는가"고 견책하고 설유하여서 다시 그 지방으로 돌아가서 교수를 계속하게 하였다.

그래서 최도노예(최재형)는 조선학교를 못하게 방해하는 얼마우재 놈도 때려주고, 학교 교수를 못하겠다는 교사도 때려주어서 "이놈을 치고, 저 놈을 쳐서 학교를 유지하였다"는 전설이 당시 유행되어서 조선 민족 교육사업에 큰 영향을 주었던 것이다.

그는 열성적으로 조선 민족 어간에 교육사업을 장려한 결과에 조선인 후진들에게 애국적 열성자들이 자라나게 되던 사실은 그의 특이한 사실적 업적인 것이었다. 그는 허영심이나 명예를 알려고도 아니하고 조선 독립은 다만 무장운동이라야만 실천된다는 것을 절실히 감각하고 희생을 당하는 시기까지 실현하였다. 그것은 아래와 같은 사실이 웅변으로 말하여 준다.

1919년 3·1운동 후에 해외에서 조직되었던 상해 조선 임시정부에서는 최재형을 재무총장으로 선거하였으니 취임하라는 통지를 그에게 보내었다. 그는 말하기를 "조선 해방은 임시정부를 조직하는 데 있는 것이 아니라 조선인 해방 군대를 조직 양성하는 데 있는 것이다. 나는 본시 조선의병대에 종사하였고 지금도 종사하고 있다. 만일 상해로 가는 여비가 있다면 나는 그 돈을 총을 사서 우리 독립군대로 보내겠다"고 하였다. 이 얼마나 가짜 애국자들이 허영에 취해서 상해로, 이르쿠츠크로 들이뛰고 내뛰면서 빨치산 운동과는 본체만체하는 판국에 진정한 고백이 아닌가 말이다.

그는 국민전쟁(러시아 내전) 당시에 당시 간도에서 공작하는 그의 전우들인 홍범도 허재욱 독립군들과 연계를 가졌고, 소황령(소왕령, 니콜스크 우수리스크)에 있으면서 김이직 엄주필 기타 동지들과 연계를 가지고서 비밀리에서 군자금을 모집하여서 빨치산 부대를 후원하며, 선포문을 인쇄하여 산포하며, 군중들을 동원하여 3·1운동(1919) 기념일에 시위운동을 조직 진행하였다.

"싸리끝에서 싸리가 난다"고 그가 왜적들에게 희생을 당한 후에 그의 아들 최빠싸는 "독립단"이라고 명칭한 조선 빨치산 부대를 영솔하여 가지고서 이만-하바롭스크 사이 우수리 전선에서 악전고투하였다.

그는 관후하고, 인내성 있고도 쾌활한 혁명투사였다. 왜적들이 비록 그의 생명은 앗아갔지만 그가 진행하던 혁명사업은 계속 전진하고 있다. 필자는 그의 사진을 구하여서 조선혁명박물관에 전하려고 수년을 두고 심방하였으나 오늘까지 실행치 못하고 있는 것이 유감천만이다.

엄주필

그는 1871년 조선 함경북도 성진에서 출생하였다. 그는 젊어서 조선 군대에서 복무하다가 조선이 일본 군국주의자들에게 강점을 당한 후에는 장로교 전도사의 탈을 쓰고 반일운동을 하다가 1914년경에 소련 원동 연해주로 피신하여 오게 되었다.

해삼(블라디보스토크)을 경유하여 소황령[소왕령, Ворошилов(보로쉴로프)]에 당도하여 김이직·이갑·최재형·이동휘 기타 애국지사들을 만나서 조국 해방사업을 계속하게 되었다. 소황령(소왕령, 니콜스크 우수리스크) 시내 장로교 교회에서 집사의 책임으로 일하면서 혼자 어린 아이들을 데리고 있는 이문숙 모친과 살림하면서 바래미 정거장 방면에서 농사를 지어 생계를 하였다.

1917년 10월혁명 후에는 소황령(소왕령, 니콜스크 우수리스크) 시내 조선인민회

회장으로 피선되어서 왜적들에게 희생을 당할 시까지 사업하였다. 당시 민회 서기는 중령(중국령) 나재거우 비밀사관학교 학생이던 이춘갑이었다. 1919년 3·1운동 후에는 오성묵·한예골(창해) 기타들과 결탁하여서 선포문을 석판으로 한예골네 집에서 인쇄하고, (한에네나 회상) 태극기를 만들어서 조선 민중에게 분전하면서 1919년 3월 17일에는 전 시가 조선 주민들을 동원하여 시위운동을 개시하고 조선 만세를 부르고 선포문을 산포하는 등 혁명사업을 진행하는 데 주동적 역할을 실행하였다.

지금까지도 필자의 기억에 자세히 남아있는 것은 당시 소황령(소왕령, 니콜스크 우수리스크)에서 발행하던 흰파(백위파) 소수파들 기관지에는 우리가 독립선언을 하는 것을 비소하여서 "일이보 만만지"라는 제목으로 그 사실을 기재하였고, 유정커우라는 러시아 농민들은 "떡과 소금"을 가지고서 우리 독립선언 시위자들을 환영하였던 것이다.

연해도에서와 간도에서 조선인 빨치산 부대들이 공작을 시작하자 엄주필 동지는 시내에서 비밀 공작하는 최재형·김이직 기타 동지들과 같이 군자금을 모집하고, 선포문을 인쇄·분전하는 공작을 적극 진행하였다. 오성묵 회상에 의하면 엄주필 동지는 자주 시내 青島(청도) 공원 버드나무 밭 속에서 동지들과 만나서 비밀공작에 대한 설계를 토론하였다고 한다.

그의 의딸 이문숙웨라(지금 알마-아타에 있는)의 회상에 의하면 엄주필 동지가 체포되던 사변은 이러하였다. 1920년 4월 5일 아침에 금방 날이 밝게 되자 천만 뜻밖에 원세훈이라는 사람이 와서 우리 집 유리창 문을 뚝뚝 두드리면서 "형님 전쟁이 났으니 속히 피신하시오"하고서 그는 종적을 감추었다.

그러자 왜놈 헌병 7~8명이 집안에 달려들었다. 방금 변소에 갔다 들어오는 엄주필을 결박하고서 "독립운동을 하기 위하여 민간에서 모집한 돈을 어디에 두었으며,

선포문을 어디 두었는가?”고 문초하면서 온 집안을 모조리 수색하였으나 아무런 증거물도 얻어 보지 못하였다.

당시 원세훈네 집에는 그의 친족 원용건이라는 자가 있었는데, 원용건은 당시 흑룡주(Амур(아무르)주)에 주둔하고 있던 왜병 용달을 하던 자이었다. 그리고 원용건의 처는 엄주필 본처에서 탄생된 딸이었는데 자기 부친한테 찾아왔다가 엄주필이 말하기를 “만일 그 남편과 이혼을 아니하겠으면 내 집에서 떠나라”고 하여서 원세훈네 집에 가서 있었다고 한다. 그리고 이문숙이는 말하기를 자기는 당시 어려서 지낸 사변이지만 원세훈이가 자기 집에 와서 문창을 두드리면서 자유스럽게 다니던 사실은 지금에 생각하여도 참 이상하다고 한다. 남은 모두 왜놈들에게 잡히던 때인데 하고 의아해 한다.

원세훈은 오랫동안 소황령(소왕령, 니콜스크 우수리스크)에서 소상업을 하고 있던 사람이고, 문창범 악당들이 조직 발악하던 악명 높은 “대한국민의회” 열성자 가운데 한 사람이었다. 왜병들이 연해도에 주둔할 시에 “국민의회”는 공개적으로 행사하고 있었으며 예호 정거장에 소비에트 주권을 반항하던 “토벌대”까지 조직하고 발악하였으니 당시 4 5정변에 국민의회 간부들이 한 사람도 왜병들에게 희생은 고사하고 체포도 아니 당하였던 괴변은 당연한 괴변인 것이다.

엄주필 동지는 당시 49세였다. 그의 부인은 지금 당년 80으로 자기 손자와 같이 있다. 필자는 엄주필 사진을 얻어 보려고 수년을 두고 탐문하나 목적을 달하지 못하고 이 회상기를 쓰게 되는 것이 유감천만이다.

김이직(김정일)

그는 1870년에 조선 평안남도 용강군 알메골에서 탄생하였다. 그는 이조 말엽에 그 지방에서 학민하는 군수와 관료배들을 반항하여 민요를 일으켜서 민란 장도로써 봉건 관리들을 잡아서 처단하고 망명도주하여 자기 본명 정일(김정일)을 고쳐서 이직(김이직)이라고 칭하게 되었다.

그는 처음 연해주 해삼(블라디보스토크) 신한촌에 당도하여 평양 사람 김치보 (3·1운동(1919) 당시 아령(러시아령) 노인단 소장)가 경영하는 "德昌局(덕창국)"이라는 건재약국에서 사업하면서 생계를 시작하였다.

얼마 후에는 "덕창국" 지점을 소황령(소왕령, 니콜스크 우수리스크) 도시에 열고서 김이직 동지가 주임으로 사업하게 되었다. 그곳에서 정치적 망명자들인 이동휘·장기영·이갑 기타들을 만나서 조선 민족 해방운동에 참가하게 되었다. 그리하여 "덕창국"은 표면적으로는 실업기관인 동시에 민족해방 투쟁을 준비하는 비밀장소로 되었다.

당시 중·아(중국·러시아) 양 영에서 공작하던 정치 망명자들이 서신연락을 하거나 며칠씩 유숙(留宿)하는 장소는 "덕창국"이었고, 경제적 방조도 받게 되었다. 덕창국 안에는 조선문으로 출판된 서적을 판매하는 "덕창서점"이 있어서 조선 농촌에 설립된 사립학교들에 교과서를 배급하여서 당시 조선인 교육자들이 집중하는 장소로도 되었다. 약을 지으러 오는 농민들, 서적을 사러오는 교육자들 어간에는 혁명기관 연락원들도 적지 아니하게 끼어 다니었다.

국민전쟁(러시아 내전) 당시, 3·1운동(1919) 후에는 덕창국을 중심하고, 최재형 엄주필 기타들이 빨치산부대에 식량·신발·의복 기타 군수품을 준비·공급하는 사업이 실행되었다.

그의 매부 김달하 동지 회상이나 이전 솔밭관 공산당 류진규·허성황(허성환) 군대 대원들 회상에 의하면 당시 덕창국을 중심하고 빨치산 부대로 전달되던 물재 운반은 극비밀이고서도 깊이 연구하여 작성된 계책이었다. 예하면 식료는 중국 지대에서 운반하여서 소황령(소왕령, 니콜스크 우수리스크) 어떤 중국 상점으로 운반하는 모양으로 오다가 중도 무인지경에서 빨치산 부대로 전달되었고, 의복 신발 모자 기타는 소황령(소왕령, 니콜스크 우수리스크)에서 싣고서 중령(중국령) 수이 푼 구역 중국인 농촌으로 운반하는 모양으로 운반되었는데 전부 운반대원들은 조선 사람은 볼 수 없고 머리채를 드리우고 다부산재를 입은 중국 사람들이었다.

이것을 보아 그들은 당시 중국인 혁명자들과도 관계를 지어가지고서 공작하던 것이 사실이다. 김이직 동지가 희생된 후에도 빨치산부대로 식료와 기타 물질 공급은 계속되었는데 그것은 그의 매부되는 김달하 동지가 자기에게 있는 재정을 모두 소비하여서 공급하다가 금전이 없이 되니 나종에는 중국 상점 "慶發福"에서 천여 원 외상을 져서까지 공급을 계속하였다.

김달하 동지 회상에 의하면 4월 5일에 왜놈 헌병 10여 명이 덕창국에 들어와서 김이직 동지를 체포하여 손과 발에 쇠로 만든 철갑을 채워서 가지어 갔고, 자기는 결박을 당하여 헌병대로 안내되었으나 자기들이 갇히었던 감옥에는 김이직 최재형 엄주필들은 없었다고 한다. 당시 덕창국에는 함동철이라는 자가 고금을 같이 내고 약국을 종사하였는데 그 자도 왜놈들한테 체포되었다가 인차 석방되었다고 한다.

필자는 1922년 10월 말에 인민혁명군들과 같이 연해주에 남아있던 흰파(백위파) 잔당과 왜군들을 내쫓아내고 원동 전체를 해방시킨 후에 당의 지시에 의하여 소황령(소왕령, 니콜스크 우수리스크) 당시 Никольск-Уссурийск(니콜스크-우수리스크)군에서 당 기관과 소비에트 기관들을 조직하는 데 참가하였다.

소황령(소왕령, 니콜스크 우수리스크) 시에서 김이직 동지의 매부 김달하, 그의 부인 김마리야(김이직 누이동생) 두 동지를 만났고, 기타 방면으로 김이직 동지가 희생되던 사변들을 오래두고 사실하고 연구하던 자료들이 지금까지도 내 기억에 남아있는 것은 이러하다.

덕창국은 당시 니콜스크 우수리스크-소황령(소왕령)도시 알항겔쓰크 거리 10호에 있었다. 그 집 맞은편 집에는 일본 의사 노라는 조선놈 현용주가 있었고, 그 집에서 멀지 않는 집에는 왜놈 거류민회 회장 기타 여러 왜놈들이 유(留)하고 있었는데 그들은 모두 왜놈들 정탐배였다.

그리고 덕창국에서 같이 종사하였다는 함동철, 의사 현용주라는 자는 1920년 4월 정변 후에 소황령(소왕령, 니콜스크 우수리스크)에서 노골적으로 일본 헌병대 지도하에서 조직되었던 "간화회" 간부들이었는데 놈들은 우리가 그 도시를 해방하니 중국 지방으로 도망하고 없었다.

당시 일반 여론은 함가(함동철) 놈이 김이직 선생을 없애고서 덕창국 재정을 잠식하려고 왜놈들에게 그를 무고하여서 김이직은 희생되었다고 하였다. 그런데 진정한 내막은 사실이 좀 더 복잡하였다. 왜놈들은 당시 덕창국을 근거하고 공작하는 반일 기관을 연구하기 위하여서 덕창국 근방에다가 여러 가지 이상에 간단히 지적한 바와 같이 정탐망을 벌려 놓았으나 자세한 사정을 알기 위하여서는 평양에서 많은 금전을 주어서 함가(함동철)를 덕창국의 주인으로까지 만들었던 것이다. 이와 같이 왜병들은 발광하였던 것이다.

김마리야 회상에 의하면 김이직 동지가 왜병들에게 희생되자 그는 왜놈의 헌병대를 찾아가서 자기 오빠 죽은 시체를 내어달라고 강경히 요구하였다. 헌병대장 놈은 시체를 못 내어준다고 거절하였다. 그 후에는 자기 혼자만 가는 것이 아니라 수다한 조선 여자들을 동원하여 가지고서 헌병대에 매일 가서 질문하고 강경히 시체들을 내어 놓으라고 강요하였다.

왜놈 헌병 놈은 할 수 없으니 시체는 이미 불에 태웠으니 재가 된 해골밖에 없다고 하였다. 그 말은 들은 김마리야는 그러면 화장한 곳을 알려달라고 강요하며 여러 날을 계속하여 헌병대에 가서 종일토록 항의하였다.

왜 헌병 놈은 야만적 행동을 하지 말고서 빨리들 물러가라고 호통하자, 김마리야는 항의하기를 일본은 소위 문명국가라고 당신이 매일 말하면서 자기 조국을 사랑하는 조선 사람들을 학살하니 당신도 만일 일본 애국자이라면 우리 조선 사람들에게 학살을 당하여야 된다고 하며 함성을 치며 대어들자 수다한 놈들이 달려들어 조선 여자들을 밖으로 밀어내었다.

그 이튿날 다시 헌병대로 가니 어제까지 있던 왜 헌병대장 놈은 없고 다른 놈이 나타났는데 자기는 처음으로 왔으므로 이전에 진행된 사변들은 알지 못하노라고 하여, 이전 있던 헌병 놈은 어디로 가고 없어진 것으로 끝을 맺고 말았다.

그 후에 알려진 것은 당시 김이직·최재형·엄주필 기타 지도자들을 소황령(소왕령, 니콜스크 우수리스크) 감옥이 있는 데서 멀지 아니한 왕바산재라는 산기슭에서 학살하고 땅에 묻은 후에 종적을 감추기 위하여 평토를 만들었다고 하였다.

김마리야는 자기 오빠의 복수를 하겠다고 결심하고 어린아이를 업고 조선 의복을 하여 입고 집에서 떠났다. 그는 얼마 후에 조선 평남 용강 자기 고향에 있는 자기의 조카 김인성 김남성 형제(김이직의 아들)를 만나서 일화 5천 원을 장만하여 가지고서 조선에서 떠나서 합이빈(하얼빈)에 당도하자 왜놈 헌병들에게 수색을 당하여서 금전을 압수당하였다.

김마리야는 조선 평양에 가서 자기 시어머니 있는 데 가서 은신하고 오래 있었다. 몇 달 어간에 김인성 김남성 형제는 비밀리에서 자기 토지 며칠 갈이 있던 것을 팔아서 가지고 고모 김마리야에게 전하였다. 그 후에 중국 길림성 東寧현 산채거우에는 평양에서 고무신발 수백 켤레를 가지고 고무상점을 하는 여자가 나타났다.

그런지 불과 한 달도 아니 되어서 합이빈(하얼빈)에 가서 상업하고 있던 이전 "덕창국" 주인 함동철이는 밤에 자다가 도끼에 목이 떨어졌다는 소문이 나기 시작하였다.

산채거우에 있는 고무상점은 밤새에 없어졌고, 소황령(소왕령, 니콜스크 우수리스크)에는 흥분에 넘친 기세로 김마리야가 나타났다. 그러나 그가 모험한 사변, 자기 오빠 복수를 한 것은 극비밀이었다. 필자가 오늘 그 사변을 세상에 알리게 된 것은 참말 상상하기 어려운 회상 중 한 토막이다.

김마리야는 이미 미국 목사 놈을 평양에서 기묘하게 내쫓은 여자였다. 그는 평양으로 김달하 동지에게로 시집을 와서 예수교 예배당으로 다니기 시작하였다. 그런데 목사의 계집년은 예배당으로 다닐 적에 조선 보교에 앉아서 다니는 것이 대단히 밉살스레 보이었다. 그리고 목사가 늘 기도를 드리거나 성경을 가지고 설명할 적이면 좋지 아니한 행사(당시 의병운동)를 하지 말고 이 세상에서 순종하다가 죽어서 극락세계로 간다는 설명을 들을 적마다 목사 놈의 흉계를 알아차리고 그 놈을 내쫓을 묘책을 강구하였다.

매년 봄철이면 한 번씩 일반 교인들이 모여서 모두 자기 죄를 자백하고 심지어 목사의 죄행까지도 비판하고 그 사실들을 미국에 있는 종교 본부에까지 알릴 권리가 있다는 사실을 이용하기로 작정하였다.

기다리던 그 교회 기념날이 당도하였다. 김마리야는 미국 목사에게 질문하기를, 미국에서는 일요일을 당하면 사람은 물론이고 심지어 새나 개도 모두 휴식한다는 것이 사실이며, 교인들 가운데는 모두 평등이라는 것이 사실입니까? 하였다. 남녀 교인들을 모두 침묵에 잠기었다.

미국 목사는 "마리야 누님! 그것은 물론입니다. 미국에서는 매 주일이면 하나님 아버지께서 정해주신 대로 남녀가 모두 주일이면 휴식합니다. 그리고 거역하는 자는 하나님에게서 처벌을 받습니다."

김마리야는 자리에서 일어서서 정중히 말하기를 "만일 그렇다면 미국 사람들은 조선 사람들을 자기네 개만치도 대지하는 것이 사실입니다. 어찌 되어서 매 주일마다 목사님 부인은 보교에 앉아서 이 예배당으로 다니고 우리 조선 사람들은 그를 메고 다닙니까? 그러니 만일 하나님이 처벌을 한다면 당신부터 처벌할 것입니다"하고 철두철미하게 성토하였다. 그러니 나는 다시는 예수를 아니 믿겠노라고 선언하자, 당황한 목사 놈은 자기 잘못을 자백하였고 보교를 부숴서 던지었다.

그러나 그 사실은 당시 미국 교회 출판물에 게재되었고, 그 목사는 평양에서 간 다온다는 말도 없이 종적을 감추었다. 김마리야 여사는 몇 해 전에 세상을 떠났고, 김달하 동지는 지금 치도라고 변명하고 카자흐스탄공화국 Кызылорда(크즐오르다)에서 사업하고 있다.

4. 4월참변에 대한 자식들의 기억

1) 5녀 최 올가의 회고

이 회고에서는 최재형이 도망하지 않고 체포될 수 밖에 없었던 눈물겨운 사연을 살펴 볼 수 있다. 아울러 "우리는 아버지의 뒷모습과 뒤로 묶인 아버지의 손을 볼 수 있었다."는 최 올가의 절규는 우리의 심금을 울린다.

1920년 4월 5일이 시작되며

앞에서 언급했던 것처럼, 아버지와 파벨은 일본 간섭군들로부터 몸을 숨기기 위해 집을 떠나 있었다. 4월 4일 저녁에 아버지는 집에 돌아오셨는데, 우리 모두는 놀랐고, 아버지를 걱정했다. 거리에는 이미 어둠이 내렸다. 저녁 식사 후에 아버지는 엄마를 포함해서 우리 모두를 불러 모아놓고 말씀하셨다.

"내가 떠나면 일본인들이 엄마와 너희 모두를 체포해 갈 것이고, 때리고 고문을 하면서 나를 내어 달라고 요구할 거야. 나는 이미 늙었고, 살아갈 날이 조금 남았기에 죽어도 좋단다. 하지만 너희들은 더 살아가야 하고, 일을 해야 하잖니. 차라리 나 혼자 죽는 편이 더 낫단다."

우리 모두는 울었다. 우리는 다시 한 번 그와 작별을 나누었고, 잠자리에 들었다. 아마도 아버지는 잠을 이루지 못하셨을 것이다. 아직은 어둠이 채 가시지 않은 이른 아침에 그는 우리 방의 창 덧문을 열고 계셨다. 그 바람에 나는 누운 채로 잠에서 깨었다. 약 5분쯤 지난 후에 우리 방 쪽으로 문이 열렸고, 그 때 총을 든 일본군이 나타났다. 우리는 무슨 일인지를 알아채고 옷을 걸치고 밖으로 뛰쳐나갔다. 우리는 밖의 현관계단 쪽으로 나갔다. 그곳에서 우리는 아버지의 뒷모습과 뒤로 묶인 아버지의 손을 볼 수 있었다. 이는 1920년 4월 5일 아침에 있었던 사건이다.

우리는 이 끔찍한 경험을 했다. 잡지에서 죽은 자를 보기라도 하는 경우에는 나는 울기 시작했고, 히스테리 발작을 일으키거나 졸도를 한 적도 있었다. 일본 놈들이 아버지를 고문하고 죽였다는 생각은 평생 동안 나의 가슴을 찢어놓고 있었다. 나의 신경은 약해졌고, 신경성으로 평생 고생하며 지내고 있다. 하지만 살아야 했다. 아버지는 홀로 우리 가정의 부양자이셨고, 엄마는 8명의 아이들이 있는 대가족을 돌보고, 항상 있던 아버지의 손님들을 신경 써야 했기 때문에 경제적인 활동을 할 수가 없었다. 엄마는 좋은 주부였고 음식을 잘 만들었으며 바느질(뜨개질)을 아주 잘 하셨다. 아버지가 돌아가신 이후에 나는 엄마와 같이 살며 맏이 역할을 했는데, 아래로 4명의 동생들을 돌보았다. 우리는 먹어야 했고 배워야 했으며, 우리는 먹을 거리를 위해 돈을 벌어야 했다.

나는 15세가 되었다. 나는 뜨개질을 할 줄 알았고, 바느질도 조금 했다. 나는 상점에 가서 베레모와 샤프카(шапка)를 뜰 줄 안다며 설득해서 일거리를 받기도 했다. 상점에서는 나에게 좋은 실을 제공했다. 나는 여러 가지 형태의 샤프카를 생각해

내기도 했는데, 주로 베레모를 만들었다. 상점에서는 나에게 수고비를 주었고, 이 돈은 적게나마 가정에 보탬이 되었다. 심지어는 돈을 아껴서 인민궁전의 극장에서 공연을 보기까지 했다.

우리와 함께 친언니 류바(3녀, Л.П.Цой(Ни))가 살았다. 그녀에게는 2명의 아이들이 있었다. 그녀는 물론 우리가 살아가도록 돕고 가르쳐 주었다. 그녀는 평생 교사로 활동했다. 남은 우리들은 배우고 노동을 했다. 아무도 제명에 죽지 못했다. 하지만 살아남은 사람은 지금까지 살아오고 있다. 우리 가문은 강하고 생명력이 강한 집안이다. 우리는 엘. 차르스카야(Л.Чарская)의 작품과 고전문학 작품들을 많이 읽었다. 그래서 가능한 한, 그리고 삶이 허용하는 한 스스로를 돌보며 살아갈 수 있었다. 스스로 조금이라도 바느질을 할 줄 알았고, 당시의 상황에 맞춰 빠지지 않게 옷을 입고 살아가려 노력했다.

언제인가 나는 류바와 인민궁전에 있는 도서관에 가서 보던 책을 교환하고 나온 적이 있었다. 그때 류바가 지체되어 도서관 사서와 이야기를 나누고 있었는데, 나는 "왜 올가(5녀, О.П.Цой)는 이마를 머리카락으로 가리고 다녀요? 올가는 예쁘잖아요. 고수머리를 뒤로 빗어 남기라고 해요"라고 사서가 류바에게 하는 소리를 들었다. 우리는 집에 돌아와서 머리 모양을 바꾸기로 했다. 나는 '앞머리'를 뒤로 넘기고 핀으로 머리를 고정시켰으며, 이후 두 가닥으로 머리를 땋았다. 머리카락은 숱이 많고 화사했으며, 예쁘게 머리카락은 땋아졌다. 하지만 뒷모습을 보니 매우 평평하게 되어 있었다. 그래서 20cm 길이의 검은 호박단(琥珀緞, 광택이 있는 얇은 평직 견직물)을 샀으며, 호박단 양 끝에 나비 모양의 댕기를 만들어 달라고 한 후 잘랐다. 이후 나는 큰 댕기를 핀에 묶었다. 평평했던 나의 뒷모습은 예쁜 댕기로 덮여지게 되었다.

나의 머리 모양은 아마도 주변의 여자 아이들의 마음에도 들었던 것 같다. 그들 또한 댕기머리를 하고 다니기 시작했다. 이후 러시아인 아이들도 그런 댕기머리를 하고 다니기 시작했다. 아마도 이것이 유행이라고 생각했던 것 같다.

아버지께서 돌아가신 후 우리 모든 딸들은 3개월 동안 검은 옷을 입고 다녔다. 엄마는 1년 동안을 그렇게 입고 다니셨다. 어느 날 거리에는 그러한 스타일의 검은 옷을 입은 소녀들이 등장하기 시작했다. 당시 우리 가족은 도시에서 눈에 띠는 가정이었는데, 나는 이를 자랑스럽게 생각한다. 우리는 분을 바르지 않았으며, 물을 들이지도 않았다. 어느 날 우리가 알고 지내는 친구인 김 토냐(Ким Тоня)가 언니 소냐(4녀, С.П.Цой)에게, "소냐, 너는 왜 분을 바르고 다니지 않니, 돈이 없니?"라고 물었다. 물론 돈이 많지는 않았지만, 그렇다고 아편을 팔수는 없는 노릇이었다. 하지만 분을 살 수 있는 돈을 벌을 수는 있었다.

1922년 경 쯤에

나는 아버지의 적극적인 개입으로 니콜스크-우수리스크에 문을 연 한인 교사 양성학교를 졸업했다. 졸업생들을 중심으로 한인학교의 교사진을 준비했기 때문에 나는 졸업 직후에 한인마을인 코르사코프카(с.Корсаковка, 우수리스크 서쪽에 있는 부유한 4개 한인마을 중의 하나)로 파견되었다.

그곳은 교회 교구학교였는데 세 그룹에 교사 1명이 감당을 했다. 학기가 시작되었다. 학교에 와보니 교실은 수업을 할 수 있도록 준비가 되어 있지 못했다. 우리는 청소를 시작했다. 물통은 찾았는데 걸레는 없었다. 나는 흰색의 하의 치마를 벗었다(전에는 그런 옷을 입었었다). 그리고 이를 세 조각으로 나누어서 창문, 책상, 교실바닥을 닦기 시작했다. 이윽고 수업이 시작되었다. 나는 아이들을 좋아했고 노력을 많이 했으며, 근무 또한 잘했다. 수업 중에는 복도에 있는 문틈을 통해서 젊은 사람들이 교실을 기웃거렸다. 아마도 그들에게 젊은 여선생이 마음에 들었던 모양이다. 이윽고 교실 문이 열리면 그들은 급히 옆으로 물러섰으며, 미처 피할 사이도 없이 다시 주변에 모여들었다.

물론 나의 신랑감은 다른 마을에서 나타났는데, 그는 내가 있던 코르사코프 마을로 오기 시작했다. 그는 멋진 젊은이였고, 바이올린을 연주했다. 그의 이름은 김 세르게이 표도로비치(Ким Сергей Фёдорович)이고 니콜스크-우수리스크 김나지야를 졸업했다. 같은 도시에서 공부를 했기 때문에 나는 그를 잘 알고 있었다. 김 세르게이는 독학으로 공부한 김 니콜라이가 조직한 심포니 오케스트라에서 바이올린을 연주했는데, 주로 중등학교 학생들이 오케스트라 단원으로 활동하고 있었다.

그들 모두가 음악 교육을 받지 않은 사람들이었다. 당시 우리가 살던 도시에는 음악학교가 없었다. 그래서 보다 부유한 사람들은 피아노를 보유하고 있거나 그러한 가정의 아이들은 개인적으로 음악 교습을 받았다. 우리 모두는 음악을 좋아했다. 전에 우리가 노보키예프스크에서 살았을 때, 우리 집에는 음악과 춤, 클래식 음악이 수록된 레코드판이 딸린 축음기가 있었다. 우리는 무도 춤을 좋아했는데, 요즘 젊은이들은 잘 모른다. 이후에는 우리의 취향이 록음악으로 옮겨갔다. 우리 때에는 춤이나 노래 앙상블도 없었다.

교사 양성학교에서 공부하던 때에 인민궁전에서는 저녁에 자선행사가 종종 열렸다. 볼체크(Волчек) 음악 선생님이 계셨는데, 그는 우리에게 노래와 바이올린을 가르쳐 주셨다. 교사 양성학교에는 바이올린이 있었다. 학교 당국은 우리를 통해서 농촌의 한인학교를 위한 문화예술 교사를 양성하고자 했던 것이다. 자선행사 모임에서는 우리 학교 학생들로 구성된 합창단과 바이올린 앙상블이 각각 노래하고 바이올린을 연주했다. 물론 한민족(조선) 노래도 불렀다.

어느 날 나는 볼체크 선생님께 한민족 노래를 찾아서 드린 적이 있는데, 그는 이 노래를 포함시켜 합창단을 준비시켰다. 인민궁전에서 자선행사가 있었는데, 우리는 인민궁전 무대에서 이 노래를 불렀다. 이 노래는 혁명적인 성격의 노래였다.

이 일은 1921년에 있었던 일인데, 무대 맨 앞줄에는 일본 고관들이 앉아있었다. 그런데 합창을 듣고 있던 일본인들은 갑자기 일서서 홀에서 나가버렸다. 우리 모두는 당황스러워했다. 그들은 ●●을 통해 인민궁전 도서관 방으로 들어갔고, 그곳에서 소리를 지르고, 주먹으로 책상을 치기 시작했다. 행사 주관자들은 일본인들이 모두를 체포할 것이라 생각하고 급히 서로 작별인사를 나누었다. 합창단에서 나이가 많고 학년생들은 크게 걱정을 했다. 고학년생들은 웅성거리다가 모두 떠났다. 하지만 우리들은 계속했다. 자선행사 공연용 곡목은 할 수 있는 대로 우리가 스스로 생각해 내 곤 했다.

나의 여동생들(6녀-류드밀라, 7녀-엘리자베타)은 나보다 각각 5살, 7살씩 어렸다. 나는 동생들에게 공연복을 만들어 주거나 트리 장난감으로 장식된 두건을 만들어 주기도 했다. 또한 나는 그들에게 노래를 불러주고 직접 생각해 낸 춤을 가르쳐 주었다. 나는 멜로디 '정원에서인가, 텃밭에서인가'를 불렀는데, 나는 이 춤을 '바야르 이쉬냐'(대귀족의 딸)라고 불렀다. 무도춤곡-헝가리 무용곡 하에서 추는 다른 춤도 있었는데, 나는 이 춤은 '차르다쉬'(헝가리 국민무용곡)라고 불렀다.

나는 직접 작은 손북을 만들었고, 동생들에게 공연 복을 만들어 주었다. 물론 새 것이 아니라 기존에 있던 옷들로 만든 것이다. 공연 전에는 청년심포니 오케스트라 연주에 맞춰 연습을 했다. 내가 만든 '발레곡' 춤들은 모두가 마음에 들어 했다. 여동생 리자(7녀, Цой Елизавета Петровна/Е.П.Цой)는 승마복 바지를 입고 멋지게 고파크(гопак, 우크라이나 민속무용) 춤을 추었다. 나와 함께 준비한 동생들의 공연은 큰 성공을 거두었다. 교사 양성학교에는 군 포로 출신의 헝가리인 춤 교사가 있었다. 그는 우리에게 마주르카 춤을 가르쳐 주었다. 다른 춤들은 그 선생님 전에 이미 알고 있었다.

당시에 중등교육을 받은 우리의 젊은이들은 한반도가 '일본의 지배하에' 놓여있고, 그리고 한반도가 식민지화되었다는 것을 알고 한반도로 들어갔다. 우리들은 한 번도 본 적이 없는 조국을 해방시키기 위해 도우러 가기를 매우 원했다. 우리는 교사 양성학교에서 한글을 배우고 한자를 배웠다. 나에게는 '높은 소나무에 앉아있는 학'이라는 의미의 최송학(Цхя Сон Хак)이라는 이름이 생겨났다. 여동생은 '조용한 학'이라는 의미로 최수학(Цхя Су Хак)이라고 불렀다. 하지만 동생은 학교를 그만두고 형편상 일을 하러 떠났다. 여름에 나는 쉬는 대신에 줄쳐진 공책에 써넣으며 확고하게 한자를 공부했다.

니콜스크-우수리스크에는 큰 상점들인 '쿤스트와 알베르스', '추린', 그 밖에 몇 개의 중국 포목점이 있었다. 그리고 거리의 한 편에는 통나무 상점들도 있었는데, 그곳에서는 설탕이나 작은 물품들을 팔았다. 우리는 집 근처에 있는 한 작은 상점을 자주 출입했다. 그 상점에는 작은 공책(외상장부)이 놓여있었는데, 우리는 그 공책에 구입한 물품을 기록했고, 한 달에 한 번이나 두 번씩 계산을 해주었다. 어느 날 나는 초콜릿이 매우 먹고 싶어 그 상점에 갔다. 그리고 초콜릿 판을 든 다음 외상장부에는 설탕 1킬로그램이라고 기록했다. 나는 그렇게 한 번 식구들을 속인 적이 있다. 나는 집에 돌아와 자매들과 초콜릿을 나누어 먹었다. 때로는 그 상점에 출입하며 한자로 묻곤 했는데, 그들 또한 한자로 대답을 해주었다. 사실 나에게는 실습이 필요했다.

한반도를 '해방시키기 위해' 떠날 준비가 되자, 우리 도시의 많은 젊은이들이 한반도로 들어갔는데, 거의 모든 젊은이들이 사망했다. 그들은 전투에서 사망을 했다. 지금까지도 사망한 많은 이들을 기억하고 있다. 젊은이들은 모두가 배움이 있었고 총명했다. 그들이 살아있다면 북한은 아무 것에도 남한에 뒤지지 않는 완전히 다른 나라가 되어 있었을 것이다. 나는 모국어를 잘 구사하지 못한다. 소련방에서 주로 러시아인들 사이에서 살아오며 읽고 쓰기와 한자를 잊었다. 북한이 한자(사용)를 거부한 것은 슬프다. 한자는 지구 인구의 1/3이 사용하고 있지만, 한글 알파벳은 한민족만 알고 있다.

(중략)

1990년의 봄

나는 다시 모스크바에 갔다. 금년은 나의 아버지 최 표트르 세묘노비치(최재형-П.С.Цой)의 탄생 130주년이 되는 해이다. 그리고 4월 5일이면 그가 고인이 된 지 70주년이 된다. 1920년 일본 간섭군들은 아버지를 니콜스크-우수리스크에서 민족혁명가로 총살을 시켰다. 우리는 이 사실을 항상 기억하고 있다. 옛 세대는 이제 세상을 떠나고 있다. 우리 전체 가족 내에도 이제 모스크바에서 자리에만 누워있는 언니 소피야(4녀, С.П.Цой)가 있고, 나는 민스크에서 아직은 걸어 다니며 살아가고 있다. 남동생 발렌틴(3남, В.П.Цой)과 여동생 리자(7녀, Е.П.Цой)는 알마타에서 살고 있고, 여동생 밀라(6녀, Л.П.Цой)는 프르줴발스크에서 살고 있다.

모스크바에는 우리 최 씨 가문의 식구친지들이 많이 거주하고 있다. 또한 이곳에는 고려인 기성세대들이 많이 있다. 그들 모두는 최 표트르 세묘노비치(최재형)에 대해서 들었고 알고 있다. 나는 가족끼리 아버지 추도식을 갖기 위해서 모스크바에 왔다. 우리는 남동생 발렌틴(3남, В.П.Цой)의 아파트에 모였고, 아늑하고 좋은 자리가 만들어졌다. 나는 가지고 온 액자에 끼워진 아버지의 초상을 세웠고, 다른 형제들은 초에 불을 붙이고 꽃을 가져와 액자 옆에 놓았다. 추모 식탁은 만족할만하게 잘 준비가 되었고, 모두가 앉아서 대화를 나누며 아버지를 기억하고 회상하는 시간을 가졌다. 또한 모두가 차례대로 좋은 말들을 한 마디씩 하는 시간도 가졌다. 이 추도식은 아버지가 잊혀 지지 않는 것처럼 오랫동안 기억에 남을 것이다.(번역 이병조 교수)

2) 3남 최 발렌틴의 기억

이 회고에서는 4월참변 당시 상황과 최재형의 체포 등에 대하여 상세히 서술하고 있다. 특히 주목되는 것은 최재형 체포 이후 가족들의 최재형의 생사와 행방, 매장지를 알기 위한 노력들이다.

- 「우리 가족에 대한 짧은 수기」(1990년 6월. 알마타)에서

1920년 4월 4일 저녁에서 5일 새벽에 그토록 우려했던 비극이 발생하고 말았다. 즉 새벽에 일본군들이 불시에 자고 있는 빨치산들을 기습했으며, 온 도시는 포 소리와 기관총 탄환 발사되는 소리에 휩싸였다. 일본군들은 정기적인 군사훈련이라는 구실 하에 낮에 이미 3-4명의 군인들이 전략적인 지점들을 차지하고 있었다. 이는 일본군들로 하여금 빠르게 빨치산의 병영을 포위하고 자고 있는 빨치산들에게 복수를 할 수 있도록 만들어 주었다.

단지 하나의 부대인 공병부대만이 강한 저항을 할 수 있었다. 이 공병부대는 주로 도시와 주변 마을들의 젊은이들로 구성되어 있었다. 4월 4일 저녁에 어떤 이유에서인지 부대 클럽에서는 도시의 젊은이들이 참석하는 저녁 모임이 열리고 있었다. 그런데 도시에서 첫 총소리가 들리기 시작했을 때, 공병대대 전사들은 곧바로 병영 쪽으로 넘어갔으며, 사방 방어태세를 구축했다. 이것은 일본군들의 진격을 염두에 두고 준비된 것이었다.

기습해 들어 온 일본군의 첫 종대(부대)는 거의 완전히 궤멸을 당했다. 얼마 안 있어 일본군들은 빨치산들의 병영을 강습하기 위해 더 강한 부대를 급파했다. 하지만 이 부대 또한 많은 손실을 입고 물러서야 했다. 새벽녘에 일본군들은 포를 한 곳에 집결시키고 빨치산들의 병영을 향해 직접 조준포격을 가했고, 이로 인해 빨치산들의 사격을 멈추게 만들었다.

이른 아침 아버지는 집을 나가셨다. 우리는 그가 동지들과 만나서 그들과 함께 가까운 마을로 들어갔을 것으로 확신했다. 형 파벨(2남, П.П.Цой) 또한 집으로 돌아오지 않고 있었다. 그 또한 아침 일찍 빨치산 부대와 함께 도시를 벗어난 상태였다. 나는 그날 이웃하고 있는 텃밭을 지나 바라노프스카야 거리 쪽으로 나가 보았다. 거리에는 일본군들과 장갑차 같은 전투 기계장비들이 활발하게 거리를 오가고 있었다.

그때 일단의 병사 무리가 수레에서 자신들의 부상병이나 죽은 병사들을 골라내었고, 다른 병사들은 총검으로 때리고 숨통을 끊어 놓으며 부상당한 빨치산들을 잔인하게 죽였다. 아마도 일본군 지휘부는 자신의 병사들의 완전한 사살 시행 여부를 확신하지 못하고 있었던 것 같았다. 이는 일본군 지휘부로 하여금 자신의 병사들을 쇠사슬로 기관총에 묶도록 만들었다. 다리 옆 구석에는 기관총이 설치되어 있었는데, 그 옆에 두 명의 일본군 병사가 기관총에 쇠사슬로 묶여 있었다. 인민궁전의 공원에서는 일본군 병사들이 어떤 협의회나 대회(съезд) 참석을 위해 모인 대표단들을 잔인하게 다루고 있었다.

전혀 예상하고 있지 않은 가운데 저녁 늦게 아버지께서 집으로 돌아오셨다. 아버지의 말에 따르면 도시 외곽에 주둔하고 있는 빨치산들에게 즉시 떠나도록 엄마와 누나들은 아버지를 설득했다. 하지만 아버지는 단호하게 집을 떠나 몸을 숨기는 것을 거부하셨다. 그는 우리에게 말했다.

"만일 내가 몸을 숨기면 일본군들은 엄마와 너희들에게 잔인한 징벌을 가할 거야. 나는 일본군들이 어떻게 아이들을 가혹하게 다루었는지 보았고, 그들의 규율을 알고 있단다. 나 자신을 구하기 위해서 위험 속에 너희들의 목숨을 내 맡길 수는 없다. 나는 오래 살았고(그는 당시 60세였다), 이제 나는 너희들을 위해서 목숨을 바칠 수가 있단다."

아버지와의 대화는 거의 밤새도록 계속되었다. 엄마는 우셨고, 우리 어린 자식들도 엄마와 함께 울었다. 이른 아침에 아이들은 이미 잠이 들어 있었고, 엄마는 마당으로 나가셨다. 얼마간의 시간이 지났을까. 비명 소리와 함께 이웃 여인이 우리 집 쪽으로 뛰어왔다. 그녀는 "일본군들이 할아버지(나의 아버지)를 잡아 갔어요"라고 말해 주었다. 큰누나가 밖으로 뛰쳐나갔을 때, 일본군 헌병들은 이미 자동차에 아버지를 싣고 떠나고 있었다.

이날 200명이 넘는 한인들이 체포가 되었다. 저녁 무렵에 최 표트르 세묘노비치(최재형-П.С.Цой), 김이직(Ким Ли Тик), 엄주필(Эм Дю Фир), 황 카피톤 니콜라에비치(Хван Капитон Николавич)를 제외하고 심문 후에 대부분의 한인들은 석방되었다. 이 비극적인 4월참변 시기 동안에 연해주에서는 많은 러시아 국적의 한인들이 죽음을 당했다. 그들은 러시아인들과 함께 소비에트 권력을 위해서 외국 간섭군(иностранный интервент)들에 대항해 투쟁을 했던 사람들이었다.

어머니와 여자형제들은 거의 반년 동안 아버지의 생사 여부를 알아내기 위해 일본군 헌병대를 출입했다. 일본 헌병대는 우리 가족의 예를 통해서 자신들의 잔인성을 보여주었다. 처음에 일본군들은 자신들은 최 표트르 세묘노비치(최재형-П.С.Цой)를 모르고, 그를 체포하지 않았다고 말하며 아버지의 존재를 부정했다. 그리고 얼마 후에 그들은 다시 최 표트르 세묘노비치(최재형)가 사실은 체포되었고, 일본으로 압송되었으며, 그곳에서 일본 법정의 재판을 받을 것이라고 알렸다. 1920년 가을에 일본군들은 아버지께서 이미 그해 봄에 재판 후에 총살되었고, 아버지의 시신은 내어줄 수 없다고 답해주었다.

1922년 여름에 인민혁명군 정규부대의 공격으로 일본군들이 철수하기 시작했을 때, 일본군 헌병대 관리국은 엄마를 불렀다. 그들은 아버지의 유해를 가져가라고 제의를 했다. 우리 아버지에게 원한을 품은 일본군 첩보기관은 (거짓술수로) 우리 가족에게 다시 한 번 일격을 가하고자 했던 것이다. 하지만 엄마는 일본인들의 비겁한 행동을 간파하셨기 때문에, 그들의 제의를 분명하게 거절했다.

이 일이 있은 후 우리 가족은 결과적으로 아직까지도 아버지가 매장된 장소를 알지 못하고 있다. 나중에 알게 된 사실은, 일본군들은 체포된 사람들을 잔인하게 다루었었으며, 죽음에 이를 정도의 고문과 조롱 후에 체포된 이튿날 아버지와 그 동지들은 불행하게도 총살을 당했다고 한다.

4월참변 희생자 장례식

체포되어 가는 한인과 러시아혁명군

불타는 하바로프스크

제 7 장

최재형에 대한
자녀들의 기록들

1. 최재형 자녀들의 공동기록

이 기록은 최재형의 3남인 최 발렌틴 페트로비치가 가족들의 그간의 기록들과 기타 자료들을 정리하여 1990년 2월에 발간한 내용이다. 최재형의 과거 활동은 물론, 러시아혁명기와 스탈린 치하를 거치면서 최재형 자녀들이 겪은 고난의 삶을 전체적으로 담고 있다. 시기적 특징으로 글 속에 사회주의에 우호적인 내용들이 종종 언급되고 있다.

최재형(최 표트르 세묘노비치, П.С.Цой)은 봉건농노제 하에 있던 조선 출신의 이주자로서 유년 및 청년시절의 어려움을 견뎌내었다. 그는 새로운 터전을 찾아 러시아로 들어 온 빈곤한 농민들이 어떠한 힘든 운명을 참아내며 살아가고 있는지를 분명하게 목도했던 인물이다. 권업회의 열성 회원[389]이면서, 그리고 행정당국의 옷을 입은 한 지역의 책임자로서 그는 상시 거주를 위해 정착을 하고 있는 한인 이주자들에 대한 물질적 지원과 상호원조를 하기 위해 최선을 다했다.

공공자금으로 구입된 원동기 탈곡기는 그 사용이 자리를 잡게 되었고, 공공 이용을 목적으로 우량종의 가축과 병아리가 구입되기도 했다. 또한 러시아 남부에서 들여온 가장 우수한 품종의 유실수와 딸기 작물이 적극적으로 심겨지고 재배되었다. 일반적으로 주택을 건립하는 경우에는 각 가정의 마당에 반드시 유실수와 관상수 묘목을 이식하게 했다. 학교 내에는 큰 공원과 정원이 만들어졌다.

뿐만 아니라 슬라비얀카 마을처럼 해안가에 위치하고 있는 마을들은 공공 어구 (漁具)-어업용 어망과 배-를 갖추게 되었다. 마을은 10-15가구씩 조를 이루었으며, 어기(漁期)가 도래하면 마을 사람들은 조별 순서대로 어망을 이용했으며, 이용 후에는 건조용 장대에 어망을 걸어두거나 수선을 했다. 포획된 생선은 참가자들 사이에서 공평하게 배분해 가졌다.[390]

연어의 어획기에는 특별한 관심을 쏟았다. 이 시기는 보통 10-12일 정도 지속되었으며, 마을의 모든 주민들이 참가했다. 당일 날에 세미크레스트노예로 가는 길에는

2개의 큰 통과 아이들이 탄 마차가 길을 가득 메웠다. 어망은 24시간 내내 던져졌고, 이는 각 참가자들이 순서대로 진행했다. 참가자들 간에는 어획구역을 1톤 미터씩 배분했다. 포획된 연어는 부두에서 즉시 처리가 되었는데, 연어는 절이기 위해 큰 통에 넣어졌고, 알(이크라)은 작은 통에 넣었다. 어획기가 지나면 산란기로 접어들기 때문에 연어잡이는 금지되었다. 이러한 작은 소동은 당시의 그러한 생활조건 속에서도 농업적 협동이 조직적이고 효과적인 행사로 나타났음을 보여주고 있다.

최재형은 자신의 계몽활동에서 한인들의 문화수준을 높이는 데 큰 관심을 쏟았다. 그는 학교의 교육 사업에 특별한 관심을 두었다. 모든 거주지역마다 공공의 노력으로 3학급 규모의 초등교육을 위한 교회교구 학교들이 설립되었으며, 노보키예프스크의 아이들은 6년제 중등학교에서 공부를 했다. 성공적으로 초등학교를 마친 학생들로 이루어진 민족 지식인 계층을 배출해 내기위한 큰 사업 또한 수행되었다. 선발된 한인 학생들을 블라디보스토크, 니콜스크-우수리스크(현재 우수리스크), 블라고베센스크(아무르주 수도), 이르쿠츠크(이르쿠츠크주 수도), 톰스크(톰스크주 수도), 그리고 카프카즈나 크림 등지의 대도시로 유학을 보냈다. 이에 필요한 비용은 공공자금으로 충당되었다.

이미 금세기의 초에 연해주에는 작은 규모의 전문가 그룹이 형성되었었다. 교사, 원예가, 양봉가, 의사, 기타 직업군의 전문가들이 그들이다. 그들은 한인단체인 권업회에 의해 수행되는 문화-교육계몽 및 농업사업의 중요한 선도자들이었다.

최재형은 새로운 터전을 찾아 점점 더 많이 한반도에서 러시아로 이주해 들어오는 한인 농민들의 정착과 관련한 큰 조직사업을 수행해 나가며, 이러한 현상의 제일 요인이 무엇인지를 종종 생각에 잠겨 자신에게 자문하곤 했다.

러시아 지식인층 사이에는 진보적인 시각을 가진 선구적인 인사들이 있었다. 그들과의 만남은 최재형으로 하여금 당연한 결과들을 수반하고 있는 부르주아지 체제의 본질에 대한 이해를 가능하게 해주었으며, 그리고 한민족의 민족해방을 위한 열렬한 투사의 길 뿐만 아니라, 10월 혁명 이후에 연해주에서 혁명운동 참가자의 길을 걷도록 이끌었다.

20세기 초에 증가된 일본 제국주의의 침략정책과 한국(대한제국) 정부의 고립무원의 저항은 한민족의 자주성에 큰 위협을 예고하고 있었다. 1904-1905년 시기에 러일전쟁이 발발했다. 전쟁은 차르 정부의 군사적, 정치적 패배로 종료가 되었다. 전쟁의 시작을 이용하여 일본은 신속하게 군대를 상륙시켰으며, 짧은 시간 안에 한반도를 점령했다.

1905년에는 한국에 대한 일본의 보호체제(을사늑약)가 수립되었다. 그와 같이 대한제국 정부는 군사-정치적, 경제적 패배를 맛보아야 했고, 그런 한편으로 지역의 봉건지주들과 생겨나고 있는 상층부 부르주아지들은 이러한 상황을 촉진시켜놓았다. 러시아 혁명의 영향 하에 있는 러시아에서 한인 망명 애국지사들의 한국 해방투쟁이 적극화되기 시작했다.

진보적인 한국인 망명가들의 활동 중심은 연해주의 항구도시-블라디보스토크이었다. 그곳에서 선구적인 한인(한국인)들은 러시아 사회주의자들의 지도하에 혁명이론을 배웠다. 이 동안에 이전에 존재해 왔던 문화-계몽운동 한인단체들은 활동을 본격화해 나가기 시작했고, 일본과의 투쟁을 위해 빨치산 연합을 구성하고 있었다.

연해주에서 최초의 빨치산 부대들-의병-은 1906년에 조직되었다. 전투부대를 조직하고 무장시키는 일에 최재형, 이범윤, 이상설이[391] 적극 참여했다. 무장한 빨치산 부대들은 한반도 이북 지역에 주둔하고 있던 일본군 수비대를 상대로 기습을 감행하기도 했다. 이런 빨치산 부대들은 러시아 연해주의 한인마을들에 기지를 두고 있었다.

최재형의 지휘 하에 있던 한인 빨치산 부대는 지금의 하산 지구에 있는 얀치혜 볼로스치(얀치혜 읍, 邑)에 기지를 두고 있었다. 일본군 수비대를 제거하기 위한 마지막 신중한 작전은 1909년 7월에 수행되었다. 최재형의 지휘를 받은 의병부대는 두만강을 건너 경원군에 주둔 중이던 일본군 수비대에 큰 타격을 주었고, 계속해서 회령시 지구에서 기습을 감행하고 연해주로 귀환했다.

이 작전은, 당초 일본군 지휘부가 의병부대의 움직임을 알아낸 후 의병부대를 포위망에 유인하고, 일본군과 헌병대를 집결시킨 후 의병들을 궤멸시키고, 최재형을 사로잡으려 했다는 점에서 더 의미심장하다고 할 수 있다. 하지만 이 교활한 계략은 발각이 되었고, 일본의 간교한 작전은 실패로 끝이 났다.

1910년 7월 4일에 러일 협정이 체결되었다. 이 협정에는 한국의 병합(강제 병탄)이 인정이 되고 있었다. 차르 정부는 일본이 (한반도에서) 이익을 추구해 나가는 데 반대할 수 없게 되었다. 중요한 것은 차르 체제의 러시아는 포츠머스 조약 이후에는 러시아에 거주하는 한인의 항일운동을 사전에 예방할 의무까지 지게 되었다. 이를 위해 러-한 국경에는 카자크군 부대가 배치되었다.

차르 정부의 그러한 조치의 결과 한인 정착촌들에 주둔 중이던 의병들의 작전은 매우 제한되었고, 이로 인해 일부는 중국으로 건너갔다. 하지만 그러한 결말은 일본을 만족시키지 못했다. 그들은 연해주에서 한인의 항일운동을 완전히 진압하고, 항일운동의 주모자인 최재형을 제거해야 한다고 생각했다. 이를 위해 일본은 비밀첩자들을 통해 최재형이 일본과 비밀협정을 체결했다는 거짓정보를 날조해 흘렸다. 일본 첩보기관에 의해 기만당한 프리아무르 군관구 사령부는 이러한 거짓선전에 근거를 두고 최재형을 러시아에서 추방하라는 청원을 제기했다.

그러나 최재형에 대해, 한국에서 일본 지배 체제의 적이라고 인식하고 있던 지역 차르 당국은 그의 추방에 대해 반대 의견을 제시했다. 최재형을 보호하고 문제의 긍정적인 해결에 크게 기여한 것은 우수리철도 헌병경찰국장 쉐르바코프가 연해주 군무지사 앞으로 보낸 서신이었다. 서신의 내용은 다음과 같다.

"나는 한인 최 표트르 세묘노비치(최재형)를 애국자이자 러시아에도 두말할 필요 없는 충성스런 사람으로 알고 있습니다. 러시아 지역 당국자들을 상대로 그를 중상하고자 하는 일본의 바람은 날씨가 따뜻해지면 한인들의 빨치산 활동이 시작되기 때문에 현재의 시점에서 볼 때 전적으로 이해는 갑니다. 작년에 일본인들은 그런 방식으로 자신들에게 불온한 이범윤 외 몇 명에게 탄압을 가하는 데 성공한 바 있는데, 그로 인해 6명의 의병들이 이르쿠츠크로 유배되기도 했습니다.

자신들의 마음에 들지 않는 인사들을 러시아 지역당국이나 한인들을 상대로 명예를 손상시키는 수법은 일본인들의 일반적인 전술인데, 작년의 경우에는 성공적인 결과를 얻은 바 있습니다. 작년과 마찬가지로 일본인들은 이번에도 러시아인들의 손을 빌어 자신들의 타협하기 힘든 적들을 제거하고자 기도하고 있습니다.

최재형의 경우는 일본인들에게 있어서 경계 대상의 인물인데, 이는 그가 많은 자금을 소유하고 있고, 그에 대한 어떠한 증거도 러시아 정부에 제출하는 것이 불가능할 정도로 그가 비밀리에 빨치산 활동을 수행하고 있기 때문입니다. 일본인들은 그를 매수하려 시도했지만 허사였습니다. 최재형에 대한 소식은 근거 없는 소리이고, 소식을 전한 자들 스스로가 일본인들의 교묘한 말장난에 빠진 것입니다. 이는 놀랄만한 일이 아닌데, 작년에 일본인들은 같은 방법을 통해 위에 언급된 인물들이 불온한 자들이라는 점을 연해주 군무지사에게 확신시켜주는 데 성공했기 때문입니다."[392]

연해주 한인들로 구성된 빨치산 부대들의 조직과 활동은 정착촌 한인들의 지원 덕분이었다. 의병운동을 지원하기 위해 블라디보스토크에 특별히 만들어진 투쟁위원회는 자금, 식량, 물질 자원 모금을 위해 큰 활동을 추진해 나갔다. 이러한 지원물들은 극동의 한인 거주구역에 퍼져있는 지역 투쟁위원회로부터 입수되었다. 직접적인 지원 세력은 농민에서 노동자-부두노동자, 광부, 금광노동자, 어부-에 이르기까지 다양했다.[393]

러시아 주재 이범진 공사의 개인재산을 통한 지원은 민족해방운동에 큰 물질적 힘이 되었다. 이범진 공사는 자신의 모든 재산을 일본 점령군들과의 투쟁을 위해 사용하도록 최재형에게 유언으로 남기고[394] 1910년에 상트페테르부르크에서 자결 순국했다.

최재형 의병부대의 일원으로 젊고 과감한 인물이었던 소대장 안중근이 있었다. 그는 북한 지역 출신으로 1907년 블라디보스토크로 들어왔다. 그곳에서 안중근은 연해주 빨치산 운동의 지도자들인 최재형과 부대장이었던 이범윤 등과 만나게 되었다. 이범윤은 러일전쟁 당시에 러시아로 위치를 옮겨와 일본군들과 투쟁한 인물이다. 1909년 조선 이북지방들에 대한 7월 기습전 이후 의병 지도자들은 가까운 시기에 일본 제국주의 정책의 주도자 중 한 명인 이토 히로부미 공작이 러시아 재무대신 코코프초프와의 만남을 위해 하얼빈에 도착한다는 소식을 접하게 되었다.

이토(이등박문)의 척살은 10월 13일(26일)에 행해졌다. 영접 인사들과 역에 머물고 있었던 북경 주재 러시아 공사 코로스토베츠는 "...일본인 대열에서 한 젊은이가 뛰쳐나왔으며, 그는 이토(이등박문)를 향해 리볼버 권총 3발을 발사했다. 젊은이는 가까이에 서있던 경비장교들에 의해 제지가 되었는데, 그럼에도 그는 3발을 더 발사하는 데 성공했다. 그 결과 황실 내각 서기(세크레테리) 모리와 남만주철도 국장 타나카, 하얼빈 주재 일본총영사 카와카미가 부상을 입었다"고 전하고 있다.

안중근의 이토(이등박문) 척살계획 작성과 저격 연습은 최재형과 이범윤의 입회 하에 수행되었다.[395] 1922년 안중근의 미망인이 어머니(최재형의 아내) 최 엘레나 페트로브나(Е.П.Цой)에게 왔다. 영웅의 아내에게 발생한 사건에 대해서 이야기해 주면서, 어머니는 사건의 준비자들이 마을에서 벗어나 사격훈련을 했으며, 얼마나 준비가 잘 되었었는지는 결과가 보여주었다고 사건 준비상황에 대해 확인시켜 주었다.[396] 1910년 3월 26일, 영웅 안중근은 여순 감옥에서 일본인들의 손에 사형되었다.

이토(이등박문) 공작의 죽음은 국제사회에서, 특히 한반도와 극동지역 한인사회에서 큰 반향을 불러일으켰다. 빨치산 투쟁 활동이나 한반도에서의 농민 소요가 더 적극성을 띠고 증가하기 시작했다.

(1917년 10월)혁명이 시작되며 최재형은 얀치혜 볼로스치 집행위원회 위원장으로 선출되었다. 러시아 사회-민주노동당(1898.3월 창당, 소련방공산당 'КПСС'의 전신)의 지휘 하에 소비에트 권력을 확립하기 위한 노동자들의 투쟁이 극동지역 전역에 걸쳐 전개되어 나갔으며, 이에 한인들도 적극 참여를 했다. 1917년 11월에 블라디보스토크와 프롤레타리아 지구인 수찬(г.Сучан, 수청, 水淸, 소성, 현재 파르티잔스크 지역) 지역의 탄광촌에, 그리고 그해 말에는 다른 도시와 지역들에도 소비에트 권력이 선포되었다. 1917년 12월 제3회 극동 소비에트대회가 개최되었고, 이 대회에 블라디보스토크, 니콜스크-우수리스크, 하바로프스크, 노보키예프스크, 수청 및 기타 지역 84명의 소비에트 대표자들이 참석을 했다.

1918년 2월에는 블리스(미국), 헨리 빌손(영국), 벤찬(프랑스), 카돈(이탈리아) 장군 등을 구성원으로 하는 안탄타 최고협의회는 미국 대표의 발의에 따라 러시아 극동과 철도, 시베리아에 대한 점령을 일본 군대에 맡긴다는 결정을 채택했다. 그러한 결정을 예견하며 1919년 1월에 이미 제국주의자들은 신생 소비에트 공화국의 어려운 상황을 이용하여 블라디보스토크 해안에 자신들의 군함을 정박시켰다. 얼마 안 있어 일본 순양함 이바미와 아사히, 영국 순양함 수포롤크, 그리고 미국 순양함 브루클린이 블라디보스토크 항구에 상륙했다. 이어 외국 간섭군들의 비호 하에 백위파 군대가 구성되고, 이전의 전쟁포로였던 체코와 슬로바키아 군대의 무장연합이 이루어졌다.

1919년은 반동 상황에 대항해 진보적인 혁명세력의 격렬한 투쟁이 시작된 해이다. 빨치산 활동은 증가했고, 이는 타이가 지대로까지 확대되었다. 그해 봄에 극동

지역 빨치산 부대들로 한 그룹의 당일꾼들이 합류했는데, 그 무리 내에는 자바이칼에서 빨치산 전쟁의 훌륭한 조직자의 면모를 보여주었던 라조 세르게이도 포함되어 있었다. 얼마 안 있어 그는 연해주 올가군 지역의 통합 빨치산부대의 사령관으로 임명되었다.

이미 여름에 연해주 지역 수 백 개의 마을 주민들은 빨치산 운동에 가담 상태에 있었다. 1920년 1월에 접어들어 백위파 군대들을 상대로 성공적으로 수행된 공격 전투의 결과, 블라디보스토크, 니콜스크-우수리스크, 그리고 연해주 기타 지역들이 빨치산 부대들과 혁명군 부대들에 의해 점령되었다. 하지만 해방된 연해주의 도시와 지역들에서 진정한 소비에트 권력을 부활시키기는 데에는 여전히 어려움이 수반되었다. 이는 여전히 외국 간섭군들이 남아 있었고, 붉은군대(Красная Армия, 정식 명칭은 '노농붉은군대', 1946년 'Советская Армия'로 개칭됨)는 바이칼 너머에 머물고 있었기 때문이었다.

따라서 임시권력인 연해주 지방행정 자치정부가 수립되었고, 이 임시 자치정부는 선언문에서 연해주 지역에 제기된 지하당 조직을 결성하는 것을 중요한 상황으로 보았다. 사안에 대한 판단을 따르면서 당은 '권력은 젬스트보에게로'라는 구호 하에 수행되고 있는 투쟁을 인정할 것을 결의했다. 당시 모든 주와 군의 행정 자치단체들은 혁명적인 성향의 인사들이나, 때로는 지하당기관들에 의해 지도를 받고 있던 볼쉐비키들로 구성되어 있었다.

1918년 연해주가 일본 간섭군들에 의해서 점령되자 최재형은 가족이 살고 있던 슬라비얀카에서 다른 곳으로 자리를 옮겼다. 계속된 시간 동안에도 가족들은 그의 소재지를 모르고 살았다. 과거에도 빨치산 부대와 작전 수행을 떠나는 때에는 가족으로부터 오랫동안 떨어져 있곤 했다. 우리의 어머니는 아버지의 소식을 초조하게 기다렸다. 당시 어린 나이의 우리들은 어머니의 무거운 근심걱정을 모른 채 태평한

최재형 부부

최재형 자녀들

삶을 살았다. 늦은 가을에 마을에서 처음으로 일본군들을 보고 나서 불안한 날들이 도래했음을 느끼게 되었다. 어머니께서는 어머니의 남동생 김 콘스탄틴 페트로비치가 살고 있던 블라디보스토크로 즉시 옮겨가기로 결정했다. 그는 시내 남자 김나지야 최초의 한인교사들 중의 한 명이었다. 우리 다섯 명의 식구는 겨울 내내 외삼촌 집에서 보냈다.

1919년 이른 봄에 우리 가족은 아버지께서 열성적으로 혁명운동에 관여하고 있던 니콜스크-우수리스크로 이사를 했다. 아버지께서는 당시 니콜스크-우수리스크 군자치단체(군참사회) 의원이자 군 자치단체 감사위원회 위원장으로 활동 중에 있었다. 군 자치단체에서 사회-정치활동을 해나가면서, 그는 일본 점령군들에 대항한 자신의 과거 활동을 재개해나갔다. 과거에 일본인들에 대항한 빨치산 투쟁 경험도 갖고 있고, 또 항일투쟁을 했던 빨치산 부대들의 한인 부대장들과 한인 애국지사들을 알고 있었다는 점은 아버지로 하여금 한인 빨치산 부대의 조직과 무기 공급 활동을 불법적으로(러시아 정부 측에서 볼 때) 수행해 나가는 것을 가능하게 해주었다.

중앙아시아에서 유명한 콜호즈 지도자이자 '북극성 콜호즈'[397] 대표였고, 사회주의 이중노력영웅이었던 김병화(Ким Пен Хва)는 다음과 같이 언급했다.

"1920년 4월에 일본 원정군 부대들은 배신적으로 니콜스크-우수리스크시를 기습 점령했다. 이 무렵에 시내에는 이중집(Ли Дюн Дип) 지휘 하에 있는 한인부대를 위한 탄약이 보관되어 있었다. 마침 이 탄약들은 최재형에게 보관되어 있었는데, 그는 체포되어 일본군들에 의해 총살을 당했다. 니콜스크-우수리스크, 스파스크, 블라디보스토크와 그 밖의 지역에서 자행된 1920년 4월 4-5일에 일본군들의 유혈 학살 만행으로 많은 한인들이 죽음을 당했다. 그 중에 한인 민족해방운동 및 혁명운동의 노투사인 최재형이 일본 간섭군에 의해 모진 고문을 당하고 죽었다." (엠.이. 구벨만(М.И.Губельман), 『소비에트 극동해방을 위한 투쟁』, 모스크바, 1958).

"최 표트르 세묘노비치(최재형)- 60세 노인, 니콜스크-우수리스크 군 자치단체 의원. 1920년 일본군들의 극동지역에 대한 기습 과정에서 많은 러시아인 주민들이 죽음을 당했다. 농민들 중의 많은 이들이 폭행과 야만적인 행위의 희생자가 되었다. 특히 러시아 국적의 한인들이 고통을 당했다. 일본군들은 한인들의 볼쉐비즘에 혐의를 두고, 한인들을 어두운 장소에 몰아넣고는 손을 묶은 후에 새벽에 학살을 자행했다. 노인 최 표트르 세묘노비치(최재형-П.С.Цой)도 일본군들에 의해 그렇게 총살을 당했다."(『1917-1921년 시기에 사망한 프롤레타리아 혁명전사 기념비』, 국립출판사, 모스크바, 1925.)

최재형은 11명의 자녀들(아들-4명, 딸-7명)로 구성된 대가족을 두었다. 대부분의 가족 구성원들은 힘든 삶을 영위해야 했다. 자녀들 중 7명은 소비에트 시기에 대학 교육을 받았고 출가하여 가정을 꾸렸다. 그들은 1927-1935년 시기에 행복한 가정생활을 맛보았다. 1935년이 시작되고, 모두가 성년이 되어 소비에트 정부 덕분에 직업을 얻게 되었으며, 멋진 미래가 그들 앞에 있었다. 하지만 뜻하지 않게 스탈린주의의 검은 힘이 우리 가정에 침투해 들어왔다.

혁명기에 아버지 외에 큰형 최 표트르 페트로비치(1남, Цой Пётр Петрович/П.П.Цой)가 죽음을 당했고, 둘째 형 최 파벨 페트로비치(최선학, 2남, Цой Павел Петрович/П.П.Цой)는 살아 돌아왔다.

큰형 최 표트르는 자유사상을 지녔고, 1905년의 혁명운동에 참여했다는 이유로 마지막 학년에 신학교에서 퇴학을 당했다. 그는 1915년에 니콜라예프스크-나-아무레(г.Николаевск-на-Амуре)에서 초등교육 감독관이라는 평범한 직업을 가진 채 차르 군대에 입대했다. 1916년 단기장교 양성과정을 마친 그는 독일과 전선이 대치 중인 서부전선으로 파견되었다. 1917년 1월에 최 표트르 페트로비치가 근무하는 연대는 계속된 전투 이후의 전력 보충을 위하여 후방으로 이동했다. 1917년 2월 혁명 이후 육군중위로 근무하며 그는 연대병사위원회 위원장으로 선출되었고, 10월 혁명 이후에는 연대장으로 승진되었다. 얼마 후 최 표트르 페트로비치(1남, П.П.Цой)

는 로슬라블(г.Рославль) 노동자, 농민, 병사 대의원 소비에트의 대표위원으로 선출되었고, 볼쉐비키 당원이 된 후 소비에트에서 군사분과장으로 선출되었다. 1918년 4월 최 표트르가 속한 연대는 동부전선으로 이동 배치되었으며, 이듬해인 1919년 내전기(1918-22)에 그는 서시베리아에서 치러진 전투에서 사망했다.

둘째 형 최 파벨 페트로비치(최선학-П.П.Цой, Цой Шен Хак)는 1918-1920년 시기 니콜스크-우수리스크에서 청년 지하조직의 열성 참가자로 활동했다.[398] 그는 1920년 4월 참변 이후 아누치노(Анучино, 아르세네프강 우안에 위치. 우수리스크에서 약 100km 정도 떨어진 연해주 남부의 산악지대) 지역의 빨치산 부대로 들어갔다. 내전기 이후 그는 1923년 상트-페테르부르그에 있는 프룬제 명칭 해군 군사학교에 등록하고 1927년 우수한 성적으로 학교를 졸업했다. 이어 그는 아무르함대와 카스피함대에서 근무했으며, 마지막 근무는 발틱해에 있는 주력함 마라트호에서 했다. 하지만 그는 1935년 2등 대위 계급을 달고 내무인민위원부(НКВД, Народный Комиссариат Внутренних Дел, 'Народный Комиссариат'는 현재의 'министерство/부'에 해당) 소속 기관에 체포되어 1938년 총살을 당했다.

누나 최 올가 페트로브나(5녀, Цой Ольга Петровна/О.П.Цой)는 로슬라블 수력발전소 건설장에서 수석기술자로 근무했다. 그녀는 1937년 체포되어 10년형을 선고받고 카라간다 교정노동수용소와 노릴스크 수용소에서 형을 살고 만기 출소했다. 현재 연금(年金)생활자이다. 누나 최(니) 류보프 페트로브나(3녀, Цой(Ни) Любовь Петровна/Л.П.Цой(Ни)-최 류보프 페트로브나의 성은 남편의 성 '니'를 따라서 사용되고 있다)는 국립은행 산악분과 경리로 근무하다가 1937년 노보시비르스크에서 체포되어 1938년 총살되었다.

이 전기의 작성자인 최 발렌틴 페트로비치(3남, Цой Валентин Петрович/В.П.Цой)는 카자흐스탄(카자흐 소비에트 사회주의 공화국) 국민경제등록소 농업분과 수

석 농업기사로 근무했으며, 1938년 알마타에서 체포되었다. 1940년 4월까지 심리
조사를 받았으며, 이후 소련방 내무인민위원부 특별협의회 결정에 따라 석방되었
다. 심리조사는 끔찍하게 진행되었다. 자신들의 목적 달성을 위해서 조사관들은 갖
가지의 조롱 수단을 동원했다. 다섯 명의 누이들은 모두가 자신들의 배우자를 잃었
고, 단 한 사람도 집으로 돌아오지 못하고 총살을 당했다. 다음은 총살을 당한 여자
형제 배우자들의 명단이다:

총살당한 여자형제 배우자들의 명단

성명 직위 및 활동사항

강 니콜라이 알렉세예비치
(Кан Николай Алексеевич) 대위, 내전기 참전자, 119보병연대 기관총대대 대대장

니 알렉세이 알렉산드로비치
(Ни Алексей Александрович) 모스크바 소재 발라키레프 명칭 단추공장 기술자

텐 콘스탄틴 안토노비치
(Тен Константин Антонович) 『스몰렌스카야 프라브다』 신문 사진기자

쇼루코프 호드줴한 쇼루코비치
(Шоруков Ходжехан Шорукович) 키르기즈 소비에트 사회주의 공화국 보건인민위원부

남가이 옐리세이 파블로비치
(Намгай Елисей Павлович) 내전기 참전자, 예비군 여단장, 서시베리아 열매채소판매 트러스
트 분과장

내무인민위원부의 피 묻은 손으로 탄압당한 9명의 사람들의 상태를 상상할 수
있을 것이다. 그 중에서 7명은 총살을 당했다. 총살당한 사람들 중에서 가장 어린
사람은 27세였고, 가장 연장자는 40세였다. 현재 총살당한 사람들은 명예 회복이
되었으며, 범죄 구성요소가 부재한 이유로 무죄 판결을 받았다.[399]
본 전기는 최 표트르 세묘노비치(최재형-П.С.Цой)의 아내 최 엘레나 페트로브나

최올가와 필자

최올가(가운데)

(Е.П.Цой)와 딸들인 최 소피야 페트로브나(4녀, Цой София Петровна/С.П.Цой), 최 올가 페트로브나(5녀, О.П.Цой)의 개인적인 이야기, 그리고 텍스트에 언급된 저자들의 저술물들을 근거로 작성되었다. 이들에게 큰 감사를 표하는 바이다.[400]

자료는 최재형의 자녀들에 의해 준비가 되었다. 아들-최 발렌틴 페트로비치(3남, В.П.Цой), 딸-최 엘리자베타 페트로브나(7녀, Цой Елизавета Петровна/Е.П.Цой). 480051, 알마타시, 레닌 대로, d.89/2, kv.4, 전화(64-27-31), 1990년 2월[401].

2. 전기 자료수집위원회가 최 올가에게 보낸 서신과 답변

답변의 경우 앙케이트와 총 9개 항목으로 이루어져 있어 최재형을 간결하게 이해하는데 도움을 준다. 시기적으로는 1961년에 작성된 것으로, 최재형 가족들의 기록 중 가장 오래된 것으로 주목된다.

존경하는 동무, 최 오. 페. (올가 페트로브나-5녀, Цой Ольга Петровна/ О.П.Цой)에게 -

현재 모스크바 시에 거주하고 있는 1917-22년 시기 연해주 지역의 혁명투쟁 참가자 및 볼쉐비키 지하 활동자 출신들이 사진 앨범을 제작할 목적으로 과거 연해주 혁명투쟁 참가자 및 볼쉐비키 지하 활동자들의 사진과 전기 자료수집위원회를 조직했습니다. 귀하의 선친인 최 표트르 세묘노비치(최재형)는 연해주에서 소비에트 권력 수립을 위해 적극적인 참여를 하셨습니다. 하지만 자료수집위원회는 최재형에 대한 전기 자료도 사진 자료도 확보하고 있지 못한 상황입니다. 본 위원회는 최재형을 사진 앨범에 수록하기를 매우 바라고 있습니다.

　본 위원회는, 저희가 제시한 앙케이트를 귀하께서 작성해 주시고 그에 관한 짧은 전기를 첨부해 주실 것을 요청 드립니다. 만일 원본이 아니라면 하다못해 최재형의 1917-22년 시기 연해주 혁명투쟁이나 지하활동 참여에 대해 확인시켜주는 확인서 사본이라도 보내주실 것을 요청 드립니다. 또한 가로와 세로가 각각 9~12cm 크기의 사진 2장이 필요합니다. 사진은 마지막 시기의 것을 보내도 되지만, 1장 정도는 활동 당시의 사진을 보내주셨으면 합니다. 제시해 드린 자료를 다음의 주소로 보내주실 것을 부탁드립니다.

　모스크바, V-261, 레닌 대로, 70/11, kv.7, 먀취나 베.아.(В.А.Мячина) / 앨범제작위원회 위원장 슐리코프 엠.(М.Шуликов), 서기(세크테리) 먀취나 베. 아.

■ 극동지역 혁명운동참가자 앙케이트(최 올가 작성)

1. 성/한국명 최 / 최재형
   - Цой Зя Хен (Чхве Чже Хён)
2. 명/부칭 표트르 세묘노비치(재형)
   - Пётр Семёнович
3. 생년월일/출생지
   - 1860. 8. 15/북한 경원군
4. 민족
   - 한인
5. 당적/입당일
   - 없음
6. 교육사항(장소, 시기, 학교)
   - 독학[402]

7. 전공

　농민 출신[403]

8. 근무지/직위

　- 니콜스크 우수리스크 군자치단체(군참사회, Уездная Земская Управа) 부의장

9. 언제, 어디에서, 어떤 자격으로, 누구의 지휘 하에서 혁명운동에 참가했는가?

　- 1906년부터 극동지역과 연해주에서 한인 빨치산 운동의 조직자로 활동.

10. 언제, 어디에서, 어떤 자격으로, 누구의 지휘 하에서 외국 간섭군 및 백위파 군대에 대항한 전투에 참전했는가?

　- 1918년부터 극동지역의 니콜스크-우수리스크 군 자치단체에서 근무하며 일본군 간섭군 및 백위파 군대에 대항한 한인 빨치산 투쟁과 관련한 불법적인 사업을 지도했음.

11. 혁명운동 참가에 대한 공로로 받은 상(훈장)이 있는가, 언제, 누구에 의해 받았는가?

　- 1920년 4월 4-5일에 니콜스크-우수리스크에서 자행된 일본군들의 유혈 학살만행 기간 동안에 한국 민족해방운동 및 혁명운동의 노투사가 일본군 간섭군들에 의해 잔인하게 죽음을 당했음.

12. 빨치산 증명서나 증명서 번호, 발급 날짜와 장소가 존재하는가?

　- 아니오.

13. 혁명운동 참여에 대한 공로로 연금을 수령하고 있는가? 어느 규모로, 누구에 의해 언제 책정이 되었는가?

　- 아니오.

14. 누가 당신의(선친의) 혁명운동이나 지하활동, 빨치산 부대, 적위대 활동을 확인해 줄 수 있는가? 그리고 그가 거주하고 있는 곳은 어디인가?

　- 1. 구벨만 엠. 이.(М.И.Губельман), 모스크바, 2. 김백추(Ким Бяг Чу), 모스크바, 제1건설 거리, 4동 건물, d.6, kv. 57, 3. 기타.

15. 대조국전쟁(2차 세계대전)에는 언제, 어디서, 어떤 자격으로 참전을 했는가?

16. 대조국전쟁이나 사회주의 건설 참여에 대한 공로로 받은 상이나 훈장이 있는가?

17. 내전기(гражданская война, 1918–22)나 대조국전쟁 중에 입은 부상이나 상처가 있는가, 어떤 상태인가?

18. 내전기나 대조국전쟁으로 인해 장애자 상태에 있는가? 몇 등급 장애인가?

19. 인적사항, 주소, 연락처는?

   - 최 표트르 세묘노비치(최재형-П.С.Цой)의 딸(최 올가 페트로브나), 리가(г.Рига), 37, 레닌 거리 d.342, kv.30, 전화(915-502).

20. 직장 주소와 연락처는?

1961년 5월 10일. 최 올가 페트로브나(Цой Ольга Петровна) 서명.

참고사항) 앙케이트에 혁명운동 및 전투 참전과 관련한 세한 서술과 함께 이력을 첨부시킬 것.

■ 아버지에 대해서 기억하고 알고 있는 것들에 대해서

1. 아버지는 일상 속에서는 거주 지역들의 녹지사업과 과수업 발전에 많은 관심을 기울이셨다. 1890년대 말에는 아버지의 발의로 지금의 하산 지구의 크라스키노(г.Краскино) 지역인 노보키예프스크(с.Новокиевск)에 최초의 공원이 조성되었고, 1916년에는 슬라비얀카 마을(с.Славянка)에 큰 학교공원이 조성되기도 했다. 현재 이 공원들은 지역 거주민들의 멋진 휴식의 공간이 되고 있다.

2. 우리 가족은 11명(아들-4명, 딸-7명)의 식구가 사는 대가족이었다. 아버지 자신은 유년시절 필요한 교육을 받지 못하셨으면서도 자녀들의 교육에 관심을 쏟으셨

다. 그는 모든 자녀들이 중등교육을 받아야 한다고 여겼고, 애착을 가지고 성공적인 학업 및 학교생활을 할 수 있도록 자녀들을 돌보았다. 어머니의 말씀에 따르면 아버지께서는 가정에 많은 관심을 두셨다고 한다. 그는 부드럽게 자녀들을 대했고, 투박한 말들로 우리들에게 욕을 하지도 않으셨다. 만일 어머니께서 우리가 어떤 장난을 친 것에 대해 나무라시면, 아버지께서는 항상 우리를 편들어 주셨고, 어머니를 위로해 주시곤 하셨다. 하지만 어머니께서 엄하게 우리를 대하셨지만, 자녀들은 아버지를 더 무서워했었다. 아버지의 상황은 그랬다. 그가 우리들과 함께 하는 경우는 드물었다. 당시 어머니께서는 매일같이 많은 아이들을 돌보아야 했다. 부모님들의 상호관계는 더할 나위 없이 좋았다. 우리는 그들 간에 고성으로 대화가 오고가는 것을 들어본 적이 없다. 부모님들의 모습을 보면서 우리 자녀들은 서로 싸우지 않았다. 우리는 평화롭고 우애가 있는 가정에서 살았다.

3. 우리가 살았던 슬라비얀카 마을은 바다의 큰 만(灣)이 있는 해안가에 위치하고 있었다. 그곳에는 여름철에는 제정러시아의 해군 함대가 주둔하고 있었다. 아마도 그러한 인접성이 마을 주민들의 농업 종사의 성격을 규정해 준 것으로 보인다. 여름에 슬라비얀카 마을에 들어 온 많은 수의 장교들과 그들의 가족들은 유제품이나 채소, 딸기, 열매나 그 가공품들의 주요 소비자들이었다. 이러한 소비를 만족시킬 목적으로 농민 가정들은 우유 목축업이나 야채재배, 열매-딸기 원예, 양봉업에 종사하고 발전시켜 나갔다. 농가 주변에 딸린 1데샤티나(1.092헥타르) 규모의 공간에서 이 모든 업종들에 대한 재배가 이루어졌다. 여름에 장교들과 그 가족들은 우유와 그 가공식품들-크림, 스메타나, 버터, 응유, 그리고 가공된 형태의 신선한 채소, 열매와 딸기, 벌집꿀 등-을 공급받았다. 겨울 식량으로는 말리나, 제믈랴니카, 스모로디나 등과 같은 밭이나 산에서 나오는 딸기와 과일들로 바레니예(잼)를 만들

었다. 특히 다양한 채소들로 만들어진 절임채소 식품은 수요가 컸다. 바레니예, 절임 채소에 대한 모든 주문 신청은 정확한 수량 및 포장과 함께 여름에 이미 이루어졌다. …(원본훼손)…

4. 한반도가 일본에 의해 병합(강제병탄)된 이후 미국, 중국, 그리고 기타 나라들에서는 다양한 한인 항일단체들이 생겨나기 시작했다. 물론 이중 일부 단체들의 활동은 애국적인 활동과는 거리가 먼 경우도 있었음을 언급할 필요가 있다. 이와 관련 최재형은 활동에 참여해 달라는 그러한 단체들의 제안을 거부하곤 했다. 그는 한국이 민족해방투쟁을 해나가는 데 있어서 실제적인 도움을 받을 곳은 러시아밖에 없을 것이라고 해외 항일단체 조직자들에게 말을 하곤 했다. 이러한 예견은 1945년 8월에 소비에트 군대가 한반도와 만주에서 일본군을 격파하고 그들을 해방시켰을 때 그대로 적중되었다.[404]

5. 연해주에서 한인 엘리트 그룹을 양성하는 데 큰 사업이 수행되었다. 금세기 초기와 지난 세기의 말에 최재형에 의해 지도를 받고 있던 한인단체는 재능 있는 한인젊은이들을 시베리아나 유럽러시아 쪽으로 조직적으로 유학을 보냈다. 그렇게 해서 양성된 초기 엘리트 무리 중에는 한명세(안드레이 아브라모비치)(Хан Мен Се, Андрей Абрамович), 김 엠.(М.Ким), 김 카.페.(К.П.Ким), 최 엘.페.(Л.П.Цой), 니 페.에프.(П.Ф.Ни), 량(양) 베.(В.Лян), 김 에프.(Ф.Ким), 김만겸(Ким Ман Гем) 등이 있었다. 그들 중에는 나중에 극동지역의 초기 당 소비에트 일꾼들이 되어 활약한 인물들도 있었다. 그러한 한인 엘리트 요원 양성은 20-22년 동안 제1차 게르만전쟁(2차 세계대전) 직전까지 계속되었다.

6. 최재형은 동정심이 많고 인간애가 있는 인물이었다. 그런 그의 됨됨이는 그로 하여금 자신을 둘러싸고 있는 사람들 사이에서 상호이해가 형성되는 것을 가능하게 해주었다. 그는 타인에 대한 남다른 눈썰미와 기억력을 갖고 있었는데, 특히 긍정적인 천품을 갖고 있는 사람들에 대해서 더 그랬다. 약 500명에 이르는 자신의 의병부대에서 최재형은 의병들 개개인의 성명을 알고 있었고, 또한 의병들이 어디 출신이고 언제 의병부대에 입문했는지를 알고 있었다. 1918-20년대에 그가 다시 니콜스크-우수리스크(현재 연해주의 제2도시인 우수리스크는 c.Никольское(1866), г.Никольск(1898), г.Никольск-Уссурийск(1926), г.Ворошилов(1935), г.Уссурийск(1957) 순으로 시기를 두고 명칭이 변경되어 왔다.)에서 빨치산 부대의 조직자가 되어 1906-11년 시기 일본군에 대항해 싸웠던 의병부대들을 맞이하게 되었을 때, 그는 각 의병들의 성명을 기억해내었으며, 과거 수행했던 작전들에 대해서도 틀리지 않고 기억해 내기도 했다.

7. 최재형은 사회생활에서 넓은 인맥을 갖고 있었다. 그는 이를 통해 당시 큰 상업회사들이었던 '추린', '쿤스트와 알베르스', '퍈코프', '마르코프' 등을 포시에트 지구(Посьетский район)의 마을들(노보키예프스크, 슬라비얀카, 아디미(c.Адими) 등)에 유치하여 다양한 종류의 상품을 판매하는 종합상점들을 열도록 추진하기도 했다. 이 회사들은 마을들에 큰 상점들을 건립했다. 당시 이 건물들은 주변에서 가장 멋진 벽돌건물들이었다. 사전에 주문신청을 받은 상점들은 1주일 안에 지역의 주민들에게 필요한 상품들을 제공했다.

8. 우리 가족은 1918년 겨울에 니콜스크-우수리스크로 이사를 했다. 당시 아버지께서는 니콜스크-우수리스크 군자치단체(군참사회)에서 근무하고 계셨다. 1917년

10월 혁명 이후 아버지께서는 읍집행위원회 위원장으로 선출되었고, 그로 인해서 니콜스크-우수리스크 군자치단체의 주요 인물로 선출이 된 것이었다. 1920년 4월 4일 아침에 아버지께서는 여느 때와 같이 군자치단체 사무실로 출근을 하셨다. 그날 오후 요새(성) 내에서는 전투가 벌어졌고, 저녁 무렵에는 더 격화되었으며, 포격 소리까지 수반되었다. 아버지와 형 최 파벨(2남)로부터는 아무런 소식도 들리지 않았다. 이로 인해 4일 저녁과 5일 새벽에 가족들 모두가 큰 걱정을 했다. 우리 모두는 어스름 무렵에 식탁에 모였고, 손위 형제들은 발생한 사건에 대해서 이야기를 나눴다.

일본인들의 습성을 알고 있는 아버지께서는 가족의 안위를 염려하시며 집으로 돌아오셨다. 어머니와 손위 여자형제들은 아버지께 즉시 몸을 피하시도록 설득을 했지만 아버지께서는 따르지 않으셨다. 그는 "내가 피하고 나면 일본인들은 어머니와 너희들 모두를 체포해 갈 것이다. 그리고 식구들 모두를 고문하고 때리고, 내가 있는 곳을 밀고하라고 요구할 것이다. 나는 이미 늙었고, 적지 않게 살았고, 죽어도 된다. 하지만 너희들은 아직 살아야 한다. 나 혼자 죽는 편이 더 낫다"라고 말했다.

우리 어린 형제들은 잠이 들었고, 손위 여자형제들과 두 분 부모님은 잠을 이루지 못했다. 동이 트기 시작하자 아버지께서는 마당으로 나가셨고, 곧바로 일본군들에 의해 체포되었다. 집 주변의 이웃 여인도 이 모습을 목격했는데, 그녀는 일본인들이 아버지를 체포해 간다고 소리를 지르며 우리 집 쪽으로 달려 들어왔다. 여자형제들이 밖으로 나왔을 때에 이미 아버지께서는 계시지 않으셨다. 일본인들은 아버지를 자동차에 실어 체포해 갔다. 사건은 1920년 4월 5일에 발생했는데, 일본인들은 이튿날인 4월 6일에 아버지를를 가혹한 고문 후에 총살시켰다. 이는 나중에 알게 된 사실이었다. 일본인들은 초기에는 아버지의 비극적인 죽음에 대해서 아무 언급도 하지 않았다. 그래서 어머니와 여자형제들은 아버지의 운명에 대해서 알아보고자 헌병관리국을 출입했었다.

일본인들은 처음에는 조사가 끝이 나면 아버지와의 만남을 제공해주겠다고 답변해주었다. 하지만 이후에 갑자기 자신들에게는 최재형이 없고, 처음부터 없었다고 뜻밖의 말을 했다. 괴로운 나날이 몇 달 지나고, 어느 날 갑자기 일본인들은 최재형이 일본으로 이송되었고, 그곳에서 재판을 받게 될 것이라고 밝혔다. 일본 헌병들과의 그러한 괴로운 대화는 아버지의 운명에 대한 다양한 소문과 함께 반년 동안이나 계속되었다. 그 후 1920년 말이 되어서야 일본 당국은, 아버지에 대한 재판이 열렸었고, 아버지께서는 총살형을 선고받았으며, 형은 집행되었다고 알렸다.

아버지의 시신을 내어 달라는 우리의 요구에 일본인들은 거절했다. 그런데 1922년 여름에 일본 헌병대는 어머니를 호출했으며, 어머니께 아버지께서 매장된 장소를 보여주겠다고 말을 했다. 하지만 일본인들의 새디즘(sadism, 가학성음란증)과 간교함을 경험했던 어머니(최 엘레나 페트로브나)(ЦойЕлена Петровна/Е.П.Цой)께서는 헌병대의 제의를 거절했다.[405] 왜냐하면 일본인들은 다른 타인의 유해를 보여줄 수도 있었기 때문이었다. 아직까지도 아버지의 매장지는 밝혀지지 않고 있다.[406]

9. 러일전쟁이 차르(제정러시아 황제) 정부의 패배로 끝난 이후에 일본은 실제적으로 한반도를 점령했다. 제1차 러시아 혁명과 러시아 민중의 영웅적인 투쟁의 영향하에서 조국의 해방을 위한 한인 노동자들의 운동이 격화되기 시작했다. 블라디보스토크는 연해주에서 그러한 운동의 중심이 되었고, 블라디보스토크에서는 조국 한반도의 식민지 상태에 불만을 갖고 있던 교육을 받은 러시아 국적의 한인 그룹들이 형성되기 시작했다. 연해주의 한인들은 빨치산 부대인 의병부대(Армия спасения, 구원대)들이 형성되고 무장화 되기 시작하자 적극적인 지원을 하기 시작했다. 최초의 의병부대는 1906년 최 표트르 세묘노비치(최재형-П.С.Цой)의 지휘 하에 포시에트 지구에서 조직되었다. 일본군 점령군들에 대항한 작전은 봄-여름-가을 시기

에 수행되었는데, 이 시기에는 녹색의 관목 숲들이 적으로부터 숨을 수 있는 좋은 은폐장소가 되었기 때문이다. 한 가지 고려할 점은 당시 모든 지형이 숲들로 덮여 있었다는 점이다.

본질적으로 빨치산 전쟁은 일본인들에 대항해서 수행되었다. 일본군 부대들은 러일전쟁에서 풍부한 전투 경험을 갖고 있었고, 정규군은 두말 할 나위 없이 최상으로 무장되어 있었다. 이러한 상황에서 작전의 성공 여부는 기습공격과 전투의 기동성에 달려있었다. 일반적으로 의병들은 일본인들을 제거하기 위한 징벌 및 근절 전술을 견지하며 헌병관리국이나 경찰서, 적은 규모의 군수비대 등을 기습 공격했다. 이러한 투쟁은 1910년까지 계속되었다. 하지만 일본 정부의 강청에 의해 차르 당국은 의병의 활동을 제한하기 시작했다. 이에 1911년에는 많은 의병들이 고향으로 돌아갔고, 일부는 중국으로 들어갔다. 이후 한반도와 러시아 간의 국경지대에는 카자크군 부대가 주둔하기 시작했다. 1918-1920년 시기에 다시 한인 빨치산 부대들이 조직되기 시작했다

3. 최 발렌틴의 고려일보 인터뷰 기록

이 신문기록은 구 소련이 1991년 12월 해체된 후 작성된 것임에 주목할 필요가 있다. 그동안 언급 될 수 없었던 비극적인 최재형의 가족사를 생생하게 증언하고 있다.

■ 산 자와 죽은 자

-『고려일보』, 1993년 4월 17일, 토요일, 10-11면

-인터뷰 진행-강경일
-대담자 : 최 발렌틴 페트로비치

매번 그러한 만남은 아마도 먼 과거의 상황을 형상화시켜주기 위한 시도이거나 현재와 미래를 연결시켜주는 다리를 놓기 위한 시도이다. 그러한 가교를 건너 자녀와 손자들은 마침내 시대에 대한 자신들의 진정한 연속성을 발견하게 될 것이라는 생각에 잠기곤 한다.

계속 진행 중인 우리의 추모 활동으로 만들어지고 있는 일련의 초상화들 속에서 여전히 새로운 영웅들이 등장하고 있다. 신문 장르의 차원에서 이 영웅들에 대해서 기술하는 것은 실제적으로 불가능하다. 그들의 삶은 무한하고 깊고, 그리고 우리들과는 멀리 떨어져 있다.

그럼에도 우리가 그들에 대해서 기술한다면, 그것은 다만 한 가지 목적을 위해서, 즉 비록 순간일지라도 해마다 우리에게 점점 더 가까워지고 있는 과거의 황혼들이 이러한 타오름 속에서 빛으로 빛날 수 있도록 인간의 운명의 결정체를 비추어내기 위함이다. 아마도 진정한 시대의 패러독스가 아닌가!

■ 대담자 최 발렌틴 페트로비치(3남, Цой Валентин Петрович/В.П.Цой)는 1908년 생으로 그의 가족사는 의심의 여지없이 독특했고, 또 비극적이었다. 이는 본질적으로 나의 잦은 질문이 필요 없을 정도로 그의 독백이 주를 이루었던 그와의 초반 대화에서 곧 바로 드러났다. 그에게는 아직 말하지 않은, 그리고 못 다한 이야기가 많이 쌓여있었다.

저의 아버지에 대해서 먼저 이야기를 드렸으면 합니다. 모든 것이, 그리고 모든 역사가 그로부터 시작되었으니까요. 저의 아버지 최재형은 1860년 (한반도) 북한 지역의 농노 농민 가정에서 출생했습니다.

할아버지는 자녀들-나의 아버지와 자신의 큰형(큰아버지)-과 함께 국경을 건너 러시아로 도망치다시피 들어갔습니다. 이는 1869년에 있었던 일입니다. 할머니는 그대로 고향에 남아계셨는데, 할아버지께서 할머니를 데려가시기 위해 여러 차례 시도를 했지만 소용이 없었습니다.

저의 아버지는 차분하지 않고 생각이 많은 성격의 소유자였습니다. 그렇게 된 이유는 아버지께서는 큰형(큰아버지) 내외와 사이좋게 지내지 못했고, 11세 때에 집을 떠나버린 것에서도 그 이유를 찾아볼 수 있습니다.

가출한 아버지께서는 해안가에서 며칠을 노숙하셨고, 이후 그곳에서 러시아인 무역상선의 선원들에 의해 거둬들여졌습니다. 단 한 마디의 러시아어를 몰랐던 검은 머리와 좁은 눈매의 소년은 아마도 이국적인 모습의 신기한 사람으로 여겨졌고, 무역상선 선장의 아내는 소년의 모습을 마음에 들어 했습니다. 선장의 아내는 소년을 양육했습니다. 소년은 11세부터 17세까지 상선에서 생활을 했습니다.

이 동안에 이름을 알 수는 없지만 (선장의 아내인) 러시아 여인이 공부를 가르쳤고, 모든 학교(школа)생활의 규율들을 가르쳤습니다. 따라서 17세 무렵에 저의 아버지는 완전히 교육받은 사람이 되어있었습니다. 이 모든 것에 대해 생각을 하노라면, 저의 아버지를 거두어주고 양육해 준 알지 못하는 이 여인에 대한 무한한 감사의 마음을 갖게 됩니다. 또한 이러한 만남이 아니었다면 모든 것이 다르게 되었을 것이라 생각을 하곤 합니다.

선장의 아내는 소년에게 세례를 주고 이름을 페치카(Петька)(페챠, 표트르/Петя,Пётр)라고 명명해 주었습니다. 1878년 최재형(П.С.Цой)은 육지로 나갔고, 블라디보스토크(г.Владивосток, 해삼위)에 있는 상업회사에서 일을 시작했습니다. 그곳에서 그는 무역과 수공업을 배웠습니다.

얼마 후 그는 자신의 아버지(할아버지)가 계신 집으로 돌아왔지만 그곳에서 오랫동안 견뎌내지는 못했습니다. 땅에서 하는 단조로운 힘든 노동은 그에게 맞지 않았던 것입니다. 아버지를 돕는 것은 계속해 나갔지만, 한편으로는 노보키예프스크(Новокиевск)에서 독립적으로 통역으로 일을 해나갔습니다.

그에게 러시아어는 유용하게 사용되었습니다. 러시아인 사업가들은 도로 건설과 같은 힘든 육체노동에 한인들을 고용하곤 했습니다. 아버지께서는 한인 노동자들과 고용자 간의 가교 역할을 했으며, 그런 한편으로 자신의 동족들의 하루살이식 삶의 무게를 아울러 같이 느껴야 했습니다. 저는 아마도 바로 그 당시에 최재형(П.С.Цой)이 자신의 동족들의 삶을 개선하기 위해서는 일을 해야 한다는 진정한 사명을 발견했다고 생각합니다.

1889년 얀치헤(с.Янчихе, 연추) 읍(邑)의 지역 대표 회의에서 아버지는 얀치헤 읍장(邑長)으로 선출되었습니다. 아버지께서는 적극적인 활동을 전개해 나가셨습니다. 아버지의 노력으로 1896년부터는 공부를 위해 한인 젊은이들을 상대로 한 러시아 각지로의 정기적인 파견이 시작되었습니다. 교육기관은 신학교에서 농업학교에 이르기까지 다양했고, 지역 또한 옴스크(г.Омск, 옴스크 주 수도), 카잔(г.Казань, 카잔 주 수도), 이르쿠츠크(г.Иркутск, 이르쿠츠크 주 수도), 심지어 심페로폴(г.Симферополь, 우크라이나 크림 자치공화국 수도)에 이르기까지 퍼져있었습니다.

■ 이 대목에서 잠시 중단하고 질문을 드리고 싶습니다. 공부를 위해 젊은이들을 파견하는 일은 어떻게 실행이 되었고, 누가 한인 젊은이들의 사회–문화 프로그램 관련 문제들을 해결하는 데 도움을 주었습니까? 그러니까 민족문화 부흥의 시기에 대중적인 요구에 따른 그런 부흥은 없었습니까?

당시 극동에는 부유한 한인들이 많이 있었는데, 그들은 자신들의 상업거리와 상업구역들을 차지하고 있었음을 언급할 필요가 있겠습니다. 러시아에서 한인들은 농업이나 상업 활동에 종사했습니다. 당시에 한인사회에서는 부유한 사람들이나 한인 상인들로 구성된 다양한 친선 도모 단체들이 조직 되었었습니다. 아버지께서 말씀하시기를, 이러한 단체들 내에서는 진정한 기부 행위들이 행해졌고, 공동의 일을 놓고 서로서로에게 맹세가 행해지곤 했다고 합니다.

해야 할 일은 한 가지였습니다. 자신들의 동족을 돕고, 발전시키고, 그리고 교육시키는 일이었습니다. 아버지께서는 마침 그러한 단체의 수장으로 선출이 되셨고, 아버지의 모든 교육-사회사업 프로그램들은 이러한 친선 도모 단체들에 의해서 재정적인 지원을 받았습니다.

■ 오늘날의 기업가들을 바라볼 때 믿어지지 않을 뿐입니다. 한인들은 자신들의 사회사업 프로그램들을 수행해 나가는 데 있어서 외부로부터의 어떤 방해나 압력을 받기도 했습니까?

차르(제정러시아 황제) 체제로부터는 어떠한 압력도 가해지지 않았습니다. 가령 한인 상인들은 매우 잘 화합했고, 그리고 실제적으로 입는 것을 포함해서 물품과 식료품을 제공받았던 러시아 군대는 말할 것도 없이 당국과도 사업적으로 좋은 관계를 유지했습니다. 저는 본질적으로 러시아 한인은 공존할 수 있는 유형이라고 생각합니다. 이는 우리의 역사를 통해서 항상 나타나고 있습니다.

압제에 대해서 언급을 한다면, 이 문제는 무엇보다 먼저 일본인들에게서 비롯되어왔습니다. 이에 대해서는 별도로 언급할 필요가 있습니다. 러일전쟁에서 패한 후 러시아는 일본의 입장을 고려하지 않을 수 없었습니다. 아시다시피 19세기 말-20세기 초에 일본은 한국을 점령했습니다.

러시아에 있던 한인들은 어떻게든지 국경 너머 자신의 동족들을 돕고자 노력을 했습니다. 그들은 빨치산(партизан) 부대를 결성했고, 국경 너머 일본군 수비대에 타격을 가하기도 했습니다. 또한 '권업회'('노동 발전')와 같은 다양한 단체들이 조직되기도 했습니다. 단체의 목적 중의 하나는 새로운 조국, 러시아에 대해 애국주의 정신으로 한인들을 교육시키는 것이었습니다. 그렇게 해서 당시의 분위기는 친일적인 단체들과는 반대로 진행되었습니다. 단체(권업회)는 10월 혁명 직전까지 존재를 했습니다.[407] 저의 아버지는 가장 적극적으로 권업회의 활동에 참여를 하셨습니다. (아버지께서는 권업회의 대표로 선출되었고), 유명 인사였던 홍범도(Хон Бом До)가 부대표로 선출되었습니다.

■ 그러니까 전통적으로 복잡한 한일관계가 러시아 토양에서도 확산이 된 것이군요.
물론입니다. 제가 일본 문제와 관련해서 자세하게 말씀드리는 것은 다 이유가 있습니다. 아버지에 대해 몇 가지 언급할 필요가 있겠습니다. 그는 항일 빨치산 운동 조직자 중의 한 분이셨습니다. 그래서 자신의 얼굴을 아는 일본인들을 피해서 항상 이리 저리 옮겨 다녀야 했습니다.

그는 얀치혜에서 노보키예프스크로 이사를 하셨고, 다시 그곳에서 가족과 함께 슬라비얀카(Славянка)로 이사를 하셨습니다. 이후 일본인들이 슬라비얀카 해안에 상륙한다는 소식을 듣고 다시 니콜스크-우수리스크(현재 연해주의 제2도시인 우수리스크는 с.Никольское(1866), г.Никольск(1898), г.Никольск-Уссурийск(1926), г.Ворошилов(1935), г.Уссурийск(1957) 순으로 시기를 두고 명칭이 변경되어 왔다)

최선학(1900-1937, 최재형 아들, 1929)

로 이사를 했습니다. 그곳에서 아버지께서는 군 자치단체(군참사회, Уездная Земская Управа) 의원으로 활동하셨습니다. 이러한 상황 속에서 아버지께서는 자신의 근본적인 사업을 계속해 나가셨습니다. 1911년에는 노보키예프스크에, 1917년에는 슬라비얀카에 초등학교가 세워졌고, 1918년에는 니콜스크-우수리스크에 한인 교사학교가 세워졌습니다.

이제는 보다 중요한 이야기를 들려드리고 싶습니다. 지금까지도 기억을 하고 있습니다만, 1920년 4월 5일 새벽, 니콜스크-우수리스크에서 일본인들이 아버지를 찾아내고는 체포해갔습니다. 아버지께서는 마침 나가시려고 마당으로 나가셨는데 그곳에서 아버지의 팔을 결박하고서 데려갔습니다. 이후로 아버지에 대해서 아무 것도 듣지를 못했습니다.

■ 여기에서부터 가족의 비극이 시작된 것입니까?

그렇지는 않습니다. 모든 것은 그 이전부터 시작되었습니다. 저는 겨우 아버지에 대해서만 이야기를 드렸다고 할 수 있습니다. 아버지께서 체포되었을 당시, 그에게는 그다지 어리지 않은 자녀들이 있었습니다. 저희 가족은 대 가족이었습니다. : 정교회 세례자인 어머니 엘레나 페트로브나(Цой Елена Петровна/Е.П.Цой)와 11명의 형제자매들(아들-4명, 딸-7명)이 있었습니다.

큰형님 표트르(1남, Цой Пётр Петрович/П.П.Цой, 최선학)는 차르 군대의 육군 중위로 근무했는데, 군 복무를 잘 수행하여 '게오르기' 훈장을 받기도 했으며, 또한 다른 동료 러시아인 장교들과 2월 혁명과 10월 혁명을 경험했고, 볼쉐비키 편을 지지했습니다. 그는 1919년 내전기(гражданская война, 1918-22) 때에 전사했는데, 1년 후에 그의 전우들이 와서 전사 소식을 전한 후에서야 우리는 큰형의 죽음을 알게 되었습니다. 그들은 우리에게 큰형의 유품과 많은 시베리아 돈을 전해주었습니다. 이것이 큰형에 대한 기억입니다.

둘째 형 파벨(2남, Цой Павел Петрович/П.П.Цой) 또한 군인이었는데, 20세부터 극동지역의 빨치산들과 활동을 했습니다. 어머니께서 여러 차례 그를 집에 붙어있게 하려고 시도를 해보았지만 허사였습니다. 당시 우리는 아버지 없이 살고 있었는데, 너무 힘든 시기였고, 끔찍할 정도로 굶주림에 허덕였습니다. 이후에 파벨(Павел)은 레닌그라드(페트로그라드, 상트-페테르부르그)에 있는 프룬제 명칭 해군군사학교(Военно-морское училище им.Фрунзе)를 졸업하고, 주력함(линейный корабль) 마라트호를 타고 해군에서 근무하게 되었습니다. 하지만 파벨 또한 1938년 탄압으로 희생되었고, 그가 어디에 묻혀있는지 우리는 모르고 있습니다.

■지금 말씀하신 형제들은 군에 징집된 것입니까, 아니면 어쩔 수 없이 입대한 것입니까?

아마도 어쩔 수 없이 입대한 것일 겁니다. 그런 시대였으니까요. 예로 파벨(Павел)에 이어서 저도 입대를 했습니다. 저의 직업은 평범한 농업기사(агроном)였는데, 1938년부터 1940년까지 약 2년 동안 알마타에서 옥살이를 해야 했습니다.

남동생 비켄티(4남, Цой Викентий Петрович/В.П.Цой)도 평범한 사람으로 학교에서 교사로 근무를 했는데, 학교 물건을 절도했다는 거짓 혐의를 받고 아랄스크에서 옥살이를 했고, 결국 24세에 총살을 당했습니다. 나중에 제가 아랄스크 검사국

최 류드밀라(가장 오른쪽) 가족과 필자

에 문의를 했는데, 아시다시피 그들은 사안에 따라 불명확한 사건으로 종결시키는 일을 잘하는 사람들이 아닙니까. 당시 내무인민위원들은 우리 친척들에 대한 모든 것을 알고 있었습니다. 만약 한 사람이 탄압형을 받았다면, 나머지 친척들도 적으로 간주되었을 것입니다. 어쨌든 이 문제에 관해서는 적지 않게 기술이 되었습니다.

　■물론 이 모든 것에 대해서 언론매체를 통해 읽게 되거나, 자신이 직접 그러한 상황에 부딪히게 된다면, 이는 문자 그대로 경악할 일이지요. 딸 형제들의 운명은 어떻게 되었습니까?

　7명의 여자 형제들이 있었는데, 큰누나는 노보시비르스크 은행에서 경리원으로 근무를 했습니다. 큰누나도 같은 운명을 맞이했는데, 1938년 탄압 희생되었습니다. 큰누나의 시신도 어디에 묻혀있는지 우리는 모르고 있습니다. 다행히도 올가(5녀, Цой Ольга Петровна/О.П.Цой)는 생존해서 모스크바에 살고 있는데, 건강이 좋지

최 엘리자베타

않은 상황입니다.

올가의 남편도 탄압을 받아 1938년 총살되었습니다. 올가의 남편만 그렇게 된 것이 아니라, 현재 고인이 된 나쟈(2녀, Цой Надежда Петровна/Н.П.Цой)와 현재 알마타에 거주하고 있는 리자(7녀, Цой Елизавета Петровна/Е.П.Цой)의 남편도 탄압받아 희생되었습니다. 베라(1녀, Цой(Ким) Вера Петровна/В.П.Цой(Ким))는 내내 중국에서 남편과 함께 거주해오다가 그곳에서 죽었습니다.

또 누가 남았나요? 류드밀라(6녀, Цой Людмила Петровна/Л.П.Цой)는 프르줴발스크에서 남편과 함께 살고 있는데 다행히 아직 생존해 있습니다. 그리고 소피야(4녀, Цой София Петровна/С.П.Цой)가 있는데, 그녀는 아들과 함께 모스크바에서 거주하고 있습니다. 소피야도 불행한데, 그녀의 남편도 다른 사위들처럼 탄압받고 희생되었습니다.

■솔직히 말해서 당신의 증언을 듣고 나니 오랫동안 침묵하고 싶습니다. 열거되고 있는 당신 가족의 아픈 이야기 너머에는 완전히 상상할 수 없는 무언가가 서있는 것 같습니다. 가능하다면 여기에서 벗어나 생각해 볼 때, 당신은 가족의 운명을 어떻게 받아들이고 있습니까? 독특하고 특색 있는 운명으로 받아들이십니까?

이러한 기억으로부터 벗어난다는 것은 저에게 어려운 일입니다. 무엇을 말하는 것에 대한 대가는 잔인했지요. 아마도 시대가 그랬으니까요. 모든 것을 제거해버렸으니까요. 물론 저의 식구들 중에서 단지 올가(Оля), 리자(Лиза), 밀라(Мила), 소피야(Соня, София), 그리고 내가 남아있다는 것을 생각해 볼 때, 이는 그다지 적은 숫자가 아니라는 것입니다. 저의 어머니, 엘레나 페트로브나(Елена Петровна)는 많은 경험을 하셨고, 1953년까지 사시다 돌아가셨습니다. 이는 아마도 당시를 비추어 볼 때 의미심장하고 독특한 사례라고 할 수 있습니다. 저의 아내에 대해서는 아직 말씀을 드리지 않았는데요, 첫째 아내는 1945년 병으로 죽었는데, 현재 아들이 모스크바에서 살고 있습니다.

■알마타 감옥에서 2년 동안 옥살이를 하셨다고 하셨는데요, 당신의 개인적 사례를 겪으며 가족들의 운명 속에 있는 어떤 숙명적인 적법성을 느끼지는 않으셨나요?

때로는 그렇게 여겨졌습니다. 마치 '다모클레스의 칼'처럼 말입니다. 식구들의 죽음과의 어떤 관계가 물론 느껴졌습니다. 심지어 심문 과정에서조차 늘 나에게 이에 대해 상기를 시켰습니다. 이것이 운명인지 아닌지는 모르겠습니다. 직접 한번 판단해 보세요.

'컨베이어'(전송장치) 방식으로 저를 심문했습니다. 즉 9시부터 18시까지, 그리고 21시부터 아침 7시까지 끊임없이 심문을 했습니다. 18시에서 21시 사이에는 잠자는 것도 허용되지 않았습니다. 저는 벽에 붙어있는 감방에 수감되어 있었습니다. 이웃인 우크라이나인 블라센코(Власенко)는 착하고 밝은 사람으로 내가 견뎌내도록 많은 도움을 주었습니다. 책을 편 채로 내 앞에 앉아서는 책을 읽고 있는 모습을 하고 있었고, 저는 비록 사실은 자고 있었지만 듣고 있는 것처럼 앉아있었습니다. 우리는 그렇게 하지 않을 수 없었습니다. 왜냐하면 문틈으로 우리를 항상 감시를 하고 있었기 때문입니다.

저는 아무 것도, 조국에 대한 어떠한 배신에 대해서도 인정하지 않았고, 어떠한 서류에도 서명하지 않았습니다. 하지만 많은 사람들이 고문으로 깨지고 늘어지고 말았습니다. 그들에게 무슨 일이 생긴 것이지요. 아마도 무죄에 대한 저의 확고한 믿음이 저를 구한 것 같습니다. 사실상 58조 1항에 따라 저는 총살을 당할 수밖에 없는 상황이었습니다.

■현재 당신은 은퇴하고 연금생활자이시고, 전반적인 상황 때문에 나라가 그다지 조용하지 못한 상태 속에서 살고 계십니다. 하지만 당신이 예전에 경험했던 것보다는 그다지 무섭다고 할 수는 없겠습니다. 요즘은 어떻게, 무엇을 하시며 지내십니까?

때로는 감금 상태에서 벗어나 다른 큰 감옥에 갇힌 것처럼 여겨지곤 합니다. 매우 힘들게 연금생활자 자격을 취득했고, 복권 서류들을 준비했습니다. 과거의 '감옥살이' 경력은 항상 저의 직장생활에서 반영되었고, 농업관리국(управление земледелия)의 간부이면서도 제일 마지막으로 아파트(квартира)를 분양받았습니다. 이 모든 상황은 나에게 불공정하다는 것을 상기시켜주곤 합니다.

예. 오늘날 시대가 이제는 완전히 다르지요. 비록 지금 저의 형제들은 다른 나라에 살고 있지만, 소비에트 시기에 발생했던 모든 일은 큰 비극이었습니다. 편안하게 형제들에게 왕래를 할 수가 없게 되었으니까요. 알마타에 저의 직계가족들-아내와 아들 부부-이 살고 있는데, 이들은 저에게 따뜻함과 기쁨을 주고 있습니다. 현재 저는 억울한 죽음을 당한 가족들의 상황을 복권시키는 일을 하고, 또 관련기관으로부터 복권관련 서류들을 받고 있습니다. 이미 잘 해결된 부분도 있고, 아직 그렇지 못한 부분도 있습니다.

생각해보면 저에게 이 일은 가장 중요한 문제라고 생각합니다. 내가 그들을 위해서 이 일을 해야만 하는 것 아닐까요? 역사가 사람들에게 아무리 가혹했다 할지라도, 산 자이든 죽은 자이든 모든 사람은 각각의 존재의 의미와 진실에 대한 완전한 권리를 갖고 있으니까요.

인터뷰 진행–강경일(Кан Кен Иль).

참고문헌

논문

김게르만, 「한인의 러시아 극동지역 이주와 정착」, 『한국민족운동사연구』30, 2002.

박민영, 「유인석의 국외 항일투쟁 로정(1896~1915) -러시아 연해주를 중심으로-」, 『한국근현대사연구』, 한국근현대사학회, 2001-12.

_____, 「한말 연해주의병에 대한 고찰」, 『인하사학』1, 인하역사학회, 1993-12

박 환, 「대한국민의회와 연해주지역 3·1운동의 전개」, 『산운사학』9, 고려학술문화재단, 2000.

_____, 「신한촌과 한인독립운동」, 『한민족공영체』, 해외한민족연구소, 2000

_____, 「구한말 러시아 최재형의병연구」, 『한국독립운동사연구』, 1999.

_____, 「러시아 연해주에서의 안중근」, 『한국민족운동사연구』30, 2002.

_____, 「최재형과 재러 한인사회 -1905년 이전을 중심으로-」, 『사학연구 -죽전신재홍박사정년퇴임기념논문집』- 55.56, 1998.

_____, 「러시아지역 한인민족운동과 유진률」, 『군사』100, 2016.

반병률, 「대한국민의회의 성립과 조직」, 『한국학보』46, 일지사, 1987-3

_____, 「노령 연해주 한인사회와 한인민족운동(1905~1911)」, 『한국근현대사연구』7 , 한국근현대사연구회, 1997-12

_____, 「재로한인 강제이주 이전의 한인사회의 동향」(1923-1937), 『한국독립운동사연구』11, 1997.

_____, 「4월참변 당시 희생된 한인애국지사들-최재형, 김이직, 엄주필, 황경섭」,

『역사문화연구』26, 2007.

_____, 「안중근과 최재형」, 『역사문화연구』33, 2009.

_____, 「러시아에서의 안중근의 항일독립운동에 대한 재해석」, 『한국독립운동
　　　사연구』34, 2009.

신운용, 「안중근의 의병투쟁과 활동」, 『한국민족운동사연구』54, 2008.

유한철, 「연해주 13도의군의 이념과 활동」, 『한국독립운동사연구』11, 1997.

윤병석, 「이동휘의 망명활동과 대한광복군정부」, 『한국독립운동사연구』11, 1997.

이명화, 「1910년대 재러 한인사회와 대한인국민회의 민족운동」, 『한국독립운동사
　　　연구』11, 1997.

이병조, 「생존자의 회상을 통해서 본 스탈린 탄압의 비극:최초의 한인 해군장교,
　　　최 파벨 페트로비치(최선학)가족을 중심으로」, 『재외한인연구』24, 2011

_____, 「기록보존소 자료를 통해본 소비에트시기 최초의 한인 해군 장교(최 파
　　　벨 페트로비치)의 죽음과 스탈린 탄압의 비극」, 『슬라브연구』 31, 2015.

이정은, 「최재형의 생애와 독립운동」, 『한국독립운동사연구』 10, 1996.

_____, 「3·1운동을 전후한 연해주 한인사회의 독립운동」, 『한국독립운동사연구』
　　　11, 1997.

정제우, 「연해주 이범윤 의병」, 『한국독립운동사연구』11, 1997.

단행본

강만길, 『강만길 역사기행, 회상의 열차를 타고』, 한길사, 1999.

고송무, 『쏘련의 한인들』, 이론과실천, 1990.

권희영, 『한인 사회주의운동연구』, 국학자료원, 1999.

김승화 저 정태수 편역, 『소련한족사』, 대한교과서주식회사, 1989.

마뜨베이 찌모피예비치김(이준형 옮김), 『일제하 극동시베리아의 한인사회주의자
　　　들』, 역사비평, 1990.

박민영, 『만주 연해주 독립운동과 민족수난』, 선인, 2017.

박환, 『러시아한인민족운동사』, 탐구당, 1995.

박환편저, 김블라지미르저, 『강제이주 60주년에 되돌아본 재소한인의 항일투쟁
　　　과 수난사』, 국학자료원, 1997.

박　환, 『재소한인민족운동사-연구현황과 자료』, 국학자료원, 1998.

_____, 『박환의 항일유적과 함께 하는 러시아 기행』(1.2), 국학자료원, 2002.

_____, 『대륙으로 간 혁명가들』, 국학자료원, 2004.

_____, 『시베리아 한인민족운동의 대부 최재형』, 역사공간, 2008.

_____, 『러시아지역 한인언론과 민족운동』, 경인문화사, 2008.

_____, 『민족의 영웅 시대의 빛 안중근』, 선인, 2013.

_____, 『사진으로 보는 러시아지역 한인의 삶과 기억의 공간』, 민속원, 2013.

_____, 『박환교수와 함께 걷다, 블라디보스토크』, 아라, 2014.

_____, 『근대 해양인, 최봉준』, 민속원, 2017.

반병률, 『성재 이동휘 일대기』, 범우사, 1998.

_____, 『여명기 민족운동의 순교자들』, 신서원, 2013.

보리스 박, 니콜라이 부가이, 『러시아에서의 140년간』, 2004

서대숙 엮음, 이서구 옮김, 『소비에트한인백년사』, 도서출판, 태암, 1989.

송금영, 『러시아의 동북아진출과 한반도정책(1860-1905), 국학자료원, 2005.

신연자, 『소련의 고려사람들』, 동아일보사, 1988.

오영섭, 『고종황제와 한밀의병』, 선인, 2009.

윤상원, 『러시아지역 한인의 항일무장투쟁연구』, 고려대학교 박사학위청구논문,

2010.

윤상원, 「시베리아 내전의 발발과 연해주 한인사회의 동향」, 『한국사학보』41,
        2010.

_____, 「1914년 한인이주50주년기념식 개최시도」, 『인천문화연구』10, 2013.

_____, 「러시아혁명기 원동해방전쟁과 한인부대의 활약」, 『한국근현대사연구』
        67, 2013.

외교통상부, 『이범진의 생애와 항일독립운동』, 2003.

이광규, 『러시아 연해주의 한인사회』, 집문당, 1998.

이상근, 『한인 노령이주사연구』, 탐구당, 1996.

최혜주 옮김, 아즈 쇼에이, 『조선 시베리아 기행』, 선인, 2016.

한국독립유공자협회 엮음, 『러시아지역의 한인사회와 민족운동사』, 교문사,
        1994.

자료

국사편찬위원회, 『한국독립운동사자료』34-35, 1997.

국가보훈처, 『대동공보』, 1993(해제 신용하).

국가보훈처, 『독립군수기』, 1995,(해제 박환).

국가보훈처, 『안중근』1·2·3, 1995(해제 김창수).

한국정신문화연구원, 『국역한국지』, 1984.

한국정신문화연구원, 『江北日記, 江左輿地記, 俄國輿地圖』, 1994.

한국정신문화연구원, 『한국독립운동사자료집-홍범도편』, 1995(해제 박성수).

독립기념관, 「북우 계봉우 자료집」(1)(2), 1996-1997(해제 조동걸).

독립기념관, 『성재 이동휘전서』(상, 하), 1998(해제 윤병석).

『해조신문』

『권업신문』

『대한인정교보』,

『청구신보』

한국국제교류재단,『러시아 국립문서보관소 소장 한국관련문서요약집』, 편역, 박
　　　종효, 2002.

한국외국어대학교 역사문화연구소,『역사문화연구』20(2004년), <독립국가연합
　　　의 한국학 원자료>특집

최덕규,『러시아 국립극동역사문서보관소 한인관련자료해제집』, 고려학술문화재
　　　단, 2004.

[제1장] 러시아 이주와 한인 지도자의 길

1 최재형의 자녀 가운데 생존 시 필자가 면담한 인물로는 모스크바에 거주하고 있던 최 올가(1905년생) 와 키르키즈공화국 까라꼴에 살고 있던 최 류드밀라(1910년생-2006년 사망), 카자흐스탄 알마티에 거주하고 있던 최 엘리자베타(1912년생) 등이 있다. 필자는 최 올가와는 1997년 7월에, 최 류드밀라와 최 엘리자베타와는 1995년 7월에 각각 그들이 살고 있는 러시아와 카자흐스탄과 키르키즈공화국에서 면담을 가졌다.

2 최재형의 생존한 자녀들이 작성한 「19세기 말 및 20세기 초 한인들의 반일투쟁 시기 최재형이 벌인 계몽 및 민족해방운동」, 1992, 모스크바(이하 최재형 전기로 약함), 그리고 최재형의 3남 최 발렌틴이 작성한 「최재형의 이력서」(1992. 3)와 부친에 대한 회상기인 「아버지에 대해 기억하고 있는 것과 이해하고 있는 것」, 「최재형 연보」(1992. 3), 최 올가가 작성한 자서전(『나의 삶』-발췌본 『고려사람』, 상트페테르부르크, 1993)과 전문 등을 들 수 있다. 최근에 이 자료들은 독립기념관에 의해 수집, 번역되어 독립기념관 홈페이지에서 제공하고 있다.

3 『대동공보』는 1993년 국가보훈처에 의하여 영인되었고, 『권업신문』, 『대한인정교보』, 『청구신보』, 『한인신보』 등은 1995년에 한림대학교 아시아문화연구소에 의해 영인 간행되었다.

4 『자유보』는 블라고베센스크의 대한국민의회에서 1920년 9월 12일부터 간행한 신문이다. 현재 창간호 (1920. 9. 12), 2호(1920. 9. 26), 3호(1920. 10. 3), 4호(1920. 10. 17), 6호(1920. 11. 12), 7호(1920. 11. 21), 8호 (1920. 11. 18), 10호(1921. 2. 20), 11호(1921. 3. 1), 13호(1921. 3. 22) 등이 국사편찬위원회에 소장되어 있다.

5 일본 외무성 사료관에 보관되어 있는 『不逞團關係雜件 朝鮮人部』 「在西比利亞」 16冊(일본외무성 분류번호 432-2-1-2)

6 박환, 「최재형과 재러 한인사회-1905년 이전을 중심으로」, 『사학연구』 55, 56합집, 1998. 박환, 「구한말 러시아 연해주 최재형의병 연구」, 『한국독립운동사연구』 13, 1999. 박환, 『시베리아 한인 민족운동의 대부 최재형』, 역사공간, 2008.

7 이병조, 「생존자의 회상을 통해서 본 스탈린 탄압의 비극: 최초의 한인 해군장교, 최 파벨 페트로비치(최선학) 가족을 중심으로」, 『재외한인연구』 24, 2011. 이병조, 「기록보존소 자료를 통해 본 소비에트 시기 최초의 한인 해군 장교(최 파벨 페트로비치)의 죽음과 스탈린 탄압의 비극」, 『슬라브연구』 31, 2015.

8 생년월일 1920년 당시 최재형 62세---『자유보』 창간호. 최재형의 출생지에 대하여는 경원이라는 기록과 경흥이라는 기록이 있다. 경원은 최재형의 자식들과 일본 측 사료(불령관계잡건 조선인의 부, 재시베리아 5, 최재형의 이력) 및 러시아 지역 한인들이 간행한 신문 기록(『자유보』 3호(1920. 10. 3) 중 「최재형 공의 약사」)에 나오고 있으며, 경흥이라는 기록은 『독립신문』의 이동휘 추모사와 박은식의 『한국독립운동지혈사』 등에 나오고 있다.

9 『자유보』 3호 중 「최재형 공의 약사」. 최재형의 형의 한국 이름은 알 수 없다. 러시아어 이름은 최 알렉세이였다(연해주 고려인 재건 기금회에서 발행한 신문 『원동』(1995년 8월 호, 「사진 속의 한 가족의 역사」 (История одной семьи в фотографиях)

10 최재형의 딸 최 엘리지베타가 작성한 최재형의 이력서 참조. 한편 재소 한인 작가 김세일이 작성한 「최 고려의 자서전에 대한 해설」(한국정신문화연구원편, 『한국독립운동사자료-홍범도편』, 1995, 342쪽)에는 최재형은 함경도 온성 오부자집 종이었다고 보다 구체적으로 밝히고 있다).

11 「최재형 전기」.

12 「추풍개척」, 『아령실기』(독립신문 1920년 3월 1일).

13 「최재형 전기」.

14 최재형이 몇 세에 러시아 연해주로 이주하였는지에 대하여도 정확한 기록은 보이고 있지 않다. 『자유보』 3호(1920. 10. 3)의 「최재형 공의 약사」에는 7세, 박은식의 『한국독립운동지혈사』와 뒤바보의 『아령실기』 등에는 9세로 나와 있으며, 『독립신문』 1920년 5월 15일자와 『동아일보』 1920년 5월 9일자에는 10세, 그리고 『독립신문』 1920년 5월 27일자에는 12세로 나오고 있다.

15 「고려일보」 1991년 6월 26일자 최 발렌틴(최재형의 셋째 아들)이 작성한 최재형의 일대기

16 반병률, 「러시아 최초의 한인마을 지신허」, 『한국근현대사연구』 26, 2003.

17 「지신허의 개척」, 『아령실기』(『독립신문』, 1920년 3월 1일)

18 「추풍 개척」, 『아령실기』(『독립신문』 1920년 3월 1일)

19 이상근, 『한인 노령이주사 연구』, 탐구당, 1996, 90쪽.

20 「소왕령 개척」, 『아령실기』(『독립신문』 1920년 3월 1일). 『해조신문』 1908년 3월 26일자에 실린 「본사주 최봉준 역사」에 대한 글에서도 이러한 내용을 찾아볼 수 있다.

21 최봉준의 경우도 경제적인 어려움 때문에 추풍으로 이주하였다(『해조신문』, 1908년 3월 26일자 「본사주 최봉준 역사」).

22 「소왕령 개척」, 『아령실기』(『독립신문』 1920년 3월 1일)

23 『해조신문』 1908년 3월 26일 「본사주 최봉준 역사」

24 『동아일보』 1920년 5월 9일자

25 「교육」, 『아령실기』(『독립신문』 1920년 4월 3일)

26 김승화저 정태수 편역, 『소련 한족사』, 대한교과서주식회사, 1989, 197쪽.

27 연추에 대하여는 다음의 논문이 참조된다. 반병률, 「러시아 연해주 한인마을 연추의 형성과 초기 모습」, 『동북아역사논총』 25, 2009.

28 이상근, 앞의 책, 207-208쪽.

29 김승화, 앞의 책, 197쪽.

30 「교육」, 『아령실기』(『독립신문』 1920년 4월 3일)

31 『동아일보』 1920년 5월 9일자에 따르면, 최재형은 몇 해 동안 러시아인의 고용인이 되어 주인에게 충실하게 보여 15세 되는 봄에 주인의 보조를 받아 소학교에 다니게 되었다고 한다. 이에 따르면, 최재형은 1874년에 소학교에 입학한 것이 된다.

32 『자유보』 3호 「최재형공의 약사」

33 「교육」, 『아령실기』(『독립신문』 1920년 4월 3일)

34 『동아일보』 1920년 5월 9일자

35 『자유보』 3호, 「최재형공의 약사」, 그 후 최재형은 최세몬 정이반 김일리야 등 3명과 함께 페름(Perm') 대주교관구 신부 바실리 피얀코프(Vasilii P'iankov)가 설립한 블라디보스토크의 기숙사에 입양되어 교육을 받았다. 반병률, 「러시아 연해주 한인마을 연추의 형성과 초기 모습」, 『동북아역사논총』 25, 2009, 60쪽. 최재형은 이후 바실리 신부의 청원과 연해주 군정순무지사 크로운 장군의 동의하에 '소볼(Sobol')함의 수병으로 임명되었다고 한다. 앞으로 좀더 연구가 필요한 부분이다.

36 『자유보』 3호 「최재형공의 약사」

37 최재형의 가출 시기가 정확히 언제인지는 알 수 없다. 다만 『동아일보』 1920년 5월 9일자에는 가출에 대한 기록은 없고 그가 15세 되는 봄에 주인의 보조를 받아 소학교를 다니게 되었고, 재학 중에 교장의 사랑을 받아서 졸업 후에 러시아 경무청 통역관이 되었다고 밝히고 있다.

38 『자유보』 3호 「최재형공의 약사」에서는 최재형이 러시아 극동함대 군함에 자원하여 고용되어 5년 동안 해군 생활을 하였다고 밝히고 있다.

39 최 올가, 「나의 삶」 참조

40 『고려일보』 1991년 6월 26일자

41 『자유보』 3호 「최재형공의 약사」

42 최 올가, 「나의 삶」

43 야즈 쇼에이(矢津昌永), 『조선 시베리아기행』, 최혜주역, 선인, 2016.

44 『자유보』 3호 「최재형공의 약사」

45 「최재형 전기」

46 최재형 연보

47 「최재형 전기」

48 반병률, 위의 논문, 50-51쪽

49 반병률, 위의 논문, 52쪽.

50 이사벨라 버드 비숍 지음 이인화 옮김, 『한국과 그 이웃 나라들』, 도서출판 살림, 1994, 206쪽.

51 「최재형 전기」.

52 『在西比利亞』 5, 鮮人의 部, 1915년 최재형 이력에는 최재형이 18세 때 러시아 병영의 통역이 되고, 다음에 러시아 해군 소위, 경무관 등에 봉직하였다고 하고 있다.

53 『사유보』 3호 「최새형공의 약사」

54 정확한 시기는 파악할 수 없다. 『한인신보』 1917년 9월 10일자 「강동쉰해」에는 1884년이라고 하고 있고, 「최재형연보」에는 1882년이라고 되어 있다

55 『자유보』 3호 「최재형공의 약사」

56 『고려일보』 1991년 9월 26일자.

57 「강동쉰해」, 『한인신보』 1917년 9월 10일.

58 『독립신문』 1920년 3월 18일자.

59 「최재형 전기」.

60 『자유보』 3호 「최재형공의 약사」, 『고려일보』 1991년 6월 26일.

61 반병률, 「러시아 연해주 한인마을 연추의 형성과 초기 모습」, 『동북아역사논총』 25, 49쪽.

62 반병률, 위의 논문, 55-57쪽.

63 보리스 박, 니콜라이 부가이, 『러시아에서의 140년간』, 2004, 75-77.쪽.

64 이상근, 앞의 책, 95-96쪽.

65 권희영, 「한민족의 노령이주사 연구(1863-1917)」, 『국사관논총』 41, 1993, 166쪽.

66 권희영, 위의 논문, 166쪽

67 『해조신문』 창간호 러시아력 1908년 2월 13일자에 실린 「최봉준의 발간하는 말」; 『한인신보』 아력 1917년 9월 17일 「강동쉰해」

68 고승제, 「연해주 이민의 사회사적 분석」, 『백산학보』 11, 1971, 165쪽.

69 권희영, 앞의 논문, 180쪽.

70 고승제, 앞의 논문, 180쪽.

71 권희영, 앞의 논문, 180쪽.

72 권희영, 앞의 논문, 167쪽.

73 정태수, 「국치 직후의 신한촌과 한민학교 연구(1910-1914)」, 『수촌 박영석교수 화갑기념 한민족독립운동사 논총』, 탐구당, 1992, 1154-1156쪽.

74 조선총독부, 『조선휘보』(西伯利號), 1918.4, 200쪽.

75 권희영, 「한민족의 노령 이주사 연구(1863-1917)」, 『국사관논총』 41, 1993, 160쪽.

76 『고려일보』 1991년 6월 26일.

77 『최재형 전기』.

78 「도소」, 『아령실기』(『독립신문』, 1920년 3월 25일)

79 『자유보』 3호, 「최재형공의 약사」

80 「강동쉰해」, 『한인신보』 아력 1917년 9월 10일.

81 『자유보』 3호 「최재형공의 약사」.

82 반병률, 위의 논문, 64-65쪽.

83 이광린, 「구한말 노령 이주민의 한국 정계 진출에 대하여-김학우의 활동을 중심으로-」, 『역사학보』 108, 1985 참조.

84 박환, 「러시아 지역 한인 민족운동과 유진률」, 『군사』 100, 2016.

85 「강동쉰해」, 『한인신보』 아력 1917년 9월 17일.

86 『자유보』 3호 「최재형공의 약사」

87 『자유보』 3호 「최재형공의 약사」

88 『동아일보』 1920년 5월 9일.

89 『자유보』 3호 「최재형공의 약사」

90 「강동쉰해」, 『한인신보』 아력 1917년 9월 10일.

91 「교육」, 『아령실기』(『독립신문』 1920년 4월 3일).

92 「강동쉰해」, 『한인신보』 아력 1917년 9월 10일.

93 「강동쉰해」, 『한인신보』 아력 1917년 9월 17일.

94 반병률, 위의 논문, 59-60쪽.

95 반병률, 위의 논문, 61쪽.

96 「강동쉰해」, 『한인신보』 아력 1917년 9월 17일.

97 김형목, 러시아 연해주 계동학교의 민족교육사에서의 위상」, 『한국민족운동사연구』 74, 2013.

98 『고려일보』 1991년 9월 26일.

99 박은식, 앞의 책, 470쪽.

100 「아버지에 대해 기억하고 있는 것과 이해하고 있던 것」에 총 29명의 명단이 소개되어 있다.

101 『독립신문』 1920년 5월 15일, 5월 17일.

102 『독립신문』 1920년 5월 15일.

103 「최재형 전기」.

104 「최재형 전기」. 그 후에도 최재형은 계속 연추 지역을 중심으로 재러 한인의 교육을 위하여 노력하였
다. 즉 그는 1908년 연추 지역에 학교를 설립하고 청년들을 교육시키기 위해 자신이 교장이 되어 가격
이 수천 원이 나가는 자신의 집을 학교로 쓰게 하는 한편 제반 서책도 모두 자신이 부담하는 등 지속적
으로 재러 한인의 교육에 정진하였던 것이다.(『해조신문』 1908년 5월 23일 본항정보 연추학교).

105 「강동쉰해」, 『한인신보』 아력 1917년 9월 10일.

106 『고려일보』 1991년 6월 28일.

107 「아버지에 대해 기억하고 있는 것과 이해하고 있던 것」.

108 「최재형 전기」.

109 「최재형 전기」, 「아버지에 대해 기억하고 있는 것과 이해하고 있던 것」

110 「아버지에 대해 기억하고 있는 것과 이해하고 있던 것」

111 이사벨라 버드 비숍 지음 이인화 옮김, 앞의 책, 263쪽.

112 위의 책, 264쪽.

113 위의 책, 264-265쪽.

114 「최재형 연보」

115 「강동쉰해」, 『한인신보』 아력 1917년 9월 17일.

116 위와 같음.

117 「강동쉰해」, 『한인신보』 아력 1917년 9월 24일.

118 『在西比利亞』 5, 선인의 부, 최재형 이력

119 「이비지에 대해 기억하고 있는 깃과 이해하고 있던 것」.

120 독립기념관 홈페이지 참조.

[제2장] 연해주 국권회복운동을 주도한 항일기업가

121 대표적인 논고로 박민영의 것을 들 수 있다. 박민영, 「러시아 연해주지역의 의병」, 『대한제국기 의병연
구』, 한울, 1998.

122 다만 유한철이 유인석의병에 대하여, 그리고 정제우가 이범윤의병에 대하여 그리고 장세윤이 홍범도
의병에 대하여 밝혔을 뿐이다. 이들 연구는 러시아 한인 의병장에 대하여 선구적인 연구성과로서 높
이 평가된다. 유한철, 『유인석의 사상과 의병활동』, 독립기념관 한국독립운동사연구소, 1992. 장세윤,
『홍범도의 생애와 항일의병투쟁』, 독립기념관 한국독립운동사연구소, 1992. 정제우, 「연해주 이범윤
의병」, 『한국독립운동사연구』 11, 독립기념관 한국독립운동사연구소, 1997.

123 김정규, 『용연 김정규일기』, 독립기념관 한국독립운동사연구소, 영인본, 1994.

124 대표적인 것으로서 일본외무성 사료관 소장 不逞團關係雜件 朝鮮人部 在西比利亞(분류번호 432-2-1-
2)를 들 수 있다. 국사편찬위원회에서 수집하여 소장하고 있다.

125 이범윤은 간도관리사로 활동하면서 조선 정부로부터 부대의 보급품으로 경상도 소득의 일부를 받았
으며, 1903년에는 부대의 무장을 위해 서울로부터 100정의 소총을 지급받았다(러시아 측 자료, 1908
년 5월 24일 전 러시아 주재 공사 이범진과 형제인 이범윤의 경력, 1908년 5월 24일 보고)

126 위와 같은 자료.

127 『한인신보』제12호 1917년 10월 7일, 강동쉰해.

128 재러 한인들이 러시아 편에 서서 전쟁에 참여한 것은 1900년의 義和團사건 때부터인 것 같다. 이때 한인들은 러시아의 한 구성원으로서 전쟁에 참여하는 한편 군수품 운송에 종사하였다. 당시 엄인섭은 러시아 군대에 종군하여 군사상 공로를 세워 훈장을 타기도 하였다. 그리고 지신허의 한익성과 블라디보스토크의 최봉준은 군대에 물품을 대며 재산을 모으기 시작하였다.(『한인신보』아력 1917년 9월 17일 강동쉰해)

129 『동아일보』한러 근현대사 비사 26, 1993년 3월 18일자,「러일전쟁 기간 소장 B.A.코사코프스키가 지휘하는 아무르 지역 코사크 혼성여단의 조선 북부에서의 활동 보고」

130 『한인신보』, 강동쉰해, 1917년 9월 24일자

131 반병률,「노령 연해주 한인사회와 한인민족운동(1905-1911)」,『한국근현대사연구』7, 1997, 74쪽.

132 국사편찬위원회,『한국독립운동사 자료 7』, 282쪽

133 최재형의 딸 최 올가의 자서전 ,『나의 삶』(독립기념관 소장)

134 최 올가,『나의 삶』

135 『자유보』3호(블라고베센스크에서 발행, 대한국민의회, 1920,10.3)「최재형공의 약사」

136 박은식,『한국독립운동지혈사』, 각지 의병의 약력, 박은식 전서 상, 단국대학교 부설 동양학연구소, 1975; 박보리스,「국권피탈 전후 시기 재소 한인의 항일투쟁」,『수촌 박영석교수 화갑기념 한민족독립운동사 논총』, 탐구당, 1992, 1081-1082쪽

137 앞의 논문, 1082쪽

138 고종은 통감부와 친일내각을 견제하기 위하여 일본에 망명 중이던 박영효를 1907년 6월 8일 비밀리에 귀국시켜 궁대부대신으로 임명하였고, 박영효는 고종의 양위를 반대하여 1년간 제주도에 유배될 정도로 당시 항일적인 인사였다(한명근,「통감부시기 이완용연구」, 한국민족운동사연구회 62회 발표회 <1999. 9 18> 발표 요지 8면 참조).

139 『자유보』3호,「최재형공 약사」.

140 흑룡강 연안 군관구 참모장의 보고(박보리스. 앞의 논문, 1082쪽).

141 계동학교는 블라디보스토크 개척리에 만들어진 초등학교로 이 지역에서 가장 먼저 만들어진 초등학교로 연해주 한인사회에 끼친 영향이 크다(임경석,「한말 노령의 애국계몽운동과 블라디보스토크 한인거류지」,『성대사람』12 13합집, 1997, 296쪽.

142 『자유보』3호「최재형공 약사」

143 국사편찬위원회,『한국독립운동사-자료 11』, 180쪽.

144 독립운동사편찬위원회,『독립운동사』1, 1983, 558쪽.

145 1910년 6월 16일자로 남부 우수리 지역 국경위원회에서 연해주 지역 군총독께 올린 보고서(블라디보스토크 극동문서보관소 소장).

146 국사편찬위원회,『한국독립운동사-자료7』, 280쪽.

147 국사편찬위원회,『한국독립운동사-자료 13』, 1909년 2월 13일 467-468쪽.

148 반병률,「노령 연해주 한인사회와 한인민족운동(1905-1911)」,『한국근현대사연구』7, 한국근현대사연구회, 1997, 80쪽.

149 극동문서보관소 소장, 문서번호 1-11-73-20.

150 『동아일보』, 한국근현대사비사 52, 1993년 11월 27일자.

151 국사편찬위원회, 『한국독립운동사-자료 13』, 1909년 2월 13일, 467쪽

152 뒤바보, 『아령실기』 仕宦

153 국사편찬위원회, 『한국독립운동사-자료 12』, 638쪽.

154 국사편찬위원회, 『한국독립운동사』 1, 1908년 12월 11일, 528쪽.

155 오영섭, 「이위종의 생애와 독립운동」, 『한국독립운동사연구』 29, 2007.

156 박환, 「재러 한인 민족운동의 태동과 해조신문의 간행」, 『러시아한인민족운동사』, 1995, 19쪽.

157 헤이그 밀사 사건 이후 고종의 강제 퇴위, 군대해산 등에 대한 일제의 정책에 대하여는 러시아 측 자료에 구체적으로 잘 나타나 있다. 플란손의 비밀 지급 전보, 서울 1907년 7월 26일 No 46(독립기념관 소장).

158 플란손의 비밀 지급 전보 서울 1907년 7월 26일 No. 46.

159 『한인신보』, 강동쉰해, 1917년 9월 24일자.

160 박환, 「재러 한인 민족운동의 태동과 해조신문의 간행」, 『러시아한인민족운동사』, 24쪽.

161 『해조신문』, 1908년 5월 7일자 기사.

162 불령단관계잡건, 朝鮮人部, 『재서비리아 5』, 「배일선인 이위종에 대하여」.

163 『재서비리아 5』, 「배일선인 이위종에 대하여」.

164 독립운동사편찬위원회, 『독립운동사자료집』 별집 1, 1180쪽.

165 1908년 4월 5일자로 남 우수리스크 지역 국경수비위원이 베.에.플루구 연해주 군총독지사에게 보낸 보고서(국사편찬위원회, 『한국독립운동사-자료 34』 러시아편 1, 1997).

166 위와 같음.

167 김인수는 함북 북청 출신으로 친러파이다. 서울에서 러시아 공사관과 고종 간의 주선 역으로 활동하였으며, 러일전쟁 시에는 러시아 측에 가담하여 일본에 대항하였고, 러시아에 귀화하였다.(국사편찬위원회, 『한국독립운동사-자료 7』, 222쪽, 282쪽).

168 『재서비리아 5』, 「배일선인 이위종에 대하여」.

169 1908년 4월 5일 남우수리스크 지역 국경수비위원이 연해주 군총독지사에게 보낸 보고서

170 1908년 4월 5일 남우수리스크 지역 국경수비위원이 연해주 군총독지사에게 보낸 보고서

171 『재서비리아 5』, 「배일선인 이위종에 대하여」

172 백두산 정계비 문제에 관여하였고, 을사조약 이후에는 의병으로 그리고 그 이후에는 러시아 지역에서 독립운동을 전개하다가 1920년 블라디보스토크 러시아 병원에서 병으로 사망하였다(『자유보』 3호 1920년 10월 3일자, 대한국민의회 발행, 「쟝최량씨 별세」).

173 반병률, 「러시아에서의 안중근의 항일독립운동에 대한 재해석」, 『한국독립운동사연구』34, 2009, 17-18쪽.

174 『재서비리아 5』, 「배일선인 이위종에 대하여」.

175 『재서비리아 5』, 「배일선인 이위종에 대하여」.

176 『해조신문』 1908년 5월 10일 별보

177 국사편찬위원회, 『한국독립운동사-자료 7』, 1909년 11월 29일, 218쪽.

178 국사편찬위원회, 『한국독립운동사-자료13』, 1909년 2월 23일, 470쪽.

179 국사편찬위원회, 『한국독립운동사-자료 7』, 1910년 1월 11일, 284쪽

180 『한인신보』1917년 9월 24일 강동쉰해

181 뒤바보,『아령실기』仕宦

182 『재서비리아 5』,「배일선인 이위종에 대하여」. 한편 1908년 5월 당시 동의회 회원 명단은 『해조신문』 1908년 5월 19일자 광고를 통해서도 짐작해 볼 수 있다. 이위종, 최재형, 전제익, 지용수, 박승조, 신성균, 홍춘화, 김기룡, 박규삼, 이범석, 이범윤, 엄인섭, 안응칠, 김대련 등을 들 수 있다.

183 국사편찬위원회,『한국독립운동사-자료 15』, 162-163쪽.

184 국사편찬위원회,『한국독립운동사-자료 7』, 218쪽.

185 국사편찬위원회,『한국독립운동사-자료 7』, 256-257쪽.

186 국사편찬위원회,『한국독립운동사-자료 7』, 1909년 11월 29일, 218쪽;『한국독립운동사-자료 12』, 1908년 12월 9일, 646쪽

187 유인석,「최재형에게」, (1909년 10월), 유인석,『국역 의암집』2(의암학회, 2007).

188 국가보훈처,『아주 제일 의협 안중근』3, 1995, 377-378쪽.

189 국사편찬위원회,『한국독립운동사-자료 15』, 1909년 7월 10일, 162-163쪽

190 국가보훈처,『아주 제일 의협 안중근』, 377-378쪽

191 국사편찬위원회,『한국독립운동사-자료 13』, 1909년 2월 23일, 470쪽.

192 1908년 6월 26일 한스마을 세관장이 자아무르 지역 세관 관리장에게 보낸 문서(블라디보스토크 극동문서보관소 소장. 문서번호 1-3-1160-47).

193 국사편찬위원회,『한국독립운동사-자료 11』, 1908년 12월 9일, 457쪽.

194 국사편찬위원회,『한국독립운동사-자료 12』, 635쪽

195 국사편찬위원회,『한국독립운동사-자료 12』, 1908년 12월 27일, 646쪽.

196 국사편찬위원회,『한국돌립운동사-자료 13』, 1909년 2월 23일, 470쪽.

197 국사편찬위원회,『한국독립사-자료 13』, 1909년 2월 28일, 474쪽.

198 『재시비리아 2』,1911년 4월 29일 浦鹽지방 선인 상황의 건.

199 『재서비리아 5』,「배일선인 이위종에 대하여」.

200 국사편찬위원회,『한국독립운동사-자료 13』, 1909년 1월 15일, 194쪽; 국사편찬위원회,『한국독립운동사--자료 12』, 1908년 12월 30일, 650쪽.

201 국사편찬위원회,『한국독립운동사-자료 12』, 1908년 11월 23일, 500쪽

202 국사편찬위원회,『한국독립운동사-자료 14』, 1909년 4월 1일, 213쪽

203 국사편찬위원회,『한국독립운동사-자료 12』, 1908년 11월 23일, 500쪽

204 국사편찬위원회,『한국독립운동사 자료 13』, 1909년 2월 23일, 467-468쪽

205 국사편찬위원회,『한국독립운동사-자료 12』, 1908년 11월 20일, 496쪽

206 국사편찬위원회,『한국독립운동사-자료 12』, 1908년 12월 27일, 646쪽

207 반병률,「노령 연해주 한인사회와 한인민족운동(1905-1911)」,『한국근현대사연구』7, 한국근현대사연구회, 1997, 81쪽.

208 국사편찬위원회,『한국독립운동사』1, 522쪽, 529쪽.

209 국사편찬위원회,『한국독립운동사-자료 12』, 1908년 12월 25일, 644쪽.

210 1908년 4월 5일자로 남우수리스크 지역 국경수비위원이 연해주 군총독께 보낸 보고서.

211 정제우,「연해주 이범윤 의병」,『한국독립운동사연구』11, 독립기념관 한국독립운동사연구소, 1997, 13쪽.

212 1908년 5월 14일 남우수리스크 지역 국경수비위원회가 연해주 군총독께 보낸 보고문(국사편찬위원회,『한국독립운동사-자료 34』러시아편 1).

213 1908년 6월 19일자로 남우수리스크 국경수비위원회가 연해주 군총독께 보낸 보고서(국사편찬위원회,『한국독립운동사-자료 34』, 러시아편 1).

214 위와 같음

215 일본은 일찍이 1907년 8월 5일 러시아 국경과 가까운 함경도 회령과 나남에 두 개의 요새를 건설하기로 결정하였으며, 요새 건설에는 1,000만 엔이 소요될 예정이라고 한다.(플란손의 비밀지급전보 서울 1907년 7월 26일 No.46).

216 1908년 7월 15일자 노보키예브스크 국경수비위원이 보낸 한국과 만주 국경에 대한 보고(국사편찬위원회,『한국독립운동사-자료 34』러시아편 1).

217 박민영, 위의 논문, 307-308쪽.

218 국사편찬위원회,『한국독립운동사- 자료 11』, 462-463쪽.

219 국사편찬위원회,『한국독립운동사- 자료 11』, 1908년 8월 3일, 595쪽; 독립운동사편찬위원회,『독립운동사자료집』3, 791쪽.

220 1908년 7월 20일자로 남우수리스크 국경수비위원회에서 연해주 군총독 각하께 보낸 보고서(국사편찬위원회,『한국독립운동사-자료34』러시아편 1).

221 박은식,『안중근전』(『한국학연구』4, 별집, 인하대학교 한국학연구소, 1992), 133쪽.

222 국사편찬위원회,『한국독립운동사-자료 14』, 689-691쪽;『한국독립운동사 자료 11』, 597쪽,『한국독립운동사- 자료 7』, 276쪽.

223 국사편찬위원회,『한국독립운동사-자료 13』, 1909년 1월 11일, 191쪽.

224 1909년 1월 30일자로 한국어통역관 9등문관인 팀이 남우수리스크 지역의 국경수비대원에게 보낸 보고서.

225 1909년 1월 30일자로 한국어통역관 9등문관인 팀이 남우수리스크 지역의 국경수비위원에게 보낸 보고서.

226 국사편찬위원회,『한국독립운동사-자료 12』, 1908년 12월 9일, 635쪽.

227 박보리스, 위의 논문, 1066-1068쪽.

228 국사편찬위원회,『한국독립운동사-자료 13』, 1909년 1월 11일, 1909년 1월 12일, 192쪽.

229 『대동공보』1909년 9월 2일자.

230 국사편찬위원회,『한국독립운동사-자료 15』, 1909년 7월 10일, 160쪽.

231 국사편찬위원회,『한국독립운동사-자료 12』, 1908년 11월 6일, 485-486쪽, 492쪽; 1909년 2월 6일자로 남우수리스크 지역 국경수비위원회에서 연해주 군총독에게 보낸 보고서(국사편찬위원회,『한국독립운동사 자료-34』러시아편 1).

232 1909년 2월 6일자로 남우수리스크 지역 국경수비위원회에서 연해주 군총독 각하께 보낸 보고서(국사편찬위원회,『한국독립운동자료-34』, 러시아편 1).

233 국사편찬위원회,『한국독립운동사-자료 13』, 1909년 3월 26일, 809쪽.

234 국사편찬위원회,『한국독립운동사-자료 14』, 1909년 6월 4일, 682쪽.

235 국사편찬위원회,『한국독립운동사-자료 15』, 1909년 7월 10일, 160쪽.

236 국사편찬위원회,『한국독립운동사-자료 15』, 1909년 7월 14일, 165-166쪽.

237 1909년 1월 30일자로 한국어 통역관 9등문관인 팀이 남우수리스크 지역의 국경수비위원에게 보낸 보고서.

238 국사편찬위원회,『한국독립운동사-자료 12』, 1908년 11월 20일, 495쪽.

239 국사편찬위원회,『한국독립운동사-자료 12』, 1908년 11월 22일, 497쪽.

240 국사편찬위원회,『한국독립운동사-자료 12』, 1908년 12월 3일, 633쪽.

241 국사편찬위원회,『한국독립운동사-자료 12』, 1908년 12월 8일, 634쪽.

242 국사편찬위원회,『한국독립운동사-자료12』, 1908년 12월 27일, 646쪽.

243 국사편찬위원회,『한국독립운동사-자료12』, 1908년 12월 25일, 644쪽.

244 국사편찬위원회,『한국독립운동사-자료 13』, 1909년 1월 9일, 191쪽.

245 국사편찬위원회,『한국독립운동사-자료 13』, 1909년 1월 21일, 206쪽.

246 국사편찬위원회,『한국독립운동사-자료 13』, 1909년 2월 13일, 466-467쪽; 대동공보 1909년 1월 7일.

247 국사편찬위원회,『한국독립운동사-자료 17』, 102쪽; 대동공보 1909년 7월 1일자「속지말지어다」.

248 1909년 2월 6일자로 남우수리스크 지역 국경수비위원회에서 연해주 군총독 각하께 보낸 보고서.

249 위와 같음.

250 위와 같음.

251 국사편찬위원회,『한국독립운동사-자료 7』, 1909년 12월 10일, 222쪽.

252 위와 같음.

253 박환,「재러 한인 민족운동의 태동과 해조신문의 간행」,『러시아한인민족운동사』.

254 국사편찬위원회,『한국독립운동사-자료 13』, 1909년 1월 19일, 201쪽.

255 국사편찬위원회,『한국독립운동사-자료 15』, 1909년 7월 10일, 160-161쪽

256 국사편찬위원회,『한구독립운동사-자료 15』, 1909년 7월 10일, 164쪽.

257 국사편찬위원회,『한국독립운동사-자료 15』, 1910년 7월 14일, 167쪽.

258 국사편찬위원회,『한국독립운동사-자료 18』, 1910년 5월 27일, 264쪽.

259 반병률, 위의 논문, 27-28쪽.

260 고승제,「연해주 이민의 사회사적 분석」,『백산학보』11, 1971, 157-161쪽.

261 『주한일본공사관기록』「재로한인발행신문」중 '韓語신문발간에 관한 건'

262 고승제, 앞의 논문, 162-163쪽.

263 『주한일본공사관기록』「재러한인발행신문」중 '한국외무고문 스티븐슨씨 사건에 대한 당지 韓字신문의 논조에 관한 건' 참조. 한편 의병활동에 관한 기사는 淸津에서 간행되는 북한신보와 원산항에서 간행되는 원산일보 등 일본인이 간행하는 신문 기사를 인용 보도하는 경우도 있다. 예컨대 1908년 2월 27일자 잡보「강원도의병격문」, 1908년 2월 26일자 본국통신「함성의병봉기」등이 그러하다.

264 위와 같음. 기고 가운데는 국권회복을 주장한 安應七(安重根)의 글도 있어 주목된다(해조신문 3월 21일자)

265 위의 인용 자료와 같음.

266 1910년 8월 21일자부터 대동공보를 大東新報라고 하였다. 명칭을 변경하기 위하여 유진률과 듀코프는 1910년 7월 17일자로 연해주 군지사에게 명칭 변경을 허락해 줄 것을 요청하는 청원서를 제출하였다. 한국어신문 대동공보의 발행인 니콜라이 페트로비치 유가이(Николая Петровича Югай)와 상기 신문의 편집자 이반 표토르비치 듀코프가 연해주 군지사에게 올린 Прошение(청원서) 1910년 7월 17일」, 러시아 톰스크 문서보관소 소장)

267 조선총독부,『조선통감부시정연보』1909년 68쪽.

268 대동공보 1909년 6월 6일자 기서 <討宿虎衝鼻>.

269 대동공보 1909년 6월 6일자 기서 <討宿虎衝鼻>.

270 공립신보 1908년 10월 21일자 잡보.

271 대동공보 1909년 6월 6일자 기사.

272 대동공보 1909년 5월 24일자 1면 참조.

273 『倭政文書 甲九 在露韓人關係 明治 四十三年 自一月至九月』(이하 왜정갑구로 약칭) 1910년 1월 20일 보고.

274 대동공보 1909년 3월 3일자.

275 대동공보 1909년 3월 3일자 사설.

[제3장] 안중근 의거의 막후 후원자

276 반병률, 「최재형과 안중근」, 『역사문화연구』33, 2009, 맺음말

277 안중근 의거와 대동공보와의 관련성에 대하여는 다른 견해를 갖고 있는 학자도 있다. 다음의 논문이 참조된다. 신운용, 「안중근 의거와 대동공보사의 관계에 대한 재검토」, 『한국사연구』 150, 2010.

278 신용하, 「안중근의 사상과 의병운동」, 앞의 책, 164-193쪽.

279 주한 일본공사관 기록 1909년 安重根及合邦에 관한 서류(2) 12748.

280 위의 논문, 179-180쪽.

281 국사편찬위원회, 한국독립운동사 1, 981쪽.

282 위와 같음.

283 대동공보 1909년 12월 5일자 제국통신.

284 주한 일본공사관 기록 1909년 안중근급합방에 관한 서류(2) 12748.

285 대동공보 1910년 4월 24일자 제국통신에 <은근추도회>, 잡보에 <안의사 추도회> 등의 기사가 보인다. 그리고 1910년 4월 24일 광고에서는 1910년 4월 26일 안중근 추도회를 한민학교에서 개최할 것임을 공고하기도 하였다. 이외에도 안중근 추도회는 러시아의 각 지역에서 개최되었으며 이에 대한 기사는 대동공보에 자주 산견되고 있다.

286 왜정갑구 1910년 1월 20일 보고.

287 안중근 의거와 최재형의 관련성에 주목한 논문으로는 반병률의 다음의 논문이 주목된다. 반병률, 「안중근과 최재형」, 『역사문화연구』 33, 2009.

[제4장] 권업회활동과 높아지는 일제의 탄압

288 권업신문 1912년 12월 19일자 <권업회 연혁>.

289 독립기념관 한국독립운동사연구소, 『도산 안창호 자료집(1)』, 1911년 6월 17일자로 백원보가 안창호와 이갑에게 보낸 편지.

290 『노령이주상태』, 92쪽.

291 권업신문 1912년 12월 19일자.

292 권업신문 1912년 12월 19일자.

293 『노령이주상태』, 169-170쪽.

294 권업신문 1912년 12월 19일자.

295 권업신문 1912년 12월 19일자.

296 『노령이주상태』, 87-88쪽.

297 이날은 총독 곤다찌의 생일날이기도 하였다(Во Владивостокское корейское Общество Развития Труда, 포드스타빈이 1912년 12월 20일자로 블라디보스토크 한인 권업회에 보낸 편지, 톰스크 문서보관소 소장).

298 『도산 안창호 자료(1)』, 1911년 12월 29일자로 백원보가 안창호에게 보낸 편지. 172-173쪽.

299 『노령이주상태』, 93-95쪽, 권업신문 1912년 12월 19일자 참조. 러시아 측 자료 <권업회>와 권업신문 1912년 12월 19일자에는 최봉준이라는 이름은 보이지 않는다.

300 권업신문 1912년 12월 19일자.

301 1911년- 1912년까지의 권업회의 보고서 중에서 발췌, 상트페테르부르크 중앙 국립역사문서보관국 소장.

302 『아령실기』 <권업회>.

303 윤병석, 앞의 논문, 186쪽.

304 김정주, 앞의 책, 618쪽.

305 권업신문 1912년 12월 19일자.

306 권업신문 1914년 3월 22일자.

307 Владивостокскому Полициймейстеру(블라디보스토크 경찰에게), 내무부 연해주 군지사 지방행정 담당 제1부 제2과 1910년 8월 25일 NO. 39325 블라디보스토크시, 톰스크 문서보관소 소장.

308 콘스탄틴 페트로비치 미하일로프도 1910년 2월 15일자로 연해주 군지사에게 대동공보가 폐간되었음을 보고하고 있다(Господину Военному Губернатору Приморской Области, 15 Февраля 1910 года)

309 한국 인쇄소 소유주 연해주 남우수리군 시디미 아디민스까야읍 농민 니콜라이 페트로비치 유가이의 청원서, 톰스크 문서보관소 소장.

310 尹孝鍾,「極東ロシアにおける朝鮮民族運動」,『조선사연구회논문집』 22, 1985, 137-144쪽

311 『노령이주상태』, 86쪽

312 위와 같음

313 위의 자료. 87쪽.

314 「조선인 상황보고-조선자 신문의 발간」,『한국독립운동사』 자료 37, 3쪽.

315 위의 자료, 87-88쪽, 독립기념관 한국독립운동사연구소에서 1990년, 1992년에 간행된 『도산안창호자료집(1)』,『도산안창호자료집(3)』에 실린 편지중, 유진률이 1911년 8월 23일자로 안창호에 부친 편지에 따르면 유진률이 발행인으로 되어 있다.

316 독립기념관 한국독립운동사연구소,『도산안창호자료집(1)』, 378-379쪽.

317 「조선인 상황보고-조선자 신문의 발간」,『한국독립운동사』 자료 37, 3쪽.

318 『노령이주상태』, 88-90쪽.

319 「조선인 상황보고-조선자 신문의 발간」,『한국독립운동사』 자료 37, 3쪽.

320 이정은,「대양보」,『독립운동사전』, 독립기념관

321 졸고,「『勸業新聞』에 대한 일고찰」,『사학연구』 46, 1993, 157-158쪽

322 「조선인 상황보고-조선자 신문의 발간」,『한국독립운동사』 자료 37, 3쪽.

323 「대양보 제3호 번역의 건」, 『한국독립운동사』 자료 37, 3-9쪽.

324 「대양보 제4호 번역」, 『한국독립운동사』 자료 37, 9-13쪽.

325 『한국독립운동사』 자료 37, 대양보 참조

326 『한국독립운동사』 자료 37, 31쪽.

327 위와 같음.

328 『한국독립운동사』 자료 37, 대양보 참조

329 권업신문 1912년 12월 19일자.

330 윤병석, 앞의 책, 199-213쪽.

331 『아령실기』 <권업회>.

332 권업신문 1914년 4월 26일자 <특별광고>.

333 권업신문 1914년 2월 8일자 잡보 <五十년긔념발긔회>.

334 연해주 지역 한인이주 50주년 기념 축하행사 프로그램(톰스크 문서보관소 소장).

335 권업신문 1914년 4월 26일자 <특별광고>.

336 권업신문 1914년 4월 26일자 <특별광고>.

337 한인신보 1917년 10월 22일자 강동쉰해.

338 반병률, 「포드스타빈」, 『한국사시민강좌』 34, 2004.

339 연해주 지역 한인 이주 50주년 기념행사에 대한 문제에 관하여(톰스크 문서보관소 소장).

340 연해주 지역 한인 이주 50주년 기념 축하행사 프로그램.

341 권업신문 1914년 4월 26일자 <특별광고>.

342 권업신문 1914년 8월 16일 집보 오십년긔념회 즁지.

[제5장] 대한민국 임시정부의 재무총장

343 러시아혁명 관련 부분은 반병률의 연구 성과를 주로 참조하였다. 반병률, 『한국독립운동의 역사』 21, 독립기념관 한국독립운동사연구소.

344 방선주, 「재미한인과 3 · 1운동」, 『한민족독립운동사』 3, 국사편찬위원회, 1988, 484-485, 499쪽.

345 방선주, 「김헌식과 3 · 1운동」, 『재미한인의 독립운동』, 한림대학교 아시아문화연구소, 1989, 321-322쪽.

346 이상일, 「3·1운동 이후 재미한인 독립운동의 전개」, 『3 · 1운동과 열강의 반응』, 3·1운동 80주년 학술회의, 한국정치외교사학회, 26쪽.

347 방선주, 「재미한인과 3·1운동」, 490쪽

348 반병률, 「대한국민의회의 성립과 조직」, 『한국학보』 46, 140-141쪽.

349 국회도서관, 『한국민족운동사료』(3·1운동편 3)(이하 국회3으로 약함), 1979, 49쪽.

350 『동아공산』 14호 1921년 5월 10일자 김규찬이 쓴 「북간도 고려인 혁명운동략사」.

351 1919년 2월 8일 노령 목릉지방에 있어서의 선인의 독립운동에 관한 건.

352 국회 3, 49-50쪽.

353 국회 3, 49-50쪽.

354 1919년 2월 8일 노령 목릉지방에 있어서의 선인의 독립운동에 관한 건.

355 1919년 2월 8일 노령 목릉 지방에 있어서의 선인의 독립운동에 관한 건.

356 1919년 1월 27일 노령정보 휘보.

357 1919년 2월 7일 강화회의와 조선독립에 관한 건.

358 국회도서관,『한국민족운동사료(중국)』, 176, 194-195쪽.

359 DE COREE A PARIS EN DIX MOIS, par GO-TCHANR et YOUN-HAI, UN VOYAGE A LA JULES
     VERNE de Cor e a Paris en Dioc Mois", Je sais tout(1920년 3월호, No.172, 1920. 3. 15발행) 291쪽. 한
     글 제목은「한국에서 파리까지 주르 베르느식 10개월 여행」이다. 1975년 4월 9일자 조선일보 두한인밀
     사 시베리아 횡단 10개월(상) 참조. 조선일보 1975년 4월 9일, 11일, 13일자에서는 한국방송공사 국제
     국장인 韓 씨가 파리 고서점가에서 발굴한 잡지 Je sais tout(1920년 3월호, No.172, 1920. 3. 15발행)에
     게재된 러시아 한인대표 고창일과 윤해의 글「서울에서 파리까지-주르 베르느식 대륙 횡단여행 10개
     월」을 3회에 걸쳐 독점 연재하고 있다. 이 글에는 윤해와 고창일의 파리로 출발 이전 상황과 파리로의
     여정, 그리고 대한국민의회에서 발행한 한국민 해외여행권 등이 실려 있어 대한국민의회의 성립 시기
     와 파리로의 여정 등을 이해하는 데 큰 도움을 주고 있다.

360 1919년 2월 18일 강화회의와 조선독립운동에 관한 건.

361 1919년 2월 18일 강화회의와 조선독립운동에 관한 건, 1919년 3월 13일 이강이 미국에 있는 송종익과
     안창호에게 보낸 편지에서도 파리파견 인물선정에 있어서 함북인과 평안도인 사이에 암투가 있었다
     고 언급하고 있다.

362 1919년 2월 10일 블라디보스토크로 부터의 전보,『현대사자료』27. 173쪽.

363 윤해 공적조서참조(국가보훈처 소장).

364 『배일선인유력명부』, 윤해 조.

365 『배일선인유력자명부』, 고창일 조.

366 1919년 2월 12일 한국독립운동에 관한 건.

367 1919년 2월 12일 한국독립운동에 관한 건.

368 반병률,「대한국민의회의 성립과 조직」, 144쪽.

369 『현대사자료』27, 205쪽.

370 「여운형 검찰조서」,『몽양 여운형전집』1, 몽양 여운형선생 전집발간위원회, 한울, 1991, 509쪽.

371 이만규,「여운형투쟁사」,『몽양 여운형전집』2, 몽양 여운형선생 전집발간위원회, 1993, 259-260쪽;「여
     운형 검찰조서」,『몽양 여운형전집』1, 510쪽.

372 1919년 2월 12일 한국독립운동에 관한 건.

373 원세훈은 함남 정평 출신으로 1913년 간도에서 일본 영사관의 체포를 피해 1915년 노령으로 망명하였
     다(국가보훈처,『독립유공자공훈록』8, 439쪽).

374 국회도서관,『한국민족운동사료(3)』(이하 국회 3으로 약함), 1979, 108쪽.

375 1919년 3월 4일 전보 浦潮 제439호.

376 국회 3. 108쪽.

377 국회 3, 37쪽.

378 국회 3, 37쪽.

379 국회 3, 37쪽.

380 국회 3. 163쪽.

381 국회 3. 163쪽.

382 『현대사자료』 26, 45쪽.

383 1919년 4월 1일 선인의 행동에 관한 건.

[제6장] 4월참변과 순국 그리고 추모

384 반병률, 「4월참변 당시 희생된 한인 애국자들: 최재형 김이직 엄주필 황경섭」, 『역사문화연구』 26, 2007.

385 『독립신문』 1920년 5월 27일자

386 박은식, 「한국독립운동지혈사」, 『박은식전서』 상권, 단국대학교부설 동양학연구소, 1975, 470쪽.

387 기존 기록에서는 경원군이라고 하고 있다.

388 이인섭의 기록에만 '최동운'이란 이름이 나온다.

389 권업회 회장-필자 주

390 공동, 분배 등의 표현 등은 본 글이 작성된 시기가 1990년 공산주의 시절임을 짐작케 한다.

391 이상설은 1910년 13도의군에 참여하고 있다.

[제7장] 최재형에 대한 자녀들의 기록

392 「우수리철도 헌병경찰국장 쉐르바코프(Р.П.Щербаков)가 연해주 군무지사 스볘친(И.Н.Свечин, военный губернатор Приморской области)에게 보낸 서신, 블라디보스토크, 1911년 3월 15일」.

393 한국학계의 연구에서는 노동자 부분을 별로 언급하고 있지 않다.

394 최재형에게 유언을 남겼다는 부분은 정확한 고증이 필요한 부분이라고 판단된다.

395 이범윤 부분은 앞으로 연구가 필요하다고 보여진다.

396 이 부분은 안중근의거와 관련하여 주목되는 대목이다.

397 현재 우즈베키스탄 타슈켄트에 위치하고 있으며, 이름은 김병화콜호즈라고 하고 있다. 중앙아시아 지역의 대표적인 고려인 콜호즈이다.

398 최선학에 대하여는 이병조교수의 선구적인 연구가 있다.

399 최재형 가족의 수난에 대하여도 이병조 교수의 선구적인 업적이 있다.

400 본 자료는 최 표트르 세묘노비치(최재형-П.С.Цой)의 아내 최 엘레나 페트로브나(Е.П.Цой)와 딸인 최 소피야 페트로브나(4녀, Цой София Петровна/С.П.Цой)의 이야기도 참조된 점이 특별한 의미를 갖는다고 보여진다.

401 독립기념관 홈페이지 참조.

402 최 올가는 최재형이 독학이라고 하고 있음이 주목된다. 최재형은 러시아학교 최초의 입학생이었다.

403 학계에서는 후손들의 글에 따라 노비출신으로 서술하고 있다.

404 4번의 진술 중 일부는 당시가 소비에트 시절임을 보여주고 있다.

405 4월 참변에 대한 흥미롭고 신선한 기록들이므로 주목할 필요가 있다고 생각된다.

406 최재형의 매장지에 대하여 한국 언론 및 우수리스크 현지에서 언급되고 있으나 신중한 접근이 요청된다.

407 권업회는 사실상 1914년 1차세계대전을 계기로 조직이 와해되었다고 볼수 있다.

최재형 연보

1860년 8월 15일 함경북도 경원에서 최흥백의 아들로 태어남. 러시아 이름은 최 표트르 세묘노비치. 아버지 최흥백은 노비 출신 소작인, 어머니는 기생이었음.

1869년 가을 부친 최흥백과 함께 러시아 연해주 '지신허'라는 한인 마을에 정착함.

1871년 한국인으로는 러시아 학교에 입학한 첫 학생이 됨. 형수와의 갈등으로 가출한 뒤 부두를 헤매다가 러시아 상선 선원들에게 발견되어 선원이 됨. 선장 부부의 도움으로 견문을 넓힘.

1877년 블라디보스토크에서 배를 타고 상트페테르부르크까지 두 번 다녀옴.

1878년 상선이 블라디보스토크로 돌아온 뒤 선장의 소개로 상사에 취직해 4년 동안 일함.

1881년 연추(얀치혜)로 다시 이주해 살고 있는 가족을 만남. 얀치혜의 행정기관인 남도소의 러시아어 서기로 피선. 문화 계몽 활동을 시작함.

1882년 결혼.

1884년 얀치혜에서 몽구가이까지 군사 도로를 만드는 데 통역으로 일함. 집을 서양식으로 개조하고 한국인으로서는 처음으로 화원을 만듦.

1888년 "도로 건설에서 노고와 열성을 보여주었다"는 공이 인정되어 러시아 정부로부터 은급 훈장을 받음.

1890년 주민들과 함께 처음으로 얀치혜에 공원을 만듦.

1893년 은급 훈장 '스타니슬라브 수장(綬章)'을 받음(1888년에 이어 두 번째 수상).
부인 한 알렉산드라 세묘노바 보프로바가 1남 2녀를 두고 사망.

1894년 제1차 전(全) 러시아 도헌 대회에 참가하기 위해 상트페테르부르크에 가서 알렉산드르 3세의 연설을 들음.

1895년 통역 일을 그만두고 얀치혜 남도소의 도헌에 임명됨. 하산을 시작으로 한인들이 거주하는 지역마다 학교를 설립하고, 초등학교를 졸업한 학생들이 대도시로 유학 갈 수 있도록 적극적으로 지원함.

1896년 5월 니콜라이 2세의 대관식에 참석하여 황제가 직접 하사하는 예복을 받음.
아울러 러시아 정부로부터 훈장 받음.

1897년 김 엘레나 페트로비나와 재혼. 두 번째 부인과의 사이에 3남 5녀를 둠.

1904년 러일전쟁에 참전함.

1905년 러일전쟁 참전 후 블라디보스토크로 귀환한 뒤 가족과 함께 노보키예프스크로 이주함.

1906년 박영효의 초청으로 일본을 방문하여 일본의 실상을 파악하는 한편 국제 정세를 이해함.

1908년 4월 16일 『해조신문』에 「아편 단연회(斷煙會)의 결성을 축하하는 글」을 기고함.
4월(음력) 동의회 조직, 총장에 선임됨.
동의회의 의병 활동을 지원함.

1909년 1월 이범윤의 부하에게 저격당하여 부상을 입음.

1월 31일 고본주(固本主) 총회에서 1908년 11월에 창간된 『대동공보』의 사장으로 취임함.

1910년 가족과 함께 슬라비얀카로 이주함.

1911년 일제는 최재형을 제거하기 위한 음모를 꾸미지만, 연해주 지방행정부의 반대로 실패함.

6월 18일 『대양보』가 발간되자 사장에 취임함.

7월 블라디보스토크 신한촌에서 개최된 권업회 발기회에서 회장에 선출됨.

12월 19일 권업회 공식 창립대회에서 총재로 선출됨.

1913년 3월 상트페테르부르크에서 개최된 로마노프 황가 300주년 기념행사에 한인 대표단 단장으로 일곱 명의 대표들과 참석함.

10월 10일 권업회 특별총회에서 회장에 취임하면서 권업회 재건에 나섬.

최봉준, 채두성, 박영휘 등 원호인(러시아 국적 취득자) 지도자 세 명과 함께 '한인 아령(俄領) 이주 50주년 기념 발기회'를 조직.

1914년 1월 19일 권업회 정기총회에서 회장으로 다시 선출됨.

3월 25일 '한인 아령 이주 50주년 기념회' 회장으로 선출됨.

1915년 8월 일본 외무상 모토노 타로(加藤高明)가 1915년 8월 러시아 당국에 보낸 메모에서 최재형을 다른 동지 27명과 함께 추방할 것을 러시아 측에 요청함 (추방의 명분으로 모토노 타로가 최재형에게 씌운 혐의는 권업회 창건자의 한 사람으로 한국의 독립 달성을 위해 1만 5천 루블의 기금을 모았다는 것).

11월 3일 제1차 세계대전에서 러시아군을 후원하려는 휼병금(恤兵金)을 모금하기 위하여 블라디보스토크 신한촌에서 휼병회(恤兵會) 발기회를 조직함.

1916년 슬라비얀카에 문화 휴식 공원을 만듦.

1916년 7월 러시아 당국에 체포되어, 8월 니콜스크 우수리스크로 압송됨.

그러나 그곳에서 영향력을 떨치고 있던 맏사위인 김 야곱 안드레예치의 주선으로 석방됨.

1917년 러시아 혁명 후 연추면 집행위원회(젬스트보)회장으로 선출됨

12월 한인신보사를 방문하여 기자들과 담소. 관련 기사가 『한인신보』 23호(12월 23일자)에 실림.

1918년 니콜스크 우수리스크로 이주.

우수리스크군자치회의 의원으로 검사위원회 위원장으로 활동.

1월 11일 개최된 고려족 중앙총회에서 최재형 등 두 명을 시베리아 독립정부에 파견하기로 결의함.

6월 13일부터 24일까지 니콜스크 우수리스크에서 제2회 '전국 한족대표자대회'가 개최됨. 러시아 각 지역의 대표 129명이 참여한 가운데 개최된 이 회의에서 최재형은 이동휘와 함께 명예회장으로 추대됨. 그리고 6월 22일, 23일 간부 선거에서 최재형은 이동휘와 함께 고문으로 선출되어 한인의 대표적인 지도자로서의 위상을 떨침.

8월 한인 장교인 원 미하일이 하얼빈에 한인 특별대대를 조직하자 이 부대의 장정 모집을 후원.

전로 한족중앙총회는 반(反)볼셰비키적인 시베리아 의회(독립 의회)에 두 명의 의원을 참여시키기로 함. 최재형은 한명세와 같이 두 명의 한인 의원으로 선출되었으나 사임(대신에 김 알렉산드르 이바노비치가 선출됨).

1919년 1·2월 제1차 세계대전이 종결되고 파리강화회의가 개최되자, 러시아 한인들도 그 회의에 대표를 파견하는 문제를 논의함. 당시 한인 사회의 양대 축이었던 블라디보스토크와 니콜스크 우수리스크의 한인들이 각각 파견할 대표 문제를 논의한 바, 선생은 양측이 각각 선정한 예비 후보에 모두 포함됨. 결

국 파리강화회의에 파견할 최종 대표는 윤해, 고창일로 결정되었음. 당시 선생은 전로 한족중앙총회 상설의회 의원으로서 최종 대표를 결정한 여섯 명 가운데 한 사람이었음.

3월 중순 대한국민의회의 외교부장에 선출됨.

4월 상하이에서 성립한 대한민국 임시정부의 재무총장으로 선임되었으나 취임하지 않음.

1920년 4월 5일 니콜스크 우수리스크에서 일본군에 체포되어, 동월 7일 김이직, 엄주필, 황 카피톤 등 세 명의 인사들과 함께 총살당함.

5월 22일 상하이에서는 거류민단 주최로 3백 명이 참석한 가운데 선생과 순국한 인사들을 위한 추도회가 개최되었음. 대한민국 임시정부의 국무총리 이동휘를 비롯한 각부 총장 전원이 참석하였으며, 국무총리 이동휘가 선생의 약력을 소개했음.

1952년 7월 13일 부인 김 엘레나 페트로브나가 사망하여 키르키즈스탄공화국 수도 비슈케크 시 묘지에 안장됨.

찾아보기